U0589610

中等职业教育“十三五”规划教材
中职中专国际商务专业创新型系列教材

现代礼仪与公共关系

（第二版）

邵凌霞　杨艾明　齐斌尧　主　编
杨　娜　郭　瑞　刘雅文　副主编

科学出版社
北　京

内 容 简 介

本书以实用创新为特色，较为全面地介绍了现代礼仪与公共关系的基本内容，以帮助读者系统地掌握基础知识，使读者能够在社交活动中熟练地运用现代礼仪与公共关系的技巧。书中还设计了案例分析，使理论与实践较为紧密地结合在一起。

全书层次清晰、内容丰富、通俗易懂，系统性、理论性和应用性强，且具有一定的前瞻性。本书共分为八章，包括礼仪概述、个人仪容仪表礼仪、现代社交礼仪、现代商务礼仪、涉外礼仪、公共关系概述、公共关系的工作程序、公共关系宣传。

本书既可作为中等职业学校财经商贸类及相关专业教材用书，也可作为从事国际商务及外贸业务工作人员的培训用书。

图书在版编目(CIP)数据

现代礼仪与公共关系/邵凌霞，杨艾明，齐斌尧主编. —2 版. 北京：科学出版社，2017

（中等职业教育“十三五”规划教材·中职中专国际商务专业创新型系列教材）

ISBN 978-7-03-019428-2

Ⅰ.①现… Ⅱ.①邵… ②杨… ③齐… Ⅲ.①礼仪－专业学校－教材 ②公共关系学－专业学校－教材 Ⅳ.①K891.26 C912.3

中国版本图书馆 CIP 数据核字（2007）第 110835 号

责任编辑：田悦红 贾家琛 李 娜 / 责任校对：陶丽荣

责任印制：吕春珉 / 封面设计：艺和天下

科学出版社出版

北京东黄城根北街 16 号

邮政编码：100717

http://www.sciencep.com

北京市京宇印刷厂印刷

科学出版社发行 各地新华书店经销

*

2007 年 8 月第 一 版 开本：787×1092 1/16

2017 年 4 月第 二 版 印张：16 3/4

2017 年 4 月第九次印刷 字数：397 000

定价：37.00 元

（如有印装质量问题，我社负责调换〈北京京宇〉）

销售部电话 010-62136230 编辑部电话 010-62135763-2041

丛　书　序

近年来，中国货物进出口总额持续增长。2014 年，全年货物进出口总额 26.43 万亿元，比上年增长 2.3%。进出口差额（出口总额减去进口总额）2.35 万亿元，比上年增加 7395 亿元。中国外贸发展带动了相关行业的快速发展。2015 年，全球经济总体复苏乏力，前景艰难曲折，国内经济下行压力较大，对外贸易发展进入新常态。出口 14.14 万亿元，下降 1.8%；进口 10.45 万亿元，下降 13.2%。

短暂性贸易低谷过后，国际贸易的前景依旧十分光明。对外贸易的快速增长必然对国际商务人才产生巨大的需求。当前，中国外贸人才的匮乏与该行业的蓬勃发展极不相称。为了适应国际商务专业的教学改革，以及以就业为导向的培养目标，我们和科学出版社合作，以教育部新版的中职国际商务专业教学标准为基准，编写了中职中专国际商务类教材系列。

总体来说，本套教材的编写特色体现在：

1．力求把职业岗位能力要求与专业的学科要求融入教材，以能力为本，体现对学生应用能力培训的目标。

2．注重技能的训练，在基本原理的基础上将技能实训引进来，让学生通过实训学会解决实际问题。

3．与行业职业考试相衔接，在内容和练习等方面紧扣相关考试要求。

4．注重对新知识的讲解，适应不断变化的国际贸易环境，以提高学生的适应力。

本套教材完全适合国际商务专业核心骨干课程的教学需要，同时兼顾了外贸行业的外销员、货代员、单证员、报关员、报检员、跟单员等职业资格考试的要求，既可以作为广大中职中专院校学生的教材，也可供外贸从业人员作为专业培训的参考用书，对参加有关职业考试的人员也不无裨益。

中职中专国际商务专业创新型系列教材编委会主任

中国国际贸易学会常务理事

姚大伟教授

2016 年 5 月于上海

第二版前言

礼仪是人们在长期的社会交往中共同遵守的对他人表示尊重的礼节和各种仪式的总称。在21世纪，礼仪已成为人们生活和工作中不可或缺的组成部分，体现着一个人的知识和修养，对于促进社会主义精神文明建设、构建社会主义和谐社会具有重要意义。

公共关系是社会组织遵循一定的原则，运用现代传播手段和人际沟通手段进行信息交流，使组织与公众相互适应、共同发展的一种独特的管理活动。社会组织通过开展一系列成功、有效的公共关系活动，以达到提高组织知名度、扩大组织影响、取得公众信任、树立良好组织形象的目的。

编者在长期一线教学的探索和积累的基础上，把礼仪与公共关系两大体系中具有代表性、实用性且可操作性强的部分提炼出来且编撰成书，并于2007年正式出版。第一版教材经过近十年在多所职业学校的使用，取得了良好的教学效果，受到用书师生的一致好评。

本书力求博采众长，涵盖体系和内容广泛丰富，理论知识阐述条理清晰，实践性操作技巧叙述详细。为便于巩固所学知识，章节后面附有案例分析、本章小结和练习与思考。根据用书师生的建议，结合现代教育技术手段，编者对第一版教材进行了修订，增加了知识目标、能力目标、情感目标、职业资格考核要点和视频等，使教学形式和手段更加多样化，也更加贴近职业学校学生的学习特点。

参加本书第二版修订及图像视频制作的人员有河南省对外经济贸易职工大学邵凌霞、王艳丽、王娜；辽宁省对外经贸学院杨娜、高维全；汕头市外语外贸职业技术学校陈纯、苏纯青；河南省商务学校郭瑞；河南省财经学校杨艾明、赵俊芳、梁鑫鑫；行业人士齐斌尧、刘雅文。全书由河南省对外经济贸易职工大学校长石国华主审，邵凌霞统稿。

编者在修订本书的过程中，得到了河南省对外经济贸易职工大学马朝阳、辽宁省对外经贸学院王继新、汕头市外语外贸职业技术学校丛凤英等的大力支持，在此一并致谢。

由于编者水平有限，书中不足之处在所难免，恳请广大读者批评指正。

第一版前言

礼仪是人们在长期的社会交往中共同遵守的对他人表示尊重的礼节和各种仪式的总称。礼仪自古有之，而今更是现代人立足社会、成功开创事业的有力保障。尤其是随着社会的不断发展和进步，人与人之间交往的日益频繁，礼仪已成为人们生活和工作中不可或缺的组成部分。它不仅体现着一个人的知识、道德修养，同时也是促进社会主义精神文明建设、构建社会主义和谐社会的重要标志。

公共关系是社会组织遵循一定的原则，运用现代传播手段和人际沟通手段进行信息交流，使组织与公众相互适应、共同发展的一种独特的管理活动。公共关系作为一种管理职能、传播行为和现代组织的沟通方式，已被广泛地应用于各类组织的经营管理活动之中。在国际交流与合作日益密切的今天，任何组织想求生存、求发展，建立良好的信誉和形象，都必须重视学习和运用公共关系的知识和技巧，通过一系列成功、有效的公共关系活动的开展，达到提高组织知名度、扩大组织影响、取得公众信任、树立良好组织形象的目的。

本书编者在教学一线任教多年，以往教学过程中礼仪与公共关系均是按两门课程分别开设的，这种开设方式不仅授课时间长，而且讲授的内容也过于烦琐。针对目前中等职业学校理论知识授课时间相对缩短、实习实践时间相对延长的新教学模式，经过长期实践教学的探索和积累，编者把礼仪与公共关系两大体系中具有代表性的、实用性、可操作性强的部分提炼出来，编撰成书，目的在于为广大学生提供更加简捷便利的礼仪、公共关系知识和技巧的学习工具与方法。

本书可用 72 学时安排教学，具体学时分配如下：

编目	章目	教学内容	建议学时
上篇	第一章	礼仪引论	4
	第二章	个人仪容仪表礼仪	8
	第三章	现代社交礼仪	8
	第四章	现代商务礼仪	12
	第五章	涉外礼仪	8
下篇	第六章	公共关系概述	8
	第七章	公共关系的工作程序	10
	第八章	公共关系宣传	8
	第九章	综合性公关活动的组织	6

本书力求博采众长，涵盖体系和内容广泛丰富，理论知识阐述条理清晰，实践性操作技巧叙述详细。为便于巩固所学，在大多数章节后面附有案例分析、小结和思考与练习。

参加本书编写的人员有河南省对外经济贸易职工大学的邵凌霞、王艳丽、王娜；辽宁省对外经贸学院的杨娜、高维全；汕头市外语外贸职业技术学校的陈纯、苏纯青；河南省商务学校的郭瑞。全书由河南省对外经济贸易职工大学校长、高级讲师赵越主审，由邵凌霞统稿。

编者在编写本书的过程中，得到了河南省对外经济贸易职工大学的马朝阳老师、辽宁省对外经贸学院的王继新老师、汕头市外语外贸职业技术学校的丛凤英老师的大力支持，在此一并致谢。

由于时间仓促，加之编者水平有限，书中内容的取舍和论述难免有不妥之处，恳请读者批评指正。

愿人们的生活中处处盛开礼仪的鲜花，愿社会的空气里永远充溢着公共关系的芳香。

目　录

第1章

礼仪概述

礼仪作为在人类历史发展中逐渐形成并积淀下来的一种文化，始终以某种精神的约束力支配着每个人的行为。礼仪是人类文明进步的重要标志，是适应时代发展、促进个人进步的重要途径。尤其是在信息时代，以礼仪为载体和手段的交际活动已成为信息交流的主要方式。一个人只有具备良好的礼仪修养和交际能力，才能立足于竞争激烈的社会之中，也才能不断取得发展的机会。

在人际交往中，礼仪往往是衡量一个人文明程度的准绳，反映着一个人的气质风度、阅历见识、道德情操、精神风貌。在人际交往中，要尊重他人，尊重自我，礼貌待人，体现自我，平等待人，爱护自我。

知识目标

- ✧ 把握礼貌、礼节和礼仪的含义及其相互之间的联系。
- ✧ 了解礼仪的起源、特征和原则。
- ✧ 认识到礼仪对提高社会文明程度的重要性。
- ✧ 掌握礼仪的学习方法。

能力目标

- ✧ 能够领悟中国传统礼仪文化的精髓，并能在日常生活中有选择地运用。
- ✧ 熟悉并掌握礼仪应遵循的基本规律和原则。
- ✧ 加强礼仪修养，为今后步入职场奠定坚实的基础。

情感目标

激发学生继承并发扬优秀的中华传统礼仪文化的热情。

职业资格考核要点

礼仪的概念　特征　原则　方法

1.1 礼仪的概念与起源

1.1.1 礼仪的概念

礼仪是指人们在社会交往中由于受历史传统、风俗习惯、宗教信仰、时代潮流等因素的影响而形成，既为人们所认同，又为人们所遵守，以建立和谐关系为目的的各种符合“礼”的精神及要求的行为准则或规范的总和。

由于礼仪是人们在社会、道德、习俗、宗教等方面的行为规范，因此它是文明程度和道德修养的一种外在表现形式。

礼仪对个人而言，是一个人思想水平、文化修养、交际能力的外在表现。

礼仪是人类文明的结晶、现代文明的重要组成部分。它体现的宗旨是尊重，既是对人也是对己的尊重，这种尊重总是同人们的生活方式有机地、自然地、和谐地和毫不勉强地融合在一起，成为人们日常生活、工作中的行为规范。这种行为规范既体现了个人的文明素养，也体现出人们的品行修养。

在一般的表述中，与“礼”相关的词最常见的有三个，即礼仪、礼节、礼貌。在大多数情况下，它们是被视为一体、混合使用的。其实，从内涵上来看，不可将三者简单地混为一谈。它们之间既有区别，又有联系。

礼貌，一般是指人际交往中，通过言语、动作向交往对象表示谦虚和恭敬，它侧重于表现人的品格与素养。

礼节，通常是指人们在交际场合相互表示尊重、友好的惯用形式。它实际上是礼貌的具体表现方式。它与礼貌之间的相互关系是，没有礼节，就无所谓礼貌；有了礼貌，就必然伴有具体的礼节。

礼仪，则是对礼节、仪式的统称。它是指在人际交往之中，自始至终地以一定的、约定俗成的程序、方式来表现的律己、敬人的行为规范。显而易见，礼貌是礼仪的基础，礼节是礼仪的基本组成部分。换言之，礼仪在层次上要高于礼貌、礼节，其内涵更深、更广。礼仪实际上是由一系列具体的表现礼貌的礼节所构成的。它不像礼节那样只是一种做法，而是一个表示礼貌的系统、完整的过程。从本质上讲，三者所表现的都是尊敬、友好。

从不同的角度，还可以对礼仪这一概念做出各种不同的解释。

从个人修养的角度来看，礼仪可以说是一个人的内在修养和素质的外在表现。也就是说，礼仪即教养，素质体现于对礼仪的认知和应用。

从道德的角度来看，礼仪可以被界定为为人处世的行为规范，或标准做法、行为准则。

从交际的角度来看，礼仪可以说是人际交往中适应的一种艺术，也可以说是一种交际方式。

从民俗的角度来看，礼仪既可以是在人际交往中必须遵行的律己敬人的习惯形式，也可以是在人际交往中约定俗成的示人以尊重、友好的习惯做法。简言之，礼仪是待人接物的一种惯例。

从传播的角度来看，礼仪可以说是一种在人际交往中进行相互沟通的技巧。

从审美的角度来看，礼仪可以说是一种形式美，是人的心灵美的必然外化。

了解上述各种对礼仪的诠释，可以进一步地加深我们对礼仪的理解，并且更为准确地对礼仪进行把握。

1.1.2 礼仪的起源

礼仪的形成一般分为以下两个阶段。

第一阶段可称为原始礼仪。它完全是史前的先民处理生活中各种关系的一些习惯性行为，通常也称为风俗习惯，但是它不是风俗习惯的全部，而是风俗习惯中有固定仪式的部分。在当时的条件下，人们对自然和自身的一些现象无法做出解释，就把它们看作大自然的恩赐或惩罚，认为这是神灵的意志，于是对自然及神灵产生敬畏，以求得赐福和精神上的安慰，免除灾祸。为了表示这种崇拜的虔诚，就创造出各种方式和程序，随即形成一整套的仪式和行为规范。例如，原始的巫术仪式——祭祀就是人类最基本的一种礼仪行为。这大概可以视为礼仪的起点。

第二阶段是文明礼仪。随着等级制度的形成，较之于原始礼仪，这时的礼仪已经被灌输了浓厚的等级意识，它是国家产生后借助并改造原始文化而形成的。中国是世界文明古国，在世界四大文明古国中，唯有中国有“礼仪之邦”的美誉。在我国源远流长、博大精深的文化中，礼仪有着重要的地位和作用。我国在尧、舜时代已具国家雏形，那时“礼”的系统已经比较严密。到了夏、商、周三代，礼仪的典章化、制度化已经相当完善，而且礼仪已经渗透到社会生活的各个方面。周代以后整理完成了礼仪方面的重要著作《周礼》《仪礼》和《礼记》，这三部书成为儒家的经典，总称“三礼”。由此可见，我国早在先秦时代就已经是一个礼仪完备的国度。

我国古代非常重视“礼”的教育。自孔子开始的教育有“六艺”（礼、乐、射、御、书、数）和“五礼”。以“五礼”为“六艺”之冠，“五礼”即吉礼（祭祀天地鬼神的礼节）、嘉礼（举行结婚喜庆的礼仪）、宾礼（招待客人的礼仪方式）、凶礼（举行丧葬仪式的礼节）、军礼。“五经”中有《礼记》。古时官制，中央政府设六部，“礼部”居其一。《论语·雍也》

篇中说道:“质胜文则野，文胜质则史。文质彬彬，然后君子。”即只注重品格质朴，而不注意礼节仪表，就会显得粗野；只注重礼节仪表，却缺乏质朴的品格，就会显得虚浮。只有礼节仪表同质朴的品格结合，才算得上是一个有教养的人。《荀子·劝学》也认为只有举止、言论、态度都谦恭有礼时，才能从别人那里得到教诲。可见礼与非礼有质的区别。

我国古代不仅重视“礼”的教育，也十分重视“礼”的实施，即将思想灌输与行为实践融为一体。例如，西周时，对“礼”的教育不仅要求学生懂得“君臣主义”与“长幼之序”，还要让学生“演礼”，使他们的行为举止合乎礼仪。这种礼仪的传播与礼仪的训练相结合的教育，对当时社会风气的影响是非常大的。中国素称“礼仪之邦”，由此可见一斑。

我国现代的许多礼仪形式都是在辛亥革命以后，尤其是新中国成立以后形成的。现代礼仪以科学精神、民主思想和现代生活为基础，剔除了封建糟粕，表现出新的社会关系和时代风貌。

总之，“礼”在我国人民的社会文化生活中占有重要地位。但在我国古代社会，不论是奴隶制社会还是封建专制社会，都是等级制的礼仪制度，它所包含的男尊女卑、等级贵贱、顺乎天命等思想是统治者维护政权的思想武器。此外，古代社会的礼仪还具有神秘性和迷信化的倾向，有些地方的宗教色彩也很浓厚。这些都是与当时的社会环境和提倡礼仪的动机紧密联系在一起的。因此，对古代社会礼仪的继承必须分清良莠、去粗取精、去伪存真，不可盲目崇拜、全盘吸收、照搬照抄。

1.2 礼仪的特征与原则

1.2.1 礼仪的特征

礼仪的特征主要表现在规范性、限定性、可操作性、传承性、变动性五个方面。

1. 规范性

规范性指的是人们在待人接物时必须遵守的行为规范。这种规范性，不仅约束着人们在一切交际场合的言谈话语、行为举止，使之合乎礼仪，而且是人们在一切交际场合必须采用的一种“通用语言”，是衡量他人、判断自己是否自律、敬人的一种尺度。总之，礼仪是约定俗成的一种自尊、敬人的惯用形式。因此，任何人要想表现得合乎礼仪、彬彬有礼，都必须对礼仪无条件地加以遵守。另起炉灶，自搞一套，或是只遵守个人适应的部分，而不遵守不适应自己的部分，都难以被交往对象接受、理解。

2. 限定性

限定性是指礼仪主要适用于交际场合，适用于普通情况下的一般的人际交往与应酬。在这个特定范围之内，礼仪肯定行之有效，离开了这个特定范围，礼仪则未必适用。这就是礼仪的限定性。理解了这一特点，就不会把礼仪当成放之四海而皆准的规范，也不会在非交际场合遵循礼仪以不变应万变。必须明确，当所处场合不同，所具有的身份不同时，所要应用的礼仪也会不同，甚至还会有很大差异。一般而论，适用礼仪的场合，主要是初次交往、因公交往和对外交往三种交际场合。

3. 可操作性

可操作性是指切实有效，实用可行，规则简明，易学易会，便于操作，这是礼仪的一大特征。它不是纸上谈兵、空洞无物、故弄玄虚、夸夸其谈，而是既有总体上的礼仪原则、礼仪规范，又在具体的细节上以一系列的方式、方法，细致周详地对礼仪原则、礼仪规范加以贯彻，把它们落到实处，使之“言之有物”“行之有礼”，不尚空谈。礼仪的易记易行能使其被人们广泛地运用于交际实践，并受到广大公众的认可，而且反过来，又进一步地促进礼仪以简便易行、容易操作为第一要旨。

4. 传承性

任何国家的礼仪都具有鲜明的民族特色，都是在本国古代礼仪的基础上继承、发展起来的。离开了对本国、本民族既往礼仪成果的传承、扬弃，就不可能形成当代礼仪。这就是礼仪传承性的特定含义。作为人类的文明积累，礼仪将人们在交际应酬之中的习惯做法固定下来，流传下去，并逐渐形成自己的民族特色，这不是一种短暂的社会现象，而且不会因为社会制度的更替而消失。对于既往的礼仪遗产，正确的态度不应当是食古不化、全盘沿用，而应当是有扬弃，有继承，更有发展。

5. 变动性

从本质上讲，礼仪是社会历史发展的产物，并具有鲜明的时代特点。一方面，它是在人类长期的交际活动实践之中形成、发展、完善起来的，绝不可能凭空设计、一蹴而就，完全脱离特定的历史背景。另一方面，社会的发展，历史的进步，由此而引起的社交活动的新特点、新问题的出现，又要求礼仪推陈出新，与时代同步，以适应新形势下新的要求。与此同时，随着经济全球化深入发展，各个国家、各个地区、各个民族之间的交往日益密切，他们的礼仪随之也不断地相互影响、相互渗透，取长补短，不断地被赋予新的内容。这就使礼仪具有相对的变动性。了解了这一点，就不会把它看作固定不变的东西，而能够更好地以发展、变化的眼光去对待它；也不会对礼仪搞“教条主义”，使之一成不变，脱离生活和时代。

1.2.2 礼仪的原则

在日常生活中，学习、应用礼仪时有必要在宏观上掌握一些具有普遍性、共同性、指导性的礼仪规律。这些礼仪规律即礼仪的原则。

礼仪的原则一共有八条。它们同等重要，不可缺少。掌握这些原则，将有助于我们更好地学习和运用礼仪。

1. 遵守的原则

在交际场合，每一位参与者都必须自觉、自愿地遵守礼仪，以礼仪规范自己在交际活动中的一言一行、一举一动。不仅要学习、了解礼仪，更重要的是，要将其付诸个人社交实践。任何人，不论身份高低、职位大小、财富多寡，都有自觉遵守、应用礼仪的义务，否则，就会受到公众的指责，交际就难以成功，这就是遵守的原则。没有这一条，就谈不上应用、推广礼仪。

2. 自律的原则

从总体上来看，礼仪规范由对待个人的要求与对待他人的做法两部分构成。对待个人的要求，是礼仪的基础和出发点。学习和应用礼仪，最重要的就是要自我要求、自我约束、自我控制、自我对照、自我反省、自我检点，这就是自律的原则。古语云:“己所不欲，勿施于人。”若是不首先要求自己慎独与克己，遵守礼仪就无从谈起。

3. 敬人的原则

孔子曾经对礼仪的核心思想进行高度的概括，他说:“礼者，敬人也。”敬人的原则，就是要求人们在交际活动中，与交往对象既要互谦互让、互尊互敬、友好相待、和睦共处，更要将对交往对象的重视、恭敬、友好放在第一位。在礼仪的两个构成部分中，有关对待他人的做法这一部分，比对待个人的要求更为重要，这一部分实际上是礼仪的重点与核心。而对待他人的诸多做法之中最重要的一条，就是要敬人之心常在，处处不可失敬于人，不可侵犯他人的尊严，更不能侮辱对方的人格。掌握了这一点，就等于掌握了礼仪灵魂。在人际交往中，只要不失敬人之意，哪怕具体做法一时不当，也不能算是失礼。

4. 宽容的原则

宽容的原则要求人们在交际活动中运用礼仪时，既要严于律己，更要宽以待人。要多宽忍体谅他人，而不要咄咄逼人。在人际交往中，要容忍其他人有个人行动和独立进行自我判断的自由。对不同于己、不同于众的行为予以宽容，不必要求其他人处处效法自自己、与自己完全保持一致，实际上也是尊重对方的一种主要表现。

5. 平等的原则

在具体运用礼仪时，允许因人而异，根据不同的交往对象，采取不同的具体方法。但是，在礼仪的核心，即尊重交往对象、以礼相待这一点上，对任何交往对象都必须一视同仁。不允许因为交往对象彼此之间在年龄、性别、种族、文化、职业、身份、地位、财富以及与自己的关系亲疏远近等方面有所不同，就区别对待。这是社交礼仪中平等原则的基本要求。

6. 从俗的原则

由于国情、民族、文化背景的不同，在人际交往中，实际上存在着“十里不同风，百里不同俗”的现象。对于这一客观现实要有正确的认识，不要自高自大，简单否定其他人不同于己的做法。必要时，必须入乡随俗，切勿自以为是、指手画脚，否定其他人的习惯性做法。遵守从俗原则的这些规定，会使人们对礼仪的运用更加得心应手，更加有助于人际交往。

7. 真诚的原则

真诚的原则，就是要求在人际交往中运用礼仪时，务必待人以诚、言行一致。只有如此，自己在运用礼仪时所表达的对交往对象的尊敬与友好，才会更好地被对方所理解。与此相反，倘若仅把运用礼仪作为一种道具，在具体操作礼仪规范时言行不一、投机取巧，则是有悖礼仪的基本宗旨的。

8. 适度的原则

适度的原则，是指运用礼仪时，必须注意技巧、合乎规范，特别要注意把握分寸。否则无法正确地表达自己的自律、敬人之意。

1.3 礼仪的功能与学习方法

1.3.1 礼仪的功能

当前，礼仪之所以被提倡，之所以受到社会各界的普遍重视，主要是因为它具有多重重要的功能。

1）礼仪有助于提高人们的修养。在人际交往中，礼仪是衡量一个人文明程度的准绳。它不仅反映着一个人的交际技巧与应变能力，而且反映着一个人的气质风度、阅历见识、道德情操、精神风貌。因此，在这个意义上，礼仪完全可以说是教养，而有道德才能高尚，有教养才能文明。这就是说，通过一个人对礼仪运用的程度，可以察知其教养的高低、文明的程度和道德的水准。由此可见，学习、运用礼仪，有助于提高个人的修养，有助于“用高尚的精神塑造人”，真正提高个人的文明程度。

2）礼仪有助于人们美化自身，美化生活。个人形象，是一个人仪容、表情、举止、服饰、谈吐、教养的集合，而礼仪在上述诸方面都有详尽的规范，因此学习、运用礼仪，将有益于人们更好、更规范地设计和维护个人形象，更好、更充分地展示个人的良好教养与优雅的风度。礼仪具有的美化自身的功能，任何人都难以否定。当个人重视了美化自身、以礼待人时，人际关系将会更美化生活。

3）礼仪有助于促进人们的社会交往，改善人际关系。“世事洞明皆学问，人情练达即文章。”这句话讲的就是交际的重要性。一个人只要同其他人打交道，就不能不讲礼仪。运用礼仪，除了可以使个人在交际活动中充满自信、处事不惊之外，其最大的好处就在于，它能够帮助于人们规范彼此的交际活动，更好地向交往对象表达自己的尊重、敬佩、友好与善意，增进彼此的了解与信任。长此以往，就会造就和谐、完美的人际关系，取得事业的成功。

4）礼仪有助于净化社会风气，推进社会主义精神文明建设。一般而言，人们的教养反映其素质，而素质又体现于细节。反映个人教养的礼仪是人类文明的标志之一。一个人、一个组织、一个国家的礼仪水准如何，往往反映着这个人、这个组织、这个国家的文明水平，以及他们的整体素质和整体教养。古人曾经指出“礼义廉耻，国之四维”，将礼仪列为国的精神要素之本。而在日常交往之中，诚如英国哲学家约翰·洛克所说：“没有良好的礼仪，其余的一切成就都会被看成骄傲、自负、无用和愚蠢。”遵守礼仪，应用礼仪，将有助于净化社会的空气，提升个人乃至全社会的精神品位。当前，我国正在大力推进社会主义精神文明建设。其中的一项重要内容，就是要求全体社会成员讲文明、讲礼貌、讲卫生、讲秩序、讲道德，追求心灵美、语言美、行为美、环境美。这些内容与礼仪完全吻合。因此，可以说，提倡礼仪的学习、运用，与推进社会主义精神文明建设是殊途同归、相互配合、相互促进的。

1.3.2 礼仪的学习途径与方法

1. 礼仪的学习途径

学习礼仪，应当在学习途径、学习方法和学习重点这三个方面多加注意，而不可敷衍应付。一般来讲，学习礼仪主要有以下三大途径。

第一，进行理论学习。即利用图书资料、广播电视、教学函授，系统、全面地学习礼仪。

第二，向社会实践学习。实践是检验真理的唯一标准，也是学习礼仪最好的教师。交际实践作为学习礼仪的具体过程，不仅可以使人加深对它的了解，强化对它的印象，而且会检验其作用，并且据以判断个人掌握、运用礼仪的实际水平。

第三，向专人学习。这里所指的专人，既可以是教师、培训专家、礼仪顾问，也可以是在某些方面有经验或特长者、堪称楷模之人。其共同之点是对礼仪有一定的了解，或是具有一定的实践经验和心得体会。向他们学习，可使自己取长补短、益智开窍。

2. 礼仪的学习方法

学习礼仪有多种方法，其中最主要的方法有以下四个。

第一，要联系实际。礼仪本身就是一门应用科学，务必坚持知和行的统一。要注重实践，将知识运用于实践，不断地学习。这是学习礼仪的最佳方法。

第二，要重复渐进。学习礼仪不可贪多务得、细大不捐，而应当有主次，抓住重点。若从与自己生活最密切的地方开始，往往可以事半功倍。然而必须注意，学习礼仪是一个渐进的过程。对一些规范、要求，唯有反复运用、重复体验，才能真正掌握。

第三，要自我监督。古人强调提高个人修养要注意反躬自省，“吾日三省吾身”。学习礼仪，也应进行自我监督，对自己既要有所要求，又要处处注意自我检查。这样，将有助于发现缺点，找出不足，将学习、运用礼仪真正变成个人的自觉行动和习惯做法。

第四，要多头并进。在学习礼仪的同时，不应将其孤立于其他学科之外，而是应当将其与对其他科学、文化知识的学习结合起来，不但可以全面提高个人素质，而且有助于自己更好地掌握、运用礼仪。

从总体上看，礼仪是由一系列的规范、程式、活动所构成的。学习礼仪，要讲全面性、系统性，但是不能搞烦琐哲学，更不能脱离实际。“礼繁则难行，卒成废阁之书”，将礼仪搞成繁文缛节，必将使礼仪脱离群众、曲高和寡。

学习礼仪，要抓住其重点。礼仪的重点，就是对交际活动具有普遍指导意义的各项主要原则。礼仪的原则可分为两大类。其一，是适用于整个交际活动的原则，如“以右为尊原则”。其二，是适用于局部交际活动的原则，如在正式场合必须遵守的着装的“三色原则”。

总而言之，礼仪主要原则的适用范围甚广，悉心掌握这些原则，会对礼仪的学习、运用大获裨益。

案例分析

一批应届毕业生实习时被导师带到某部委实验室里参观，他们坐在会议室里等待部长的到来，这时，有秘书为大家倒水，学生都表情木然地接过水杯，其中一个还问：“有绿茶吗？天气太热了。”秘书回答说：“抱歉，刚刚用完了。”秘书递给林然水杯时，他轻声说：“谢谢，大热天的，辛苦了。”秘书抬头看了他一眼，满含着惊奇，虽然这是很普通的客气话，却是她今天唯一听到的一句话。

过了一会，部长走进来和大家打招呼，但没有一个学生回应。林然先鼓了几下掌，学生们这才跟着鼓掌。部长说：“欢迎同学们到这里参观。平时这些事一般由办公室负责接待，因为我和你们的导师是老同学，非常要好，所以这次我亲自来给大家讲一些有关情况。我看你们没有带笔记本，这样吧，王秘书，请你去拿一些我们部里印的纪念手册，送给学生们作纪念。”但是学生都很随意地用一只手接过部长双手递过来的手册。部长的脸色越来越难看，来到林然面前时，已经快要没有耐心了。就在这时，林然礼貌地站起来，身体微倾，双手握住手册，恭敬地说了一声：“谢谢您！”部长伸手拍了拍林然的肩膀:“你叫什么名字?”林然照实作答,部长微笑地点头,回到自己的座位上。

两个月后,学生们各奔东西,林然的去向栏里写着国家某部委实验室。有几位学生找到导师说:“林然的学习成绩最多算是中等,凭什么推荐他而没有推荐我们?”导师笑道:“是人家点名来要的。其实你们的机会是完全一样的,你们的成绩甚至比林然还要好,但是除了学习之外,你们需要学的东西太多了。”

问题: 这些学生身上还缺少什么?

本章小结

礼仪在社会生活中处于至关重要的地位,尤其在现代社会中,礼仪是人们生活中不可缺少的组成部分,是社会精神文明的象征,也是促进社会进步、创造良好社会风尚、加强友好往来的“润滑剂”。学生应通过学习本章了解礼仪的概念、起源、特征、原则和功能等,学习并掌握礼仪的基本知识,在实际生活中学会正确地使用礼仪。

练习与思考

在线同步测试及参考答案

一、单选题

1. 在人际交往中,衡量一个人文明程度的准绳是(　　)。

A. 礼品　　B. 礼仪
C. 礼貌　　D. 仪式

2. 学习礼仪的最佳方法是(　　)。

A. 自我监督　　B. 联系实际　　C. 重复渐进　　D. 多头并进

3. 人们在交际场合,相互表示尊重、友好的惯用形式叫作(　　)。

A. 礼仪　　B. 礼貌　　C. 礼节　　D. 仪式

二、多选题

1. 在一般的表述中,与“礼”相关的词最常见的有(　　)。

A. 礼仪　　B. 仪式　　C. 礼节　　D. 礼貌

2. 周代以后整理完成了礼仪方面的三部重要著作,这三部书成了儒家经典,总称“三礼”。可以说我国早在先秦时代就已经是一个礼仪完备的国度,这三部著作分别是(　　)。

A.《仪礼》　　B.《礼记》　　C.《周礼》　　D.《尚书》

3．礼仪具有一些自身独具的特征，这主要表现在（　　）。

A．规范性、不可操作性　　B．限定性、可操作性

C．规范性、灵活性　　D．规范性、传承性、变动性

三、简答题

1．简要说明礼仪、礼貌、礼节三者的联系和区别。

2．礼仪具有哪些特征和原则？

3．礼仪具备什么功能？

第2章

个人仪容仪表礼仪

个人礼仪是个人道德品质、文化素养、教养良知的外在表现。

作为一种社会文化，个人礼仪不只是个人的事情。若置个人形象和行为规范于不顾，不仅可能影响个人的自身形象，甚至可能会影响组织乃至国家和民族的整体形象。随着现代社会人际交往日渐增多，人们对个人礼仪也更加关注。个人礼仪包含个人穿着打扮、举手投足之类的小节小事，但小节之处显精神，举止言谈见文化。作为社会主体的每一个人都必须重视对礼仪的学习和运用。

最高明的化妆术，是经过化妆，让他人无法看出化了妆，自然地表现出个人的个性与气质。次级的化妆术是把人突显出来，引起众人的注意。拙劣的化妆术是使别人发现自己化了很浓的妆，目的是掩盖自己的缺点。

微笑是交际活动中最富有吸引力、最有价值的面部表情。有一个世界通用的动作、一种表示、一种交流形式，它存在于所有的文化与国家中，人们不分国别、不分种族地使用它，并理解它的含义；它可以帮助人们与各种关系的人交往，不论是业务伙伴，还是朋友，它是人们交流中常用的形式，那就是微笑。

整齐清洁的服装是无声的介绍信。服装是一面镜子，可以反映一个人格调情趣。服装又是一种文化，可以真实地传递出一个人的修养、性格、气质、爱好和追求。穿着雅致、端庄的服饰是对他人的尊敬。

知识目标

- ✧ 了解仪容修饰的基本要领。
- ✧ 掌握着装礼仪的基本规范和注意事项。

✧ 掌握站姿、走姿、坐姿、蹲姿、手势和表情等仪态的基本要求和禁忌。

能力目标

✧ 学会得体地修饰和正确地化妆。
✧ 学会根据场合正确地进行着装。
✧ 在交际中能够熟练运用站姿、走姿、坐姿、蹲姿、手势和表情等的要求，表现出优雅的仪态。

情感目标

激发学生对仪容、仪态、仪表礼仪的重视，养成得体大方、高雅端庄的审美情趣，表现出良好的气质风度。

职业资格考核要点

仪容修饰　仪态标准　着装原则

2.1 仪容礼仪

2.1.1 仪容修饰

仪容通常是指人的外观、外貌。在人际交往中，每个人的仪容都会引起交往对象的特别关注，并将影响到对方对自己的整体评价。每个人都要认识到仪容的作用，在具体的人际交往中，仪容是重中之重。

1. 仪容美

仪容美主要有以下三层含义。

1）仪容自然美，是指仪容的先天条件好。尽管以相貌取人不合情理，但先天美好的仪容相貌，无疑会令人赏心悦目。

2）仪容修饰美，是指依照规范与个人条件，对仪容进行必要的修饰，扬其长，避其短，设计、塑造出美好的个人形象。

3）仪容内在美，是指通过努力学习，不断提高个人的文化、艺术素养和思想、道德水准，培养出高雅的气质与美好的心灵，使自己秀外慧中、表里如一。

真正意义上的仪容美，应当是上述三个方面的高度统一。忽略其中任何一个方面，都会使仪容美失之于偏颇。

在这三者中，仪容内在美是最高的境界，仪容自然美是人们的心愿，而仪容修饰美则是仪容礼仪关注的重点。

要做到仪容修饰美，自然要注意修饰仪容。修饰仪容的基本规则是美观、整洁、卫生、得体。

2. 仪容修饰的要求

社交中的仪容美要求做到自然、协调、美观。

(1) 自然

自然是美化仪容的最高境界，它使人看起来真实而生动，而不是表情呆板生硬。失去自然的效果就无生命力和美。美好仪容，要依赖正确的技巧、合适的化妆品；要一丝不苟、井井有条；要讲究过渡、体现层次；要点面到位、浓淡相宜。这样才能使人感到自然、真实的美。

(2) 协调

美化仪容的协调包括以下四个方面。

1) 妆面协调，即化妆部位色彩搭配、浓淡协调，妆容针对脸部个性特点整体设计协调。

2) 全身协调，即脸部妆容、发型要与服饰协调，力求取得完美的整体效果。

3) 角色协调，针对个人在社交中扮演的不同角色，采用不同的化妆手法和化妆品。例如，职业人员应体现端庄稳重的气质；专门从事公关、礼仪、接待、服务等的人员，要表现出一定的人际吸引魅力，妆容就应浓淡相宜、青春妩媚。

4) 场合协调，即妆容、发型要与所在场合气氛要求一致。日常办公，略施淡妆；出入舞会、宴会，可化浓妆；参加追悼会，应素衣淡妆。不同场合的不同妆容、发型，不仅会使装扮者内心保持平衡，也会使他人感觉融洽。

(3) 美观

漂亮、美丽、端庄的外观仪容是形成优美良好的社交形象的基本要素之一。人们都希望自己在社交场合中变得更美丽，但不能认为把发胶、摩丝喷在头发上，把各种色彩涂抹在脸部的相应部位就变美了。这不是美，而是丑。美观是指从效果来说的。要使仪容达到美观的效果，首先必须了解自己的脸形，做到变拙陋为俏丽，使容貌更迷人。这些是在把握脸部个性特征和正确的审美观的指导下进行的。

3. 面容修饰

面容是人的仪表之首，也是最为动人之处，所以面容的修饰是仪容美的“重头戏”。在社交中，对面容的修饰尤为重要。由于性别的差异和人们认知角度的不同，对男士和女士在面容美化的方法和具体要求均有各自的特点。

(1) 对男士面容的基本要求

男士应养成每天修面剃须的良好习惯。若蓄须，也要考虑工作是否允许，并且要经常修剪，保持卫生。未蓄须者，切忌不刮胡子就去参加各种社交活动，尤其是外事活动，因为这是对他人不敬的行为。

（2）对女士面容的基本要求

女士美容化妆注意事项

对女士面容的美化主要采取整容与化妆两种方法。整容是通过外科手术来改变人的容貌，如隆鼻、割双眼皮及文眉等。整容虽可一劳永逸，但非个人所能完成，且还要冒因手术失败而毁容的风险，故选用者不多。与整容相比，化妆则以其便利、易改、不用求人等优势，受到广大女士的青睐，成为当今面容美化的首选方法。

2.1.2 发型与发饰

按照一般习惯，注意、打量他人，往往是从头部开始的。而头发生长于头顶，位于人体的"制高点"，所以更容易引起他人的重视。鉴于此，修饰仪容通常应当"从头做起"。修饰头发应注意以下四个方面。

1. 勤于梳洗

头发是人们脸面之中的脸面，所以应当自觉地对其做好日常护理。不论有无交际应酬活动，平日都要勤于梳洗头发。

勤于梳洗头发的作用有三个：一是有助于保养头发，二是有助于消除异味，三是有助于清除异物。若是懒于梳洗头发，蓬头垢面，满头汗馊味、油味，头屑较多，甚至生出寄生物，是很败坏个人形象的。

如有重要的交际应酬，应于事前进行洗发、理发、梳发。注意，对头发的清理应在隐蔽处操作，切不可当众进行。

2. 长短适中

虽然不便干预头发的长短，但从社交礼仪和审美的角度看，它仍受到若干因素的制约，不可以一味地只追求自由与张扬个性，而不讲究规范。影响头发长度的因素有以下四个。

1）性别因素。一般认为，女士可以留短发，但很少理寸头；男士头发可以稍长，但不宜长发披肩、梳辫挽髻。在头发的长度上可以中性化，但不应超过极限。

2）身高因素。头发的长度在一定程度上与个人身高有关。以女士留长发为例，头发的长度就应与身高成正比。身高矮的女士若长发过腰，会使自己显得更矮。

3）年龄因素。人有长幼之分，头发的长度亦受此影响。例如，一头飘逸披肩的秀发，在少女头上相得益彰；而它出现在一位年逾七十的老人头上，则会不合适。

4）职业因素。职业对头发的长度影响很大。例如，野战军战士为了负伤后方便抢救，通常理光头，而商界、政界人士则不宜如此。商界对头发的长度大都有明确限制：女士头发不宜长过肩部，必要时应盘发、束发；男士不宜留鬓角、发帘，最好不要长于 7 厘米，即大致不触及衬衫领口。而剃光头则对男女都不合适。

3. 发型得体

发型，即头发的整体造型。选择发型，除个人偏好可适当兼顾外，最重要的是考虑个人条件和所处场合。

1）个人条件。个人条件包括发质、脸型、身高、胖瘦、年龄、着装、佩饰、性格等，都影响对发型的选择。其中，脸型对发型的选择影响最大。选择发型时一定要遵守应己原则，使二者相互适应。

2）所处场合。在社会生活中，人们的职业不同、身份不同、工作环境不同，发型自然也应有所不同。总而言之，在工作场合，发型应当传统、庄重、保守；在社交场合，发型则应当个性、时尚、艺术。

4. 美化自然

人们在修饰头发时，往往会有意识地运用某些技术手段对其进行美化，即美发。美发不仅要美观大方，而且要自然，不宜过于雕琢或不合时宜。美发的方法有以下四种。

1）烫发。烫发，即运用物理手段或化学手段，将头发做成适当的形状。烫发时，要考虑本人发质、年龄、职业是否合适。

2）染发。发色不理想，或是头发变白，即可使用染发剂令其变色。

3）作发。作发，即运用发油、发露、发乳、发胶、摩丝等美发用品，将头发塑造成一定形状，或对其进行护理。作发的要求与烫发的要求大体相似。

4）戴假发。头发有先天缺陷或后天缺陷者，均可选择戴假发。选择假发，一是要使用方便；二是要衔接紧密，不可过分俗气。

2.2 仪态礼仪

手势礼仪

举止和行为，作为社交中传递信息的一种方式，是内涵极为丰富的体态语，其作用不亚于有声语言。它不仅反映一个人的外表，也反映一个人的品格、气质与修养。用优美的举止和行为表现礼仪更让人感到真实、美好与生动。举止和行为的基本要求是端庄、自然、大方、稳健。

2.2.1 手势

手势是一种重要的体态语，在社交场合，大方得体的手势能够增添魅力。因此，应充分重视手势的运用，使其发挥应有的作用。

1. 引领客人的手势种类

1）直臂式手势。这种手势用来引领较远方向。做法：手臂穿过腰间线，切忌不要高于腰间线，身体侧向宾客，眼睛要看着手指引方向处或客人脚前10厘米左右，同时加上礼貌用语，如“小姐，请跟我来”“里边请”“这边请”等。

2）横摆式手势。这种手势用来指引较近的方向。做法：大臂自然垂直，以臂肘为轴，小臂轻缓地向一旁摆出时微弯曲，与腰间呈45°左右，另一手下垂或背在体后，面带微笑，同时加上礼貌用语，如“请”“请进”等。

3）双臂横摆式手势。这种手势用于业务繁忙或宾客较多时。做法：两手从身体两侧经过腹前抬起，双手掌向上，双手重叠，两肘微曲，向两侧摆出，上身稍前倾，微笑施礼，加上礼貌用语，如“女士们、先生们，里面请”等。

4）斜摆式手势，亦称双手斜式，这种手势一般用来引领宾客坐在座位上。做法：若椅子在引领者左方，左手在前，右手在后，双手掌向上以肘为轴向椅子方向摆出，双肘微弯曲，左肘弯曲度小于右肘弯曲度，上体微微前倾，面带微笑说“请坐”。

5）双臂竖摆式手势。这是一种信息提示手势。当面对众多宾客，而场面比较隆重，需向全场来宾发出某一信息时，可采用“双臂竖摆式”，这样才能使全场来宾都能看见。做法：双手指相对，由腹前抬至头的高度，或在向上超过头的高度，再向两侧分开下划到腹部。

2. 常见的手势语

明确手势语在不同国家或地区的特殊含义，有助于社交活动的顺利开展。

（1）“OK”形手势

“OK”形手势是指拇指和食指合成一个圈，其余三个指头伸直或略屈（图2-1），在我国和世界其他地方，伸手示数时该手势表示0或3，在美国、英国表示“OK”，即赞同、了不起的意思；在法国，表示0或没有；在泰国表示没有问题、请便；在日本、缅甸、韩国表示金钱；在印度表示正确、不错；在突尼斯表示傻瓜；而在某些拉美国家则表示侮辱男人，引诱女人。

（2）“V”形手势

“V”形手势是指食指和中指上伸成“V”形，拇指弯曲压于无名指和小指上（图2-2），这个动作在世界上大多数地方伸手示数时表示2。用它表示victory（胜利），据说是第二次世界大战时期英国首相丘吉尔发明的。但是，表示胜利时，手掌一定要向外，如果手掌向内，就是贬低人、侮辱人的意思。在希腊，做这一手势时，即使手心向外，如手臂伸直，也有对人不恭之嫌。

（3）举食指手势

举食指手势是指左手或右手握拳，伸直食指（图2-3），在世界上多数国家表示数字1，在法国则表示“请求提问”，在新加坡表示“最重要”，在澳大利亚则表示“请再来一杯啤酒”。

图 2-1 “OK”形手势

图 2-2 “V”形手势

（4）举大拇指手势

在我国，右手或左手握拳，伸出大拇指（图 2-4），表示“好”“了不起”等，有赞赏、夸奖之意；在意大利，伸出手指数数时表示 1；在希腊，拇指上伸表示“够了”，拇指下伸表示“厌恶”“坏蛋”；在美国、英国和澳大利亚等国，拇指上伸表示“好”“行”“不错”，拇指左、右伸则大多是向司机示意搭车方向。

图 2-3 举食指手势

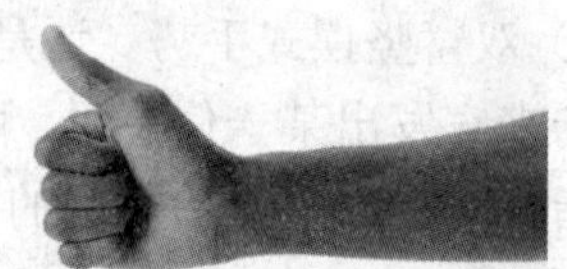

图 2-4 举大拇指手势

2.2.2 站姿

站姿是指人在站立时所呈现的具体姿势，是人的最基本姿势，也是其他姿势的基础。通常，它是一种静态姿势。

1. 基本的站姿

具体来讲，人们的站姿通常呈现为三种基本形态，即立正、稍息与跨立。

站姿的基本要求：头端，肩平，胸挺，收腹，身正，腿直，手垂。

由于性别不同，对男士和女士的基本站姿有着不同的要求。对男士的要求是稳健，对女士的要求则是优美。

（1）男士的站姿

男士在站立时一般应双脚平行，大致与肩同宽，最好间距不超过一脚之宽。要全身正直，双肩稍向后展，头部抬起，双臂自然下垂伸直，双手贴放于大腿两侧。

如果站立时间过久，可以将左脚或右脚交替后撤一步，其身体的重心分别落在另一只脚上。但是上身仍须直挺，脚不可伸得太远，双腿不可叉开过大，变换不可过于频繁。膝部要伸直。

（2）女士的站姿

女士在站立时应当挺胸，收颌，目视前方，双手自然下垂，叠放或相握于腹前，双腿基本并拢，不宜叉开。

站立时，女士双脚脚跟并拢，脚尖分开，张开的脚尖大致相距 10 厘米，其张角约为 45°，呈现“V”形。

2. 禁忌的站姿

人在站立之时，以下姿态或为不雅，或为失礼，都是应当禁止的。

1）身体不端正。古人对站立的基本要求是“站如松”，强调的就是站立时身体要端正，禁止头歪、肩斜、臂曲、胸凹、腹凸、背弓、撅臀、膝屈。

2）双腿叉开过大。站立过久，可采用稍息的姿态，双腿可以适当叉开。但出于美观与文明方面的考虑，在他人面前双腿切勿叉开过大，女士尤其应当谨记。双腿交叉，即别腿，亦不美观。

3）双腿随意乱动。人在站立时，双脚不可乱动。例如，不应用脚尖乱点乱划，双腿来回踢，用脚去够东西、蹭痒，脱鞋，或是脚后跟踩在鞋帮上。

4）表现自由散漫。站得久了，若条件许可，应坐下休息。但不应在站立时随意扶、拉、倚、靠、趴、蹬、跨，显得无精打采、自由散漫。

2.2.3 走姿

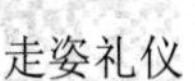
走姿礼仪

走姿是指人在行走的过程中所形成的姿势。与其他姿势所不同的是，在走姿状态下人自始至终都处于动态之中，体现的是人类的运动之美和精神风貌。

从总体上讲，走姿属于人的全身性的综合活动，但是其重点则在行进中的脚步之上。因此，走姿有时也叫作步态。

对走姿的总的要求是轻松、矫健、优美、匀速，至少做到不慌不忙、稳重大方。

1. 基本的走姿

行走之时，应以正确的立姿为基础，并且要全面，兼顾以下六个方面。

1）全身伸直，昂首挺胸。在行走时，要面朝前方，双眼平视，头部端正，胸部挺起，背部、腰部、膝部尤其要避免弯曲，使全身形成一条直线。

2）起步前倾，重心在前。在起步行走时，身体应稍向前倾，身体的重心应落在反复交替移动的前脚的脚掌之上。如此，身体就会随之向前移动。要注意的是，当前脚落地、后脚离地时，膝盖一定要伸直，踏下脚时再稍为松弛，并即刻使重心前移。

3）脚尖前伸，步幅适中。在行进时，向前伸出的那只脚应保持脚尖向前，不要向内或向外，同时还应保证步幅大小适中。步幅主要是指行进之中一步的长度。通常，正常的步幅应为一脚之长，即行走时前脚跟与后脚脚尖二者相距为一脚之长。

4）直线前进，自始至终。在行进时，双脚两侧行走的轨迹大体上应当成一条直线。与此同时，要避免身体在行进中左右摇摆，并使自腰部至脚部始终都保持以直线的形状进行移动。

5）双肩平稳，两臂摆动。行进时，双肩、双臂都不可过于僵硬呆板。双肩应当平稳，力戒摇晃，应自然、一前一后、有节奏地摆动。在摆动时，手腕要配合，掌心要向内，手掌要向下伸直。摆动的幅度以 30° 左右为佳。不要双手横摆或同向摆动。

6）全身协调，匀速前进。在行走时，大体上在某一阶段中速度要均匀，有节奏感。另外，全身各个部分的举止要相互协调、配合，表现得轻松、自然。

2. 禁忌的走姿

在行走时方向要明确，不可忽左忽右、左顾右盼，尤其是不应反复注视身后。另外，还应力戒身体乱晃不止。

在行走时，切勿忽快忽慢、用力过猛、声响太大，而妨碍其他人，或惊吓到其他人。

在行走时，若两只脚脚尖向内侧伸构成内八字步，或两只脚脚尖向外侧伸构成外八字步，都是不允许的。

2.2.4 坐姿

坐姿，即人在就座之后呈现的姿势。从总体上讲，坐姿是一种静态的姿势。在社交场合，坐姿往往是人们采用得最多的一种姿势。

坐姿礼仪

1. 基本的坐姿

正确的坐姿一般要兼顾角度、深浅、舒展三个方面。

角度，即坐定后上身与大腿、大腿与小腿所形成的角度。这两个角度均有大小之分，坐姿因此而不同。

深浅，即坐下时臀部与座位所接触的面积，有深坐、浅坐之分。

舒展，即入座前后手、腿、脚的舒张和活动程度。其舒展与否往往与交往对象相关，可间接反映双方关系。

坐姿的重点是指坐定后的姿势。正确的坐定后的姿势主要体现在以下几个方面。

第一，根据座位的高低，调整坐姿的具体形式。在较为正式的场合，或有位尊者在座时，通常坐下之后不应坐满座位，大体占据其 2/3 的位置即可。

第二，挺直上身，头部端正，目视前方，或面对交谈对象。在一般情况下，不可身靠座位的背部。只有在无他人在场，自己进行休息时，此举方被许可。

第三，极正规的场合，上身与大腿、大腿与小腿所成角度应当均为直角，此姿势即为“正襟危坐”。这两个角度若为钝角或锐角，不是体现“放肆”就是疲乏。

第四，当面对尊长而前面无屏障时，应并拢双腿。具体来说，男士就座后可张开双腿，但不应宽于其肩宽。女士就座后，特别是身着短裙时要将大腿并拢。

第五，在非正式场合，允许坐定之后叠放或斜放双腿。交叉叠放双腿时，应力求做到膝部之上并拢。双腿斜放，以与地面成45°夹角为最佳。

第六，双腿应自然下垂，置于地面之上，脚尖应面对正前方，或朝向侧前方。双脚可以并拢、平行，或呈内八字状。双脚一前一后也是允许的。

第七，正坐之时，双手应掌心向下，叠放于大腿之上，或是放在身前的桌面之上。扶住座位两侧的扶手，也是可以的。侧坐之时，双手以叠放或相握的姿势放置于身体侧向的那条大腿上则最为适宜。

2. 禁忌的坐姿

坐定之后，不允许仰头靠在座位背上，或是低头注视地面。左顾右盼、闭目养神、摇头晃脑，亦不允许。也不允许坐定之后上身前倾、后仰、歪向一侧，或是趴向前方、两侧。

坐下之后，不应以双手端臂、抱于脑后或抱住膝盖，以手抚腿、摸脚，而是应尽量减少不必要的动作。身前有桌子时，不要将肘部支于其上。也应避免将双手夹在大腿中间。

双腿切勿在坐好后敞开过大。不要在尊长面前高翘“4”字形腿，即不要将一条小腿交叉叠放于另一条大腿之上。两腿不要直伸，也不要抖动不止。不要把腿骑在座位之上，或架在其他高处。

切勿在坐定后将脚抬得过高，以脚尖指向他人，或是使对方看到鞋底。不要在坐下后脱鞋和袜子，或是将脚架在桌面上，勾住桌腿，翘到自己或他人的座位上。不要以脚踩踏其他物体，双脚不要交叉，不要将其摆成外八字，更不要使两脚脚跟着地，脚尖朝上，抖动不止。

2.2.5 蹲姿

蹲姿礼仪

蹲姿一般用于取低位物品，主要有以下几种方式。

1. 半蹲式

半蹲式一般用来从地上取中低位的物品，如较大的手提箱等。其方法是走到物品的一侧，上身稍弯，但不宜与下肢构成直角或锐角，臀部应向下而不是撅起，物品在右侧，则将重心放在右腿上；反之亦然。

2. 高低式

高低式的要求：下蹲时，双脚不在一条直线上，且一只脚在前，另一只脚在后，在前的脚全脚着地，小腿基本垂直于地面，在后的脚脚掌着地，脚跟提起。后膝应低于前膝，头和腰应保持一条直线。女性两腿应靠近。

3. 交叉式

交叉式适应穿着短裙的女士。其要求：下蹲时，一只脚在前，另一只脚在后，在前的脚全脚着地，小腿垂直于地面，在后的脚脚掌着地，脚跟提起，前腿在上，后腿在下，双腿交叉重叠。

2.2.6 表情

人体的其他部分也有表情，但表情主要体现于人类的面部，因此在一般情况下，人们所说的表情往往就是指面部表情。

表情指人类在神经系统的控制之下，面部肌肉及其各种器官所进行的运动、变化和调整，以及面部在外观上所呈现出的某种特定的形态。

与举止一样，表情也是人的无声的语言。现代传播学认为，它属于人际交流之中的“非语言信息传播系统”，并且是其核心组成部分。因为相对于举止而言，表情更为直观、形象，更易于人们觉察和理解。

传播学认为，在人们接受的来自他人的信息之中，只有45%来自有声语言，而55%以上来自无声语言。而在后者之中，又有70%以上来自表情，由此可见表情在人际交往中所处的重要位置。

法国生理学家科瑞尔说，“脸反映出人们的心理状态”；“脸就像一台展示人的感情、欲望、希冀等一切内心活动的显示器”。启蒙思想家狄德罗则指出：“一个人……他心灵的每一个活动都表现在他的脸上，刻画得很清晰、很明显。”这说明了表情的重要性。

人类的表情变化多端，不可胜数。罗曼·罗兰就曾说：“面部表情是多少世纪培养成功的语言，是比嘴里讲的要复杂千百倍的语言。”尽管如此，表情大都具有共性，它超越了地域文化的界限，成为一种人类的世界性“语言”，民族性、地域性差异较少。这与举止有着很大的不同，表情在世界上几乎可以通用，而举止则做不到这一点。

1. 眼神

眼睛是心灵的窗口，目光是面部表情的第一要素。一双眼睛能传达出喜、怒、哀、乐不同的情感。荷兰一位心理学家曾把表现不同情感的演员的头像照片裁成只留双目的细条，让人辨别，结果大部分人都能从眼神中辨别出喜、怒、哀、乐。因此，在交际中要善于运用目光传达自己的情感。

眼神是对眼睛的总体活动的一种统称。对自己而言，它能够最明显、最自然、最准确地展示自身的心理活动。对他人而言，与其交往所得信息的87%来自视觉，而来自听觉的信息则仅为10%左右。

人们在日常生活中借助于眼神所传递出的信息可称为眼语。在人类的五种感觉器官眼、耳、鼻、舌、身中，眼睛最为敏感，它通常占人类总体感觉的70%左右。因此，泰戈尔指出：“一旦学会了眼睛的语言，表情的变化将是无穷无尽的。”

“凝视”就是目光专注于某一点，是一种最常用的目光。这种目光的运用尤应注意分场合、看对象。彼此关系很亲密，那么，亲切的凝视会缩短人们之间的距离，加深感情的交流。若是陌生人，一直盯着对方，就会令其恼火，甚至感觉到侮辱。

与人见面时，眼睛左顾右盼往往会给人漫不经心的感觉。那么应当怎样使凝视表现得恰到好处呢？一般说来，与人见面时则可以把自己的目光放虚，不要聚集于对方身上的某个部位，而要把目光放在对方的嘴、头顶、脸颊两侧和脖子等部位。

目光可以表现出不同的情感，因此懂礼仪、有教养的人往往注意控制自己的目光，使其在不同对象面前表达出不同的意义。例如，对待长辈，目光应略为向下，以示恭敬谦虚；对待晚辈，目光则温和亲切，以示自己关心；对待朋友，目光应热情洋溢，以示自己的友好。在一般情况下，都应避免使用鄙夷或不屑的眼神，因为这常会伤害对方的自尊心，是一种无礼的表现。

眼睛的运用在工作、生活、社交以至爱情生活中都是很重要的。在谈恋爱中，一般开始时不会长时间对视，只是偶尔“瞟”一眼，又急速把目光移开，但如果双方长时间停留在这种状态上而不敢突破，他们的关系就很难取得进展。如真心相爱，就应在恰当的时机，大胆地用亲昵的目光注视对方，那么对方也自然会给予回报。随之两人的关系会越来越亲密。研究专家注意到，男人与女人相比，在用眼睛传达信息方面，女人更有优势。当一个女人对某位男子产生爱慕之情时，一般不会用嘴说出，而是习惯于通过眼睛表达。

2. 微笑

微笑是交际活动中最富有吸引力、最有价值的面部表情。无论是在办公室、舞场、谈判桌上，还是在旅游中，只要你不吝惜微笑，往往就能左右逢源。这是因为微笑表现着自己友善、谦恭、渴望友谊的美好的感情因素，是向他人发射的理解、宽容、信任的信号。有人把微笑称为一种有效的“交际世界语”，这是十分恰当的。

除了在极少数的悲伤或肃穆的场合外，在其他任何场合微笑都是交际时的一种适宜的表情。与人初次见面，面露微笑，就好像具有一种磁力，使人顿生好感；见到老朋友，点头微笑，打一个招呼，会使人感到你重礼仪；服务人员面露微笑，则会给人一种宾至如归的感觉。纽约一家百货公司的经理曾说过，在录用女店员时，小学未毕业却能经常微笑的女子，比大学毕业而面无表情的女子机会大得多。

（1）微笑的要求

微笑的作用虽然很大，但不能滥用，必须注意礼仪要求。

1）微笑要做到真诚，即发自内心。虚伪的假笑、牵强的冷笑则会令宾客感到别扭和反感。

2）微笑要做到甜美。这种表情由嘴巴、眼神及眉毛等部位协调完成。

3）微笑要有尺度，即热情有度。在交际中突然哈哈大笑，表情过于夸张，不仅让人感到不自然，而且会令客人反感。另外，微笑加上得体的手势，会更自然、大方、得体。

（2）微笑的训练

微笑是可以通过训练养成的。微笑时，首先口角的两端要平均地向上翘起。在练习时，为使双颊肌肉向上抬起，口里可发普通话的“一”字音。笑的关键在于善于用眼睛来笑。

如果一个人的嘴上翘时，眼睛仍是冷冰冰的，就会给人虚假的感觉。眼睛的笑容的训练方法是，取一张厚纸，遮住眼睛下边部位，对着镜子，心里想着高兴的事情，使笑肌抬升收缩，嘴巴两端做出微笑的口型。这时，双眼就会十分自然地呈现出微笑的表情。随后放松面部肌肉，眼睛也随之恢复原形，但这时的目光中仍然会反射出脉脉含笑的神采。需要强调的是，微笑是发自内心地对人友好的一种情感，只有心地善良、乐于助人、对生活充满热爱的人，才能在交际活动中完美地掌握这种最高级的社交手段。

训练微笑的方法如下。

1）笑不露齿，即嘴角两端稍稍用力向上拉，使两端嘴角向上翘起，让唇线略成弧形，在不牵动鼻子、不发出笑声、不露出牙齿的前提下，微微一笑。

2）借助技术手段，在训练时，经常念一些字词。

2.3 仪表礼仪

2.3.1 着装礼仪

服装的重要性

着装也是反映个人形象的重要方面，体现人的性格、气质、文化及身份地位。整齐的着装往往能给人留下干净、精干的形象，使人易于接近。反之，污损、不洁、散漫的着装使人怀疑没有教养、令人感到不快。因此，在社交活动中，要注意服装的选择，遵循着装的原则，彰显自己的仪表魅力。

1. 着装的原则

在社交活动中，着装应遵循以下原则。

（1）个性原则

个性原则是指服装应当为体现个人独特的风格服务，不要盲目地赶时髦。流行服装易无法体现人的个性，也不可能持续太久，转眼之间又会出现新的流行服装。郑板桥说过：在服饰上切不可趋风气，如扬州人学京师穿衣戴帽，才赶上，风气又变了。一个人如能根据自己的个性选择服装，往往更能显示出自身独特的魅力。

（2）合礼原则

服装还具有重要的礼仪功能。孔子说：“见人不可不饰。不饰无貌，无貌不敬，不敬无礼，无礼不立。”例如，在美国，一般情况下人们的穿着打扮是比较自由的，但是 1983 年里根在出访欧洲回国时，穿了一套格子西服在电视上发表讲话，却引起了一场轩然大波。因为根据礼仪惯例，美国总统在正式的外交场合应穿显得庄重的黑色礼服，否则就是对人不敬的严重失礼行为。

（3）“TPO”原则

“TPO”原则即“时间（time）、地点（place）、场合（目的，occasion）”的原则，是日

本男装协会于1963年提出的。应注意服饰在每天的早晨、日间、晚上三段时间的变化。赴宴，听音乐，看演出，赴舞会一般比较正规。注意季节的不同，夏日穿衣服多了容易让人感觉太热，会破坏妆色。冬天穿衣服少了会使人感到寒冷，甚至会本能地缩肩、驼背，无俊美可言。注意时代间的差异，不宜过分复古、过分新奇，否则会与公众拉大心理距离。

着装礼仪——女士套装

（4）整体性原则

正确的着装应当基于整体的考虑和精心的搭配。因此，在着装时，不仅要使各个部分"自成一体"，还要相互协调，在整体上尽可能地显得完美、和谐。因此，着装一定要坚持整体性，要恪守服装本身约定俗成的搭配。例如，穿西装时，应配皮鞋，不能穿布鞋、凉鞋、拖鞋、运动鞋。

（5）整洁性原则

着装要坚持整洁性，应注意下述四个方面。

1）着装应当整齐。不允许又褶又皱，不熨不烫。

2）着装应当完好。不允许又残又破，乱打补丁。

3）着装应当干净。不允许又脏又臭，令人生厌。

4）着装应当卫生。对于各类服装，都要勤于换洗，不允许其存在明显的污渍、油迹、汗味与体臭。

2. 服饰的协调

着装协调，是指一个人的穿着要与他的年龄、体形、职业和所处的场合吻合，这样能给人以美感。服饰应突出协调美，主要指以下四个方面。

（1）穿着要和年龄相协调

着装礼仪——男士衬衣

在穿着上要注意年龄，与年龄相协调。年轻人应穿得鲜艳、活泼、随意，这样可以充分体现出青年人的朝气和蓬勃向上的青春之美。而中、老年人的着装则要注意庄重、雅致、整洁，体现出成熟和稳重。

（2）穿着要和体形相协调

人的身材、体形、肤色不同，选择服装时应考虑到这些差异，做到扬长避短。一般来说，身材较高的人，上衣应适当加长，配以低圆领或宽大而蓬松的袖子、宽大的裙子、衬衣，这样能给人以"矮"的感觉，衣服颜色上最好选择深色、单色或柔和的颜色；身材较矮的人，不宜穿大花图案或宽格条纹的服装，最好选择浅色的套装，上衣应稍短，服装款式以简单直线为宜，上下颜色应保持一致；体形较胖的人应选择小花纹、直条纹的衣料，最好是冷色调，以达到显"瘦"的效果，在款式上，要力求简洁，中腰略收，后背扎一中缝为好，不宜采用"关门"领，以"V"形领为最佳；体形较瘦的人应选择色彩鲜明、大花纹以及方格、横格的衣料，给人以宽阔、健壮的视觉效果，在款式上，应当选择尺寸宽大、上下分割花纹、有变化的、较复杂的、质地不太软的衣服，切忌穿紧身衣裤，也不要穿深色的衣服。另外，肤色较深的人穿浅色服装，会达到健美的色彩效果；肤色较白的穿深色服装，更能显出皮肤的细洁柔嫩。

（3）穿着要和职业相协调

穿着不仅要和身材、体形协调，还要与职业相协调。这一点非常重要，不同的职业有不同的穿着要求。例如，教师、公务员一般要穿着庄重，不要打扮得过于妖艳，衣着款式也不要过于怪异，这样可以给人留下一个良好的印象；医生穿着要力求显得稳重和富有经验，一般不宜衣着过于时髦，否则给人以轻浮的感觉，这样不利于获得病人的信任；青少年学生穿着要朴实、大方、整洁，不要过于成人化；而演员、艺术家则可以根据他们的职业特点，穿着时尚。

（4）穿着要和环境相协调

穿着还要与自己所处的环境相协调。上班时在穿着上就应整齐、庄重。外出旅游时穿着应以轻装为宜，力求宽松、舒服、方便运动。平日居家，可以穿着随便一些，但如有客人来访，应请客人稍坐，自己立即穿着整齐，如果只穿内衣、内裤来接待客人，那就显得失礼了。除此之外，在一些较为特殊的场合还有特殊的穿着要求。

服装面料的特性

3. 面料的选择

服装由面料制作而成，面料就是用来制作服装的材料。作为服装三要素之一，面料不仅可以诠释服装的风格和特性，而且直接左右着服装的色彩、造型的表现效果。

服装的面料五花八门，但是从总体上来讲，优质、高档的面料，大都具有穿着舒适、吸汗透气、悬垂挺括、视觉高贵、触觉柔美等特点。制作在正式的社交场合穿着的服装，宜选纯棉、纯毛、纯丝、纯麻制品，因为采用这四种纯天然质地面料制作的服装，大都档次较高。有时，穿着纯皮革制作的服装也是可以的。

4. 色彩的搭配

色彩是人的眼睛对物体反射的不同波长的光所产生的印象。在服装的色彩上最重要的就是要掌握色彩的特性、搭配等基本要求。

（1）色彩的特性

从功能上看，色彩具有以下基本特性。

1）色彩的冷暖。每种色彩都有自身独特的相貌特征，即色相。色彩因色相不同，也就使人产生温暖或寒冷的感觉。使人产生温暖、热烈、兴奋感觉的色彩称为暖色，如红色、黄色。使人产生寒冷、抑制、平稳感觉的色彩称为冷色，如蓝色、黑色。

2）色彩的轻重。色彩的明暗变化的程度称为明度。不同明度的色彩给人留下的感觉也不同。色彩越浅，明度就越强，使人产生上升感、轻感。色彩越深，明度就越弱，使人产生下垂感、重感。所以，人们平日的着装讲究上浅下深。

3）色彩的软硬。色彩鲜艳明亮的程度叫纯度。色彩纯度越高，越鲜艳纯粹，给人的感觉越软。色彩纯度越低，越深暗，给人的感觉越硬。前者适用于喜庆场合，后者则适用于庄重场合。

4）色彩的缩扩。一般来讲，冷色、深色属于收缩色，暖色、浅色则为扩张色。运用到服装上，前者使人苗条，后者使人丰满。若运用得当，二者都能使人在形体方面避短。

（2）搭配的方法

色彩的搭配有以下几种方法。

1）统一法。即配色时采用同一色系中几种明度不同的色彩，按照深浅不同的程度进行搭配的方法。这种方法适合在工作场合或正规的社交场合着装的配色。

2）对比法。即在配色时运用冷暖、深浅、明暗相反的色彩进行组合，使着装在色彩上反差强烈，突出个性的方法。这种方法适合各种场合的着装配色。

3）呼应法。即在配色时，在某些相关的部位刻意采用同一种色彩，以便使其遥相呼应，产生较强的美感的方法。它也适用于各类场合的着装配色。例如，穿西装时讲究鞋与包同色，就是对这种方法的运用。

4）点缀法。即采用统一法配色时，在某个局部小范围选用不同的色彩加以点缀美化的方法。这种方法主要适用于工作场合的着装配色。

5）时尚法。即在配色时，选用流行的某种色彩搭配的方法。这种方法多用于普通的社交场合与休闲场合的着装的配色。

5. 西装的要求

西装是一种国际性服装，为男士正装。男士在所有社交场合都可以身着西装。因此，经常出入社交场合的男士应准备一套剪裁合体的西装。

着装礼仪——男士西装

（1）西装的选择

要使西装合体合礼，就应当认真选择。

1）选择合适的款式。西装的款式可分为英国、美国和欧洲三大流派，其中欧洲流派还可以分出一些小流派，如意大利流派、法国流派等。尽管西装在款式上有流派之分，但是各流派之间差异并不很大，只是在后开衩的部位、扣是单排还是双排、领子的宽松等方面有所不同。但是，在胸围、腰围、肩部还是有所变化的。因此，在选择西装时，要充分考虑到自己的身高、体形，如身材较胖的人不适合穿瘦型短西装，身高较矮者不适合穿上身较长、肩较宽的双排扣西装。

2）选择合适的面料和颜色。西装的面料应该挺括。作正式礼服用的西装可采用深色，如黑色、深蓝色、深灰色等颜色的全毛面料制作。日常穿着的西装颜色可以有所变化，面料也可不必太讲究，但必须熨烫挺括。

3）选择合适的衬衣。穿西装一定要穿带领子的衬衣。衬衣的颜色很重要，一般来说，穿深色的西装要配上白色的衬衣；花衬衣配单色的西装效果比较好；单色衬衣配条纹或带格西装比较合适；方格衬衣不应配条纹西装；条纹衬衣也不要配方格西装。

4）选择合适的领带。在社交场合穿西装时必须打领带，领带的颜色、花纹和款式要与所穿的西装相协调。领带的面料以真丝为优。

（2）西装的穿着

有了合体的西装后，还必须学会穿着西装，穿着西装时有以下具体要求。

1）要穿质量好的衬衣。穿西装必须穿长袖衬衣，衬衣最好不要过旧，领头一定要硬扎、挺括，外露的部分一定要平整干净。衬衣下摆要掖在裤子里，领子不要翻在西装外，衬衣的袖子要长于西装上衣的袖子。

2）内衣不要穿得过多。穿西装切忌穿过多内衣。如果确实需要再穿一些内衣，内衣的领圈和袖口也一定不要显露出来。如果天气较冷，衬衣外面可以穿一件毛衣或毛背心，但毛衣一定紧身，不要过于宽松，以免显得臃肿，影响西装的穿着效果。

3）打好领带。在比较正式的社交场合，穿西装应系领带。

4）鞋袜要整齐。穿西装一定要穿皮鞋，而不能穿布鞋或旅游鞋。皮鞋的颜色要与西装相配套，通常浅褐色的皮鞋不能配黑西装，而要穿黑色或深褐色的皮鞋。

皮鞋应该擦亮，不要蒙满灰尘。穿皮鞋还要配上合适的袜子，袜子的颜色要比西装的颜色稍深。

5）要会扣扣子。西装上衣可以敞开，但双排扣西装上衣一般不要敞开。在扣西装扣子时，如果穿的是两个扣子的西装，不要把两个扣子都扣上，一般只扣上面的一个。如果是三个扣子，则扣中间的一个。另外，西装的裤兜内不宜放太多太沉的东西。

6. 打领带的礼仪

鉴于领带在男士着装中所起的装饰、美化、点缀作用，应重视其规范化问题，不可在此关键之处出现问题，即便是小有闪失，也要尽量避免。

（1）领带的选择

要打好领带，先要选好领带，选择时涉及领带的面料、色彩、图案、款式等。

1）面料的选择。制作领带的最高档、最正宗的面料是真丝。除真丝之外，尼龙亦可制作领带，但其档次较低。以其他面料，如棉布、麻料、羊毛、皮革、塑料、纸张、珍珠等制作的领带，大多不适合在正式场合使用。

2）色彩的选择。从色彩上讲，领带有单色、多色之分。单色领带适用于公务活动和隆重的社交场合，并以蓝色、灰色、黑色、棕色、白色、紫红色最受欢迎。多色领带一般不应超过三种色彩，可用于各类场合。色彩过于艳丽的领带用途并不广泛，只有在非正式的社交活动或休闲场合，使用它才不会被人非议。

3）图案的选择。用于正式场合的领带，其图案应规则、传统，最常见的有斜条、横条、竖条、圆点、方格以及规则的碎花，且有一定的寓意。印有人物、动物、植物、花卉、房屋、景观、怪异神秘图案的领带，仅适用于非正式的社交场合。印有广告、团体标识、家族徽记的领带最好不要乱用。

4）款式的选择。领带的款式即领带的形状外观。一般来说，它有宽窄之分，这主要受到时尚流行的影响。进行选择时，应注意使领带的宽度与自己身体的宽度成正比，不要使反差过大。领带还有箭头与平头之别。前者下端为倒三角形，适用于各种场合，比较传统。后者下端为平头，比较时髦，多适用于非正式场合。

（2）领带的打法

打领带时，应对领带的结法、长度、位置、佩饰多加注意，只有这样，才有可能将领带打得完美无误。

1）领带的结法。领带扎得好不好看，关键在于领带结打得如何。打领带结需要注意以下三点。其一，要把它打得端正、挺括，外观上呈倒三角形。其二，在收紧领结时，可有意在其下压出一个窝或一条沟，使其看起来美观、自然。其三，领带结的大小应大体上与同时所穿的衬衫领子的大小成正比例。

2）领带的长度。成人日常所用的领带通常长130～150厘米。领带打好之后，外侧应略长于内侧。其标准的长度应当是下端正好触及腰带扣的上端。这样，当系上西装上衣扣子后，领带的下端便不会从衣襟下面显露出来。领带也不能打得太短。出于这一考虑，不提倡在正式场合选用难以调节其长度的“一拉得”领带或“一套得”领带。

3）领带的位置。领带打好之后，应被置于合乎常规的既定位置。系好西装上衣衣扣后，领带应处于西装上衣与内穿的衬衫之间。穿西装背心、羊毛衫、羊绒衫、羊毛背心时，领带应处于它们与衬衫之间。穿多件羊毛衫时，应将领带置于最内侧的羊毛衫与衬衫之间。不要让领带逸出西装上衣之外，或是处于西装上衣与西装背心、羊毛衫、羊绒衫、羊毛背心之间，更不能让它夹在两件羊毛衫之间。

4）领带的佩饰。在一般情况下，领带上没有必要使用任何佩饰。在清风徐来、快步疾走之时，领带轻轻飘动，能为男士平添几分潇洒、帅气。有的时候，为了减少领带在行动时任意飘动带来的不便，或为了不使其妨碍本人工作、行动，可酌情使用领带佩饰。领带佩饰的基本作用是固定领带，其次才是装饰。常见的领带佩饰有领带夹、领带针和领带棒。它们分别用于不同的位置，但一次只能选用其中的一种。选择领带佩饰时，应多考虑金属质地制品，并要求素色为佳，形状与图案要雅致、简洁。

① 领带夹，主要用于将领带固定于衬衫上，因此不能只用其夹着领带，或是将其夹在上衣的衣领上。使用领带夹的正确位置是，在衬衫从上向下数的第四粒、第五粒纽扣之间。最好不要让它在系上西装上衣扣子之后外露。若其夹得过于往上，甚至被夹在鸡心领羊毛衫或西装背心领子开口处，是非常土气的。

② 领带针，主要用于将领带别在衬衫上，并发挥一定的装饰作用。其一端为图案，应处于领带之外，另一端为细链，则应免于外露。使用它时，应将其别在衬衫从上往下数第三粒纽扣处的领带正中央。其有图案的一面宜为他人看到。但是要注意，不能把领带针误当领针使用。

③ 领带棒，主要用于穿着扣领衬衫时，穿过领带，并将其固定于衬衫领口处。使用领

带棒，如果得法，会使领带在正式场合显得既飘逸，又减少麻烦。

总之，在使用领带佩饰时，宁肯不用，也不要乱用。

7. 穿着的禁忌

着装要文明大方，符合社会道德传统和常规做法。正式公众场合着装要注意以下禁忌。

1）忌穿过露的服装。在正式场合，袒胸露背，暴露大腿、脚部和腋窝的服装，应忌穿。

2）忌穿过透的服装。不能穿能透视内衣、内裤的服装，否则就有失检点。

3）忌穿过短的服装。不能为了标新立异，而穿过小的服装，更不能在正式场合穿短裤、小背心、超短裙之类过短的服装。

4）忌穿过紧的服装。不能为了展示自己的动人曲线，有意选择过于紧身的服装，把自己打扮得太性感；更不能不修边幅，使自己内衣、内裤的轮廓凸现出来。

2.3.2 佩饰礼仪

在社交场合，佩饰尤为引人注目，并发挥着一定的交际功能。一方面，佩饰是一种无声的语言，可以反映使用者的知识、阅历、教养和审美品位。另一方面，佩饰是一种有意的暗示，可借以了解使用者的地位、身份、财富和婚恋现状。这两种功能，特别是第二种功能，是普通服装所难以替代的。

1. 佩戴饰品的规则

饰品，指的是人们在着装的同时选用、佩戴的装饰性物品。它对于人们的穿着打扮，尤其是对于服装而言，起着辅助、烘托、陪衬、美化的作用。

在正规的场合使用饰品，一定要遵守以下八条规则。这样，既能让饰品发挥其应有的美化、装饰功能，又能合乎常规，在选择、搭配、使用中不至于出洋相而成为别人的笑柄。

1）数量规则。佩戴饰品时，在数量上以少为佳。必要时，可以不佩戴。若同时佩戴多种饰品，则要求在总量上不超过三种。除耳环外，最好同类饰品的佩戴不超过一件。

2）色彩规则。佩戴饰品时，在色彩上力求同色。若同时佩戴两件或三件饰品，应使其色彩一致。佩戴镶嵌饰品时，应使其主色调保持一致。

3）质地规则。佩戴饰品时在质地上争取同质。若同时佩戴两件或三件饰品，应使其质地相同。佩戴镶嵌首饰时，应使其被镶嵌物质地一致。这样，能令其在总体上显得协调一致。需注意，高档饰品，尤其是珠宝饰品，多适用于隆重的社交场合，不适合在工作、休闲时佩戴。

4）身份规则。选戴饰品时，不仅仅要照顾个人爱好，更应当使之符合自己的身份，要与自己的性别、年龄、职业、工作环境保持一致。

5）体形规则。佩戴饰品时，要利用饰品弥补自己体形上的缺点。选择饰品时，应充分正视自身的形体特色，做到扬长避短。

6）季节规则。佩戴的佩饰要与季节相符合。季节不同，所戴饰品也应不同。金色、深色饰品适于冷季佩戴，银色、艳色佩饰则适合暖季佩戴。

7）搭配规则。佩戴饰品时，要尽力与服装协调，应视为服装整体上的一个环节。要兼顾所穿服装的质地、色彩、款式，使之在搭配、风格上相互般配。

8）习俗规则。佩戴饰品时，要遵守习俗。不同的地区、不同的民族，佩戴饰品的习惯做法多有不同。对此一是要了解，二是要尊重。

2. 佩戴饰品的方法

饰品的佩戴方法因饰品的不同而不同。这里仅对经常佩戴的饰品做简单介绍。

（1）戒指

戒指，又称指环，佩戴于手指之上，男女老少皆宜。戒指一般戴在左手上，而且最好仅戴一枚。如果想多戴，至多可戴两枚，只有新娘可例外。戴两枚戒指时，可戴在两个相连的手指上，也可以戴在两只手对应的手指上。拇指通常不戴戒指，一个手指上不应戴多枚戒指。

戴薄纱手套时应将戒指戴于其内，只有新娘不受此限制。戒指的粗细，宜与手指的粗细成正比。表示已婚的结婚戒指，一般戴在左手无名指上。钻戒是最正规的结婚戒指。从造型上讲，老年人戴的戒指应古朴庄重，年轻人戴的戒指则应小巧玲珑，注重艺术化。

（2）项链

项链是指戴于颈部的环形首饰，男女均可使用，但男士所戴的项链一般不外露。通常，所戴的项链不应多于一条，但可将一条长项链折成数圈佩戴。

项链的粗细应与脖子的粗细成正比。从长度上区分，项链可分为四种。其一，是短项链，约长40厘米，适合搭配低领上装。其二，是中长项链，约长50厘米，可广泛使用。其三，是长项链，约长60厘米，适合女士使用于社交场合。其四，是特长项链，长70厘米以上，适合女士在隆重的社交场合佩戴。

（3）挂件

挂件又称项链坠，多与项链同时配套使用。其形状、大小各异，常见的有文字、动物、鸡心、锁片、元宝、花篮、十字、像盒、镶宝、吉祥图案、艺术造型等。

选择挂件，要优先考虑它是否与项链般配，要力求二者在整体上协调一致。另外，在正式场合不要选用过分怪异或令人误解的图形、文字的挂件，也不要同时使用两个或两个以上的挂件。

（4）耳环

耳环又称耳饰，具体又可分为耳环、耳链、耳钉、耳坠等。在一般情况下，它仅为女性所用，并且讲究成对使用，即每只耳朵上均佩戴一只。不宜在一只耳朵上同时戴多只耳环。在国外，男子也有戴耳环的，但习惯做法是左耳上戴一只，右耳不戴；双耳皆戴者，会被人视为同性恋。

（5）手镯

手镯，即佩戴于手腕上的环状饰物。佩戴手镯，所强调的是手腕与手臂的美丽，故二者不美者应慎戴。男人一般不戴手镯。

手镯可以只戴一只，也可以同时戴两只。戴一只时，通常应戴于左手。戴两只时，可一只手戴一个，也可以都戴在左手上。同时戴三只手镯的情况比较罕见，且不要在一只手上戴多只手镯。

（6）手链

手链是一种佩戴于手腕上的链状饰物。与手镯不同的是，男女均可佩戴手链，但一只手上仅限戴一条手链。

在普通情况下，手链应仅戴一条，并应戴在左手上。在一只手上戴多条手链，双手同时戴手链，手链与手镯同时佩戴，一般是不允许的。在一些国家，所戴手镯、手链的数量、位置，可用以表示婚否。它与手镯均不应与手表同戴于一只手上。

（7）脚链

脚链，即佩戴于脚踝部位的链状饰物，主要适用于非正式场合。

佩戴脚链，意在强调脚踝、小腿等相关使用部位的长处，若此处无美可陈，或缺点较多，则切勿使用。

脚链一般只戴一条，戴在哪一只脚踝上都可以。若戴脚链时穿丝袜，则应将脚链戴在袜子外面，以便使其更为醒目。把脚链戴在袜子里面，不仅不能发挥其作用，而且会令人产生误会。

（8）胸针

胸针，即别在胸前的饰物，多为女士所用。其图案以花卉为多，故又称胸花。

别胸针的部位多有讲究。穿西装时，应别在左侧领上。穿无领上衣时，则应别在左侧胸前。发型偏左时，胸针应当居右。发型偏右时，胸针应当偏左。其具体高度应在从上往下数的第一粒、第二粒纽扣之间。

（9）领针

领针，即专用于别在西式上装左侧领之上的饰物。严格讲，它是胸针的一个分支，但男女皆可选用。

佩戴领针的数量以一枚为限，而且不宜与胸针、纪念章、奖章、企业徽记等同时使用。在正式场合，不要佩戴有广告作用的别针。不要将其别在诸如右侧衣领、帽子、书包、围巾、裙摆、腰带、裤袢、裤腰、裤管等处不恰当的位置。

3. 选择手表的方法

手表又称腕表，是佩戴在手腕上的用以计时的工具。在社交场合，佩戴手表，通常意味着时间观念强、作风严谨；而不佩戴手表的人，多表明其时间观念不强。

在正规的社交场合，手表视同佩饰，与佩饰相同的是，在社交场合人们所戴的手表往往体现其地位、身份和财富状况。因此，在人际交往中人们所戴的手表，尤其是男士所戴的手表，大都引人瞩目。

（1）宜戴的手表

要正确佩戴手表，先要了解手表，并善于选择手表。选择手表时，应注重其种类、形状、色彩、图案、功能五个方面的问题。

1）种类的选择。在社交场合，手表是依据价格来分类的。按照这个标准，手表可被分为价格为500元以下的低档表、500～2000元的中档表、2000～10 000元的高档表、10 000元以上的豪华表等四类。选择手表的具体种类时，既要量力而行，还要顾及个人的职业、场合、交往的对象和所选用的服饰等一系列相关因素。

2）造型的选择。手表的造型与其身价、档次有关。在正式场合所戴的手表，在造型方面应当庄重、保守，避免怪异、新潮。男士，尤其是年龄大的男士更要注意。造型新奇的手表，只适用于少女和儿童。一般而言，正圆形、椭圆形、正方形、长方形及菱形手表，是正式场合佩戴的首选。

3）色彩的选择。在正式场合所戴的手表，色彩不要杂乱，宜选择单色或双色手表，其色彩都要清晰、高贵、典雅。金色表、银色表、黑色表，即表盘、表壳、表带均为金色、银色、黑色的手表，是最理想的选择。不应选择三色或三种颜色以上的手表。

4）图案的选择。除数字、商标、厂名、品牌外，手表上没有必要出现其他没有任何作用的图案。选择使用于正式场合的手表，尤其需要牢记此点。

5）功能的选择。计时是手表最主要的功能。因此，正式场合所用的手表，不管是指针式、跳字式还是报时式，都应具有这一功能，并且应当精确到时、分，能精确到秒则更好。有些附加的功能，如温度、湿度、风度、方向、血压、步速等，均可有可无，而且以无为好。总之，手表的功能要少而精，并有实用价值。

（2）忌戴的手表

在较正式的交际场合，成年人通常不应佩戴以下不符合礼仪规范的手表。

1）失效表，是指计时不准确，或不能计时的手表。

2）劣质表，是指糙钢、塑料制造的质地与做工低劣的手表。这种手表在正式场合不能佩戴，否则极有可能会破坏服饰的整体效果。

3）怀式表，又称怀表、袋表、链表。这是一种极具古典浪漫风格的手表，使用怀式表，虽意味着怀旧，但已与时代气息格格不入，而且与日常服装难以搭配。

4）广告表，是指用作广告宣传作用的手表，在正式场合佩戴，不仅有可能被别人误解为他人进行广告宣传，还会给人以爱占小便宜之嫌。

5）卡通表，是指以卡通图形为主制造而成的手表，属于时装表，可用来同时装、便装搭配，多受少女、儿童的欢迎，但不能与正装搭配，更不适合在庄重、严肃的场合佩戴，尤其不适合成年男子佩戴。

6）世界表，是指可用以同时显示外地或世界各地时间的手表。戴这种不发挥真正的计时作用手表的人，常常被人当成不切实际、见异思迁的人。

4. 选择皮包

（1）根据场合需要选择款式

女性皮包根据用途划分，可分为手包、拎包、挎包、背包、腰包、箱包等多种，适用于不同场合。手包一般没有背带和提手，形状较小，只适合单手或双手持握。拎包又称提包，它有一只或一对长的提手，外形较大，提在手里，可携带较多物品。挎包介于手包与拎包之间，有提手，但外形小于拎包，大于手包，携带时应将其套在左手小臂上挎着。背包分为单肩包、双肩包等。通常情况下，女士如果参加欢迎仪式、剪彩仪式、报告会一类的活动，最好携带挎包。这样在与他人握手、告别时，把它挎在手臂上，非常典雅。如此时背背包，就不太方便。如果准备出席舞会、宴会一类轻松愉快的社交活动，携带一只背包，既便于存放，又可以多带一些物品（如化妆品、纸巾等），而且携带起来也较方便，还可以把双手腾出来。

（2）注意颜色搭配

如果为日常使用，体积、颜色均可随意，只要与衣服搭配协调即可。若是上班所用，黑色、咖啡色、深蓝色、枣红色等都是不错的选择，它们较其他色彩更宜与多种颜色的服饰配合，且有沉稳干练之感，白色也可在春夏季使用。皮包在与服饰配色时，有几个细节须注意：一是使包与服装呈对比色，这样两者都很醒目，如穿白色衣服，带黑包；二是如服装为多色彩，则包应与服装的主色调色彩相同；三是应使皮包与服饰中的某件，如鞋子、手套、帽子或装饰腰带等用同一色彩，这样上下呼应，使整体非常和谐。

案例分析

案例 1

小张是一位成绩优秀的毕业生，她到某公司求职时穿了一身大红套裙，化了浓妆。前台人员把小张引领至人事部，小张晃晃悠悠也不敲门就走进办公室，直接就坐在椅子上，将两腿叉开，胳膊支在办公桌上。人事经理问她：“你的英语口语水平怎样？”小张回答：“一般吧。”人事经理接着问：“你了解我们公司吗？”“不太了解。”小张回答。人事经理又问：“你认为自己能胜任我们公司的工作吗？”小张怯怯地回答：“我可以试试，慢慢锻炼吧。”结果她未被录用。

问题：运用个人礼仪知识，分析小张未被录用的原因。

案例 2

小李是一位即将从某大学毕业的学生，在学校的推荐下他和一位同班同学来到一家外贸公司应聘外贸业务员。小李信心十足，自以为自己的外在条件比同学好，这个公司一定会录用他。于是，当和同学一起站在主考官面前时，小李显示出一种优越感很强的姿态，一只手插在裤袋里，另一只手随意地玩弄着车钥匙，双脚叉开，一只脚随意抖动，眼睛四处扫视。而他的同学一直保持标准的姿势站着并很有礼貌地一一回答主考官提出的问题。

问题： 外贸公司会录用小李还是他的同学，为什么？

本章小结

一个人的仪表不但可以体现他的文化修养，也可以反映他的审美趣味。穿着得体，不仅能赢得他人的信赖，给人留下良好的印象，而且能够提高与人交往的能力。学生通过本章的个人礼仪中手势、站姿、走姿、坐姿、蹲姿和表情的学习，学会如何保持良好的仪态，塑造自身美好的形象。通过着装的原则、选择、搭配和佩饰礼仪等知识的学习，掌握穿着打扮得体、大方的要求，充分展现仪表美。

练习与思考

在线同步测试及参考答案

一、单选题

1. “OK”形手势的含义在（　　）表示金钱。

A．英国　　B．日本　　C．美国　　D．印度

2. 行进时，两臂应自然地、一前一后地、有节奏地摆动。摆动的幅度，以（　　）左右为佳。

A．45°　　B．30°　　C．15°　　D．60°

3. 不属于着装的“TPO”原则的是（　　）。

A．时间　　B．地点　　C．体形　　D．场合

4. 佩戴饰品时，在数量上以少为佳。必要时，可以不佩戴。若同时佩戴多种饰品，则要求在总量上不超过（　　）种。

A．二　　B．三　　C．四　　D．五

二、多选题

1. 仪容美包含（　　）。

A．仪容修饰美　　B．仪容自然美　　C．仪容内在美　　D．仪容仪态美

2. 社交中的仪容修饰要求做到（　　）。

A．美观　　B．协调　　C．华丽　　D．自然

3．女士的美容化妆应特别注意（ ）。

A．化妆的浓淡要考虑具体时间、场合

B．化妆的浓淡可以根据个人的喜好而定

C．提倡积极美容

D．在公共场所不能当众化妆或补妆

4．修饰头发应注意（ ）。

A．勤于梳洗　　B．长短适中　　C．发型得体　　D．美化自然

三、简答题

1．男士和女士对面容修饰有什么基本要求？

2．修饰头发时应注意哪几个方面？

3．正确的坐姿主要体现在哪几个方面？

四、技能训练

对照仪态礼仪的基本要求，进行仪态训练考核。

第3章

现代社交礼仪

现代社会，人们越来越重视社交活动，把社交能力看成最重要的能力和素质之一。把懂礼仪、行礼仪看作讲文明、有文化的重要标志。在现代的社会交往活动中，要想取得成功，赢得他人信赖，协调关系，沟通感情，必须运用现代社交礼仪。

知识目标

- ✧ 掌握问候、称呼、介绍、握手、致意等礼仪的基本要领。
- ✧ 了解交谈原则和基本要求。
- ✧ 了解拜访、接待、馈赠、聚会及婚、寿、庆、丧等礼仪常识。

能力目标

- ✧ 掌握各种会面礼仪规范和技巧，并学会在日常社交活动中运用会面礼仪。
- ✧ 掌握交谈技巧，学会得体地与人进行交谈，并注意礼貌用语的使用；会选择合适的交谈话题。
- ✧ 熟练掌握接待、拜访的礼仪规范，学会正确使用现代工具进行沟通。

情感目标

培养学生懂礼仪、行礼仪的文明习惯，做一个知礼仪、受欢迎的人。

职业资格考核要点

介绍礼仪　握手礼仪　交谈语言　接待礼仪　拜访礼仪

3.1 会面礼仪

在现代社会交往中，相识者之间和不相识者之间往往在适当的时候，需要向交往对象行礼，以表示自己对对方的敬意、友好和尊重。这就是会面礼仪，是人们见面时约定俗成互行的礼节。

由于各国、各民族、各地区历史、文化传统和风俗习惯的不同，人们所采用的会面礼往往千差万别，主要有问候礼仪、称呼礼仪、介绍礼仪、握手礼仪、致意礼仪等。

3.1.1 问候礼仪

问候，又称问好、问安或打招呼。它是指以语言或动作向他人表示安好，进行致意，是向对方表示关切或友好的一种常规方式。问候的目的是要达到人际关系的和谐。问候多见于熟人之间打招呼。如毫无表示，或漫不经心，无意间造成无礼行为，对双方都会造成不快。

1. 问候的方式

问候的方式分为以下两种。

（1）语言性问候

语言性问候即用语言向对方进行问候，如“您好”“嗨”。问候要使用文明礼貌用语，它是敬人尊己的有效手段，是展示个人风度与能力的必不可少的途径之一。一般来说，问候语主要有“您好”“早上好”“下午好”“晚上好”等，这些问候语一般在一天中使用。还有其他的分类问候语：当要为他人服务时常使用征询语，如“需要我帮忙吗？”“我能为您做些什么吗？”；对他人表示关切常用慰问语，如他人劳累后，可说“您辛苦了”“望您早日康复”；当他人取得成果或有喜事时常使用祝贺语，如“恭喜”“祝您节日愉快”；对人或事表示称颂、赞美用礼赞语，如“太好了”“美极了”“讲得真对”；告辞或送别时用告别语，如“再见”“晚安”；向对方表示感谢应用答谢语，如“非常感谢”“劳您费心”；在向他人请求帮忙时常用请托语，如“请问”“拜托您帮我个忙”；做了不当或不对的事，向对方道歉使用道歉语，如“对不起，实在抱歉”。

（2）动作性问候

动作性问候即用身体动作向对方进行问候，如点头、鞠躬、微笑、握手、吻礼等。具体在运用时要根据时间、地点、场合等要求使用适当的问候方式。在涉外交往中，如日本、朝鲜等东方国家，多用鞠躬礼；与欧洲人进行交往，多用拥抱礼，有时伴以贴面和吻礼；

泰国人多使用合十礼。在我国一般不行拥抱礼和吻礼。

2. 问候的顺序

问候时要遵循一定的规则，主动地向他人打招呼，这表示尊重他人。问候的基本顺序：男性向女性问候，年轻的向年长的问候，下级向上级问候，晚辈向长辈问候。

3. 问候的内容

问候的内容是丰富多彩的，可因人因事有所区别。一般性问候，多为身体健康、生活如意、事业顺利、节日愉快等。特殊的问候应视具体对象、具体情况而具体对待，不能生搬硬套。例如，对于商务伙伴，则应恭祝“生意兴隆，财源广进，事业蒸蒸日上；”对于政府部门工作人员，则应恭祝“祝君节日愉快，万事如意，身体健康”；对于同辈的同学、朋友的问候，可侧重于在工作、学习、事业等方面给予勉励和支持；对于年老者，可偏重于身体、饮食、起居等方面表达关心和支持；对于处于危难中的亲朋好友或亲密的商业伙伴，可给予精神安慰或物质帮助。

4. 问候的禁忌

在现代社交中，为了简化问候礼仪规范，“您好”成为普遍性的问候语。问候时不能谈及个人的私生活、禁忌等方面的话语。例如，一见面就问候“工资涨了多少”“你年龄多大了”“你的妻子好吗”等，这些都会涉及个人的私生活，令对方反感。

3.1.2 称呼礼仪

称呼也叫称谓，是指人们在社会交往应酬中采用的称谓语。正确称呼别人是最基本的交往礼仪。在日常生活中，称呼应当亲切、准确、合乎常规。正确恰当的称呼，体现了对对方的尊敬或亲密程度，也反映了自身的文化素质，直接影响人际交往的效果。恰当的称谓是社会交往活动中的一种基本礼貌，是人际交往中不可缺少的礼仪因素。

1. 常用称谓

（1）亲属称谓

对自己的亲属，一般应按约定俗成的称谓称呼，但有时为了表示亲切，不必拘泥于称谓的标准。例如，对公公、婆婆、岳父、岳母都可称为爸爸、妈妈，对平辈年龄大者称（表）哥、（表）姐，对平辈年龄小者称（表）弟、（表）妹等。对外人称呼自己的亲属，要用谦称。称呼自己长辈和年龄大于自己的亲属，可加家字，如家父、家母、家兄等。称呼辈分低的或年龄小于自己的亲属，可加舍字，如舍弟、舍妹、舍侄等。至于称呼自己的子女，可称小儿、小女。

称呼他人的亲属要用敬称。一般可在称呼前加令字，如令尊、令堂、令郎、令爱等。对其长辈，也可加尊字，如尊叔、尊祖父等。

（2）姓名称谓

姓名由人的姓和名共同组成，是人与人之间互相区别的一种代号，是使用比较普遍的称呼形式。在日常交往中，称呼对方时，可采用全姓名称谓法，即直接称呼其姓和名，如“王建华”“张磊”等。全姓名称谓有一种庄严感、严肃感，适用于比较正式的场合。也可采用名称称谓法，即直接称呼其名，如“凯旋”“宏宇”等，这种称谓方式显得礼貌而又亲切，运用场合比较广泛。同时可采用姓加修饰字的称谓方式，即在姓氏前加修饰字的称谓方式，一般用于在一起工作或生活中比较熟悉的同事之间，如“老王”“小李”等。朋友或熟人间的称呼，为显得亲切友好，又要不失敬意，一般可通称为你或您。

（3）行业称谓

对从事某一些特定职业的人员，可以直接称呼其姓再加上职业，适用于律师事务所、学校、法院、医院等单位的员工，可单称呼其职务或学位，如王律师、李老师、张庭长、赵博士等。但称呼司机、售票员、护士、服务员等时要在职业称呼的后面加上同志或师傅等称谓，如“司机师傅”等。

（4）职务称谓

现在人们用职务称谓的现象已经相当普遍。职务称谓就是用所担当的职务做称呼，目的是表示对对方的尊敬和礼貌。对地位较高的，一般为部级以上的官方人士，可称“阁下”或职衔加先生，如“部长阁下”等。对有高级官衔的妇女也可称为“阁下”。但对没有称“阁下”习惯的美国、墨西哥、德国等贵宾，对男士可称“先生”，对女士称“夫人”或“小姐”。对来自君主制国家的贵宾，习惯上称国王、王后为“陛下”，称公主、王子为“殿下”。对有公、侯、伯、子、男等爵位的人既可称其爵位，也可称“阁下”，一般也称“先生”。对军人一般称其军衔加“先生”，知其姓名的，可加上姓名。有些国家对元帅、将军等高级将领也称“阁下”。

对我国担当某一职务的人员，可以直接称呼其姓再加上职务，如“王校长”“李局长”“张书记”“马厅长”等。

2. 国际称谓习惯

在国际交往中，一般对男子统称“先生”，对已婚女子称“夫人”或“女士”，对已婚年纪大的称“太太”，对未婚女子统称“小姐”，对不了解其婚姻状况的女子可泛称“小姐”或“女士”。同时，由于各国各民族语言不同，风俗习惯各异，因而在称呼时要特别注意各国、各民族姓名的排列顺序。欧美人是名在前，姓在后，妇女在婚前一般使用自己的名字，婚后一般是自己的名加丈夫的姓。中国、日本、朝鲜、越南等国家则是姓在前，名在后。而印度尼西亚、坦桑尼亚等国家则是只有名没有姓。在涉外交往中还要注意正确使用教名，如美国、英国、法国等国家的人，喜欢称呼别人的教名或爱称，但在非常正式的场合，还是正式称呼最恰当。在平时的时候，除非被告知如何称呼，否则不可直接称呼别人教名。

3. 称呼禁忌

（1）称呼错误

在现代人际交往中，经常会遇到一些生僻字，或是对交往对象的身份背景不能做出准确的判断如将未婚妇女称为“夫人”，就属于称呼错误。称呼错误会使自己陷入非常尴尬的处境，此时应该向对方询问如何称呼。同时要仔细倾听别人的介绍，记住正确的称呼方式。

（2）称呼庸俗

在正式场合，要关注称呼的准确性和正式性。有些称呼会令人感到庸俗低级，如“兄弟”“老大”等。对于关系一般的或是很熟悉的人，均不要自作主张给对方起外号，更不能用外号去称呼对方，也不能随便拿别人的姓名乱开玩笑。

（3）不用称谓

当请求他人为自己提供帮助或服务时，一定要使用称呼，直接以“喂”“嗨”或以某些特征如“八号”“那个穿黑色衣服的”“那个老头”等来进行称呼时，不仅失敬于人，而且容易让人产生反感，难以得到他人回应。

（4）语音语速不正确

在称呼他人时不能太着急或是声音太低，要加重语气，认真、缓慢、清晰地说出称呼语，使对方能够非常清晰地听见，称呼后要停顿片刻再交谈，会收到最佳的效果。

（5）随意称呼“同志”

“同志”这个称呼体现了人与人之间关系的亲近和平等，但主要适用于中国等社会主义国家。如果在涉外交往中使用“同志”这个称呼，有可能产生误会，引起不快，因为在某些国家“同志”是表示同性恋的意思。

3.1.3 介绍礼仪

介绍是人际交往中互相了解、建立联系的一种最常见的方式，是人与人进行相互沟通的基础。介绍最突出的作用就是缩短人与人之间的距离，为彼此沟通奠定基础。正确地利用介绍，可以扩大自己的交际范围，结识新朋友，而且有助于进行必要的自我展示、自我宣传。

介绍礼仪

1. 介绍的规则

介绍时要遵循的一个重要原则就是“卑者先行”，要先确定主次尊卑关系，据此先介绍卑者，再介绍尊者。具体规则如下。

1）当平级平辈熟人相见时，介绍次序不分先后。

2）国际上通用的介绍通则是先把男士介绍给女士，先把下级介绍给上级，先把年轻者介绍给年长者。

3）将晚到者介绍给早到者。

4）当介绍的双方身份上有重叠时，要具体情况具体分析。视当时的场合来决定男女、长幼、上下、宾主等关系的重要程度，再进行介绍。

2. 介绍的种类

（1）自我介绍

自我介绍是指在社交场合，由自己担任介绍的主角，将自己介绍给其他人，以使对方认识自己。自我介绍是跨入社交圈，结交更多朋友的良好开始。学会自我介绍，有助于树立自信心。

一般情况下，介绍自己的姓名、供职单位、部门、职务等内容即可。例如，“我是王平，天意公司的营销部经理，很高兴认识您，请多多关照”。要介绍出自己的特点，具有鲜明的针对性，让交往对象记住自己。例如，“我是王浩，汪洋大海，浩瀚无边”。

在进行自我介绍时要注意抓住时机，当对方有空闲，而且情绪较好又有兴趣时，此时进行自我介绍就不会打扰对方。语言要简短明了，时间越短越好，语气要自然增长，语速要正常，语音要清晰。态度一定要自然、友善、亲切、随和，应落落大方、彬彬有礼，既不能唯唯诺诺，又不能虚张声势、轻浮夸张。

（2）介绍他人

介绍他人又称第三者介绍，是第三者为彼此不相识的双方相互介绍和引见的介绍方式，其方式见表 3-1。

表 3-1　介绍他人的方式

介绍他人的方式	适用场合	介绍内容
一般式	比较正式的场合	以介绍双方的姓名、单位、职务等为主
引见式	普通场合	将被介绍双方引到一起
附加式	各种交际场合	用于强调其中一位被介绍者与介绍者之间的关系，以期引起另一位被介绍者的重视
简单式	一般社交场合	只介绍双方姓名一项，甚至只提到双方姓氏
礼仪式	正式场合	其语气、表达、称呼上都更为规范和谦恭
推荐式	比较正式的场合	介绍者经过精心准备，将某人举荐给另外一人，介绍时一般会对被介绍者的优点加以重点介绍

在一般情况下，为他人介绍都是双向的，即第三者对被介绍的双方都作一番介绍，使双方互相结识。有些情况下，一方已了解另外一方的身份，而另一方不了解对方，只需将一方介绍给另外一方即可。

在为他人作介绍时要遵循一定的顺序：把年轻的介绍给年长的，把职务低的介绍给职务高的。如果介绍对象双方的年龄、职务相当，异性就要遵从“女士优先”的原则，即把男士介绍给女士；对于同性，可以根据实际情况灵活掌握，如把熟悉的介绍给不熟悉的；介绍双方职务有高低时，就把职务低的介绍给职务高的；也可以从左到右或从右到左介绍等。

为别人介绍之前要征求被介绍双方的意见，不要直接介绍，让被介绍者措手不及。作为被介绍者，当介绍者询问是否有意认识某人时，不要拒绝或扭捏，而应欣然表示接受。

实在不愿意时，要委婉说明原因。当介绍者开始进行介绍时，被介绍者双方都应该起身站立，面含微笑，大方地目视介绍者或对方，以示诚意。当介绍者介绍完毕后，被介绍的双方应握手，彼此问候，也可以互递名片，作为联络方式。

3.1.4 握手礼仪

握手是人际交往活动中非常重要的一项表达告别、鼓励、祝贺等感情的日常见面礼节。美国作家海伦·凯勒说过："我接触的手有的能拒人千里之外，也有些人的手充满阳光，你会感到很温暖……"事实上也确实如此，因为握手是一种无声的动作语言，更是一种情感的交流。

握手礼仪

1. 握手的顺序

在交际中，通常握手的顺序为主人、长辈、上司、女士主动伸出手，客人、晚辈、下属、男士再相迎握手。长辈与晚辈之间，长辈伸手后，晚辈才能伸手相握；上下级之间，上级伸手后，下级才能接握；主人与客人之间，主人宜主动伸手；男女之间，女方伸出手后，男方才能伸手相握；如果男性年长，年龄是女性的父辈年龄，在一般的社交场合中仍以女性先伸手为主，除非男性年龄已是祖辈年龄，或女性年龄为20岁以下，则男性先伸手是适宜的。若是多人同时在场，要逐个按尊卑的先后顺序握手，绝不能交叉握手，这是社交场合所不允许的。但是握手的先后次序不是固定不变的，如果位卑者、年轻者或下级先伸手时，尊者、长者或上级应立即伸出自己的手，进行配合，而不要置之不理，使对方尴尬。

2. 握手的正确方法

握手时，双方相距约一步，上身稍向前倾，两足立正，伸出右手，四指并拢，拇指自然向上张开，伸出手时应稍稍带有角度，虎口应相交，一旦接触，便应轻轻放下拇指，用其余四指握住对方的手掌。

一般情况下，双手相握后，上下摆晃两三下即可，力度要适中。一般要将时间控制在3～5秒。如果感情真诚而热烈，也可较长时间握手，但是一般只有关系亲近的人才可以长时间握手。握手时，目光要友好地注视对方，不要东张西望，同时要说些问候的话，如"你好""认识你很高兴""欢迎你"等，语气应直接而且肯定，并在加强重要字眼时，紧握着对方的手，来加强对方对你的印象。

交际时如果人数较多，可以只与相近的人握手，向其他人点头示意，或微微鞠躬即可。为了避免尴尬场面发生，在主动和他人握手之前，应考虑自己是否受对方欢迎，如果已察觉对方没有要握手的意思，点头致意即可。

3. 握手的注意事项

握手象征着和平、和谐与友好，在行握手礼时应努力做到合乎规范，注意以下失礼的做法。

1）握手时不要用左手，尤其是和阿拉伯人、印度人打交道时要牢记，因为在他们看来左手是不干净的。在和基督教信徒交往时，要避免两人握手时与另外两人相握的手形成交叉状，这种形状类似十字架，在他们眼里这是很不吉利的。

2）握手时不要戴着手套或墨镜，只有女士在社交场合戴着薄纱手套握手，才是被允许的。不要拒绝握手，即使有手疾或出汗、弄脏了，也要和对方说“对不起，我的手现在不方便”，以免造成不必要的误会。

3）不要在握手时面无表情、不置一词或长篇大论、点头哈腰、过分客套。不要在握手时仅仅握住对方的手指尖，好像有意与对方保持距离。正确的做法是握住整个手掌，即使对异性也应这样。

4）不要在握手时把对方的手来回推拉，或者上下左右晃，或将另外一只手插在衣袋里或拿着东西。

5）握手时力度要适中，不要过度用力，也不要软弱无力。

3.1.5 致意礼仪

致意是以手势、目光、点头、微笑等方式向交往对象传达友好与尊重的一种日常交往礼节，是随着现代生活节奏的加快而必然流行的一种日常人际交往中使用频率最高的一种礼节。

1. 致意的礼源

从礼源上看，挥手致意与军人举手敬礼的动作同出一源。在欧洲的中世纪，骑士经常在王公大臣、公主、贵妇面前比武扬威，在高唱赞歌经过公主的座席时，要同时举手齐眉做“遮住阳光”的动作，意思是把公主比作光芒四射的太阳。后来，这个动作成了军人接受检阅、遇见长官时的礼节。现在政府官员下飞机，出席典礼时的挥手致意，送别时的举手、挥帽等动作也是这种动作的变体。随着生活节奏的加快，人们的效率观念日益强烈，过去的人际接触方式已不能符合社会发展的需求，但是日常交往中仍需传递感情、互相尊重，致意便成为人们普遍乐于采用的一种见面方式。

2. 致意的顺序

一般情况下，男士应先向女士致意，年轻者先向年长者致意，学生先向教师致意，下级先向上级致意。当然，实际交往中绝不拘泥于上述的顺序原则。上级或长辈为了倡导礼仪规范，为了展示自己的谦虚与随和，主动向晚辈或下属致意，无疑会更具影响力和号召力，更能引起受礼者的敬仰与尊重。

3. 致意的技巧

现代社交中，致意的形式多种多样，如递接名片、握手、点头、微笑、合十、鞠躬、挥手、脱帽等。致意的动作不可马虎或满不在乎，必须认真，以充分显示对对方的尊重。

向对方致意的距离一般应为2～5米。如果在公共场合远距离遇到相识的人，一般是举右手打招呼并点头致意，并可以伴随浅浅地鞠躬礼。西方男子戴礼帽时，还可施脱帽礼，即两人相遇可摘帽点头致意，离别时再戴上帽子。

与相识者在同一场合多次见面，只点头致意即可。对一面之交的朋友或不相识者在社交场合均可点头或微笑致意。

在外交场合遇见身份高的领导人，应有礼貌地点头致意或表示欢迎，不要主动上前握手问候。在领导人主动伸手时，才应向前握手问候。如遇到身份高的熟人，一般也不要径直去问候，而是在对方应酬活动告一段落之后，再前去问候致意。

在信仰佛教的国家，人们见面往往以合十礼表示敬意。在非洲的马里，熟人见面时必须互致问候，生人见面时也会很有礼貌地打招呼。如果双方站着或坐着，问候将会一直进行下去。如果是对面走过，则双方要不停步地问候；而且两个人彼此的问答声会越来越大，直到双方都听不到对方的声音时才算结束。

4. 致意的注意事项

1）致意要文雅，一般不要在致意的同时，向对方高声叫喊，以免妨碍他人。

2）遇到对方向自己致意，应以同样的方式向对方致意，毫无反应是失礼的。

3）遇到身份较高者，不应立即起身去向对方致意，而应在对方的应酬告一段落之后，再上前致意。

4）在餐厅等场合，若男女双方不十分熟悉，一般男士不必前去致意，在自己座位上欠身致意即可。

5）女士可以走到男士的桌前致意，此时男士应起身协助女士就座。

3.2 交谈礼仪

交谈礼仪是指人们在交谈活动中应遵循的礼节和应讲究的仪态等。“言之不文，行之不远。”说明谈话要符合一定的礼仪规范。交谈是一种相互交流情感、互换信息的双向活动，不仅要讲究语言的准确、内容的意境、态度的诚恳，更讲究表达方式的技巧。

3.2.1 交谈的原则

交谈礼仪

1. 真诚坦率，态度积极

真诚是交谈的重要原则和要求。交谈双方要认真、诚恳，创造融洽的交谈环境，奠定交谈成功的基础。交谈时要坦诚相见，态度积极，加强沟通和理解，明白地表达各自的观点和看法。“出自肺腑的语言才能触动别人的心弦”，真心实意地交流是自信的结果，是信任的表现，只有用自己的真情激起对方感情的共鸣，交谈才能取得满意的效果。

2. 互相尊重

互相尊重是现代社交成功的重要保证。交谈要取得满意的效果，就必须顾及对方的心理需求，懂得尊重对方。交谈是双向的活动，任何人都希望得到对方的尊重。交谈双方无论地位高低、年纪大小，还是辈分高低，在人格上都是平等的，切不可盛气凌人。所以，谈话时，要把对方作为平等的交流对象，在心理上、用词上、语调上体现出对对方的尊重。尽量使用礼貌语，谈到自己时要表现出谦虚，谈到对方时要表现出尊重。恰当地运用敬语和自谦语，可以显示个人的修养、风度和礼貌，有助于交谈的成功。

交谈时目光要专注，从而和谐地与交谈进程相配合。眼神呆滞，甚至盯视对方，都是极不礼貌的。目光游离同样是失礼之举，也是不可取的。如果是多人交谈，就应该不时地用目光与众人交流，以表示交谈时彼此是平等的。

在交谈时可适当运用身体语言。随着对方情感情绪的变化，面部表情随之变化，要让人感到自然、亲切、动人，切忌表情过分夸张。可以随着交谈内容和情绪的变化，配合动作语言的使用，特别是手势语言，往往可以加强交谈效果、增强感染力，但是动作语言不要使用过多、幅度不宜太大，否则容易给人留下不好的印象。

3.2.2 交谈的语言

在语言方面，交谈的要求是文明、礼貌、准确，语速适中，语音要清晰，讲究语调抑扬顿挫，交谈者对它应当高度重视，精心斟酌，促进交谈双方在情感上、观念上的互动。

1. 文明

在交谈中，一定要使用文明优雅的语言。要讲普通话，这是人与人交流的基础，更会给人带来心理上的愉快感和享受感。忌讳讲不文明的语言，如粗话、脏话、黑话、荤话、怪话、气话等，一定要避免给交谈双方制造沟通障碍。

2. 礼貌

在交谈中多使用礼貌用语，是博得他人好感与体谅的最为简单易行的做法，是互相沟通的前提条件。例如，初次见面，要说“久仰”；许久不见，要说“久违”等。尤其要注意对礼貌十字“您好”“请”“谢谢”“对不起”“再见”的正确运用，虽然简单，但能深刻反映一个人的修养，如果能够经常加以运用，一定会赢得他人的好评，为人际交往的顺利进行提供保障。

3. 准确

在交谈中，语言必须准确，否则不利于彼此各方之间的沟通。要注意的问题主要有以下两个。

（1）发音要准确

在交谈之中，要求发音标准、字正腔圆。一方面不能读错音、念错字，尤其要注意多音字的读法，否则易引起误会。发音要清晰，而不是口齿不清。另一方面，音量要适中，过大则震耳欲聋，过小则让人听起来费劲。德国的哈拉尔德·巴尔特曾说过："刺耳的、瓮声瓮气的或有气无力的声音会起到阻碍作用，令人感到不快。通过录音练习是可以削弱这一缺陷的。"

（2）语速要适度

通常在演讲中，说话的速度以每分钟讲 180 个字为准，但在一般的会话交谈中，每分钟以 80～100 个字为宜，前提是以对方能够听清楚、将感情表达出来为主。在交谈中，对语速应加以控制，使之保持匀速、快慢适中。语速过快、过慢或忽快忽慢，都会影响效果。

3.2.3 交谈的误区与禁忌

言谈要做到言之有物、言之有序、言之有礼，即言谈要有内容、讲逻辑、懂礼貌，能够围绕话题广开思路、畅所欲言。一般在交谈中，要选择大家共同关注的、高雅、轻松或是对方感兴趣的话题，如文艺演出、体育比赛、旅游观光、风土人情、天气情况或是油价上涨、振兴东北等经济、文化、政治新闻的焦点。也可选择文学、艺术、历史、建筑等格调高尚、脱俗的话题，但切忌不懂装懂、班门弄斧。

交谈的内容一定要使对方能够接受，一般不要涉及令人不愉快的事情，如涉及对方的隐私（年龄、婚否、工资状况等）问题，避免陷入交谈误区。

交谈是人们交流思想、联络感情的工具，在社会交往中要运用好这一重要手段，而不能设置人为的障碍。在交谈中，应该注意以下问题。

1. 不谈论涉及个人隐私的话题

年龄、经济状况（如工资、奖金、贷款、财产）、婚姻、身体情况、子女、信仰等话题都是在社会交往中应该极力避免的话题。

2. 不要评论他人

交谈中没必要涉及无关的第三方，更不要议论第三方，不要攻击别人短处，对他人的隐私评头品足，传播闲言碎语，甚至无中生有、肆意造谣生事，不要对自己不满的人和事发泄不满情绪。否则，特别是初交的对方会误认为自己有"影射"之意、搬弄是非之嫌。

3. 不要花言巧语、虚伪客套

在人际交往中，态度要诚恳，实事求是，不能虚伪、客套。当然，讲话也要注意分寸。

4. 不要独白

既然交谈讲究双向沟通，在交谈中就要目中有人、礼让对方，要多给对方发言、交流的机会。普通场合的小规模交谈，以 30 分钟以内结束为宜，最长不要超过 1 个小时。如果人多，在交谈中每个人的发言时间最好不要超过 5 分钟。

5. 不要失敬于人

出于尊重的需要，别人讲话的时候，不要中途打断或是争辩。这是有悖交谈主旨的。即使有话要说，也要等到对方说完一件事或中途停顿的时候再说。谈论某个话题的时候，即使对方的观点错误，也不要直接说“你错了”之类的话。否则，不但无法改变对方的态度，反而会招致对方产生反感、敌对情绪。

3.2.4 交谈的技巧

1. 注重倾听

交谈的过程中，聆听起着十分重要的作用。认真聆听对方的谈话，是尊重对方的表现。善于聆听对方的谈话，能有效提高谈话的效果。在倾听别人讲话时，首先应该坐姿端正，否则会使别人产生错觉，认为对他不礼貌，或对谈话没有兴趣；聆听对方谈话时要全神贯注，有耐心。在听别人说话时，眼睛应该看着对方，认真地听，不东张西望，不低头玩弄衣角，不做与谈话无关的事，这首先是对别人的尊重，也是获得良好交谈效果的前提。这样的聆听可以清楚地了解对方要表达的意思，并给对方留下好印象。聆听对方谈话时要主动积极，过程中要及时反馈。要想使别人对你继续交谈，首先应该让自己从被动消极地听转化为主动积极地听，这种积极的态度会让对方有兴趣和你交谈。如果你只是一直在听，而没有任何反应，对方可能会认为你没有认真听他的谈话而失去与你交谈的兴趣。不妨在适当的时候简单重复他的问题或观点，不但可以验证自己是否正确领会了他的意思，有助于我们准确把握谈话内容，同时也传递给他一个信息——你在认真地听。不要随意插话、打断对方。很多人喜欢在谈话时“充分”发表自己的意见，经常抢话、插话，甚至认为爱插话是聪明的表现。随便插话是不礼貌的，这样做不但影响你专心领会别人说话的意思，而且使别人谈话的思路被打断，不能完整流畅地表达自己的想法或感情，因而引起他人的反感。

2. 语言诙谐幽默

语言是表达思想、交流感情的工具。交谈者要力求自己的语言生动活泼、幽默感人，使人乐意接受。幽默的谈吐使人感到被理解和受启发，也使气氛轻松、融洽、利于交流。幽默是一种性格特征，又是一种人际交往活动的技能，谈吐幽默的人往往受到人们的欢迎。谈话偶带幽默本来很好，但处处幽默，像在表演小品，那就是严重失态，因此要掌握分寸。

3. 善于寻找话题

合适的话题能使交谈更投机。在交谈中要注意对方的口音，可以从口音本身及其提供的地域引起很多话题。例如，从乡音说到地域，从地域说到特产、自然风光、风土人情等。

也可以从与对方有关的物件中找话题。人们携带的物件有时候也能反映一个人的兴趣和爱好，或提供有关信息。例如，对方在看一本杂志，你就可以以这本杂志为话题等。还要关注对方衣着穿戴，这可以作为判断并选择话题的一个依据。同时要善于向对方提问，引出新的话题，“善问者能过高山，不善问者迷于平原”，提问要因人而异，从对方熟悉而愿意回答的问题入手，边问边分析对方反应，再巧妙地引出正题。提问要适可而止，不要探究他人隐私。

4. 学会赞美

赞美是每个人最基本的心理需要，人人都需要赞美。有测验结果表明：98%的人希望他人给自己以好的评价，只有2%的人认为他人的赞美无所谓。可见，赞美是人们最需要的奖赏，它可以使人们认识到自身的价值和工作的意义。赞美要出于善意，不要带有偏爱或捧场的倾向。态度一定要热情，语气要热烈。但对人和对事的评价绝不能脱离客观事实的基础，措辞也应当有一定的分寸。身为领导干部或专家学者，如果在公开赞扬某个人或某个单位，更要经过长期考察、全面了解与深思熟虑，力求客观、公正，不夸大、不缩小、不走样。因为这种赞扬常常被当成权威性的评价，不仅关系到被赞扬者，而且可以影响社会舆论导向。

3.3 交往礼仪

在现代社交活动中，交往礼仪是人们之间互相表示尊重、敬意和友好的行为规范和惯用形式，“来而不往非礼也”，讲究礼尚往来是现代人际交往活动中的重要准则。

3.3.1 与人相处礼仪

在人际交往中，人和人之间是平等的，应尊重对方的民族、种族、年龄、宗教、身份、私人空间和时间。在现代文明社会，职业没有高低之分，只要它是合法的，是用正当劳动手段去工作和赚钱的。因此不应由职业决定社会地位。同时，微笑是人与人之间最易相互赠送的礼物。

1. 与同事相处

现代社会，讲究工作效率和业绩，在工作时间里，要学会与他人共处，懂得合作、团结，做一个受欢迎的工作伙伴。在工作中，要实事求是、严于律己、宽以待人。不搬弄是非，不在公共场所贬低他人，做任何事情都要讲信用。不沽名钓誉，不要获取不是你应得的赞扬。当他人获得成功时，要及时予以祝贺。及时答复邀请函，在一周内回复重要的信件，在两三周内回复其他的信件。约会要准时，如不能赴约，要事先告知。及时归还向他人借的东西，并在恰当的时机口头或书面向对方表示感谢。着装代表着公司的形象，所以服饰一定要恰当。对于年长者或资深的人表示尊敬，不要随意夸耀自己的过去或现在。对于遭受不幸的同事表示同情和关怀，对于、受伤或生病的同事表示关怀和支持，鼓励同事。及时把人们所需要的信息告诉他们。也不要把这些信息作为私人财产，使别人可能受到损失。介绍朋友互相认识，使每个人都觉得自己都是受重视的，这样会使他们自我感觉良好。积极参与公司的活动，与同事聊天，不要一言不发。无论在办公室还是家里，都要培养良好的电话礼仪。

要在工作中受欢迎，一定要尊重他人、平等待人，不断提高自身的知识和修养，提高工作能力，使自己成为一个有魅力的人。

2. 与专业人士相处

在社交中，经常会与专业人士相处，如律师、医生或银行家等。在社会交往中，首先，要尊重他们的学历和经验，因为这是经过多年的努力才获得的成就，是人一生最为宝贵的财富。其次，在会见他们之前，要事先预约，并且准时赴约，爽约会令人感到愤怒。如果向专业人士寻求帮助，而专业人士也提供了良好的服务，一定要表示感谢，同时避免在社交场合无偿向专业人士咨询问题。

3. 与服务员相处

在日常生活中，我们经常会得到他人提供的服务。在社交中，人人讲究平等。对提供服务的服务人员，同样要待之以礼。不要用生硬、刻薄的语调，以显示自己的身份比服务员高，事实上，这种行为反而降低了自己的身份。服务人员有自己的自尊心，不要不顾及他们的尊严，更不能对他们乱发脾气。如果出现矛盾，如点菜或结账时有问题，应低声告诉服务员，不要用批评的声音或语调对他们说话。如果服务得好，一定要赞扬他或对他表示感谢，并告诉他的老板或经理。

4. 与销售人员相处

在与销售人员交往时，要非常有礼貌和清楚地表达自己的需求，这样销售人员才能够提供良好的服务。在交际中，要懂得如何与销售人员进行交谈，可以选择一些轻松、友好的话题，如天气情况、屋内装饰等，这样能使人与人同处于一个平等、舒适的环境中，可以进行良好的沟通。如果得到销售人员的帮助，无论帮助多么微不足道，永远不要忘记微笑，要感谢对方。

5. 与陌生人相处

在社会交往中，经常会遇到陌生人。能够与这些人友好相处，显示出一个人优秀的沟通能力和交际天赋。对于陌生人，可以表示友善和微笑，如果能给每个人一个微笑，不仅能使自己保持愉快的心情，也能给别人带来精神上的鼓舞。在交往中，如果别人有困难，一定要尽力帮助。例如，当你看见一个人拿超市货架最上层的东西或在飞机上打开行李盖取行李不便时，应该主动提供帮助；在拥挤的地铁自动扶梯，如果不小心碰到别人，应马上道歉，接受道歉的人此时的感觉会好得多，这种道歉对任何人来说都不是难事，而听的人觉得很舒服，并因此能避免不愉快或一场激烈的争吵。这展现了一个人良好的公共道德、修养和内涵。能够与陌生人和谐相处，是人际交往的需要，也是一个人社交能力的重要体现。

3.3.2 拜访礼仪

拜访又叫拜会、拜见，是指个人或单位代表以客人身份去探望有关人员，并就有关事宜与对方进行交流沟通，探讨磋商，以达到某种目的的社会交往方式。在人际交往活动中，拜访促进了人与人之间、单位与单位之间的联系，能够联络感情、增进友谊。

1. 事先联系

要拜访某个人、某个单位，必须事先有约定，征得对方的同意，这不仅反映了个人的修养，也体现了对主人的尊重。突然拜访，会打扰对方的工作和生活计划，是无礼和不受欢迎的。

拜访要提前联系，至少应提前一周，要以主人方便为前提，对于主人提出的方案应予以优先考虑，而不能将自己的主观意愿强加于对方。当进行家庭拜访时，时间最好安排在节假日的下午或晚上，尽量避开可能的吃饭时间和休息时间，拜访时间不宜太晚，以免影响主人休息。进行公务拜访时，最好安排在工作时间进行。拜访的地点一般应尊重被拜访者的意见。若是公务拜访，可选择在办公室或公共场所；若是私人拜访，可选择在家中或公共场所。约定拜访事宜时，要告知主人拜访的具体人数及身份，以使主人做好接待准备。公务拜访时，双方均应将见面的人数和身份互相通告，以避免带来不必要的麻烦；一经约定，不能随意增加或减少人数，以免给人不讲信用的感觉。

2. 做好准备

任何拜访都有一定的目的性，需要商量什么事情，自己要做什么事情，需要达到什么目的，怎样进行交流等，都要事先做好设想和安排。首先，拜访前要注意修饰自己的仪容、服饰，要梳理头发，刮净胡须，服装整洁，鞋袜干净，以示对主人的尊重。其次，当有必要带上适当的礼品时，要事先做好精心准备，不能敷衍了事。

3. 准时守约

约定时间后，要认真加以遵守，不再轻易更改。可适当提前 5 分钟左右到达约定地点，但不要太早，更不可以迟到，以免浪费主人的时间。如果因为某种原因需要推迟或取消拜访时，要尽快告知对方，以免对方空等；在表示歉意的同时可提出重新安排拜访的时间和地点。并且当双方下次再见面时，一定要表示歉意，并说明主要缘由。

4. 拜访礼数周全

拜访时要遵守社交场合应遵循的礼仪规范，不能缺乏礼数。进门前，要先敲门或按门铃，敲门时用中指轻叩两三下即可，不能用拳头擂门、用脚踢门或用身体撞门，或一直按门铃或边按边高声叫喊，扰得四邻不安。如果主人家中大门敞开着，在未经允许的情况下，不可自行进入，也要敲门或按门铃，待主人允许后方可入内。与主人相见时，要主动向主人问好，并同主人握手；如果双方是初次见面，就要进行自我介绍；对于室内主人的亲属、朋友，也要主动打招呼，点头致意，不能视而不见；如有礼品，可适时奉上。进入室内时，要跟在主人身后，而不能走在主人的前面。进门以后，要脱下外套，摘下帽子、手套，将其与随身携带的物品一起放到主人指定的地方，不能随意乱放；当需要换上拖鞋时要将自己的鞋子摆放整齐。入座进入房间时，不要急于就座，也不要自己寻找座位，而是要待主人发话后，坐在指定的位置上；要谦让同行者，最好与主人一同就座。

5. 注意事项

（1）把握时间

做客的时间，一般为30分钟～1小时。因此，在有限的时间内就不能高谈阔论，要时刻围绕主题，力争解决问题，达到拜访的目的。要时刻注意主人的态度、情绪和反应，把握好交谈技巧；如遇他人来访，要适当减少做客时间。

（2）行为举止得当

做客时要举止端庄，不东倒西歪，少抽烟，慢品茶，小口细嚼果品；做客时要约束自己的行为，未经主人允许，不能到其他房间走动，不随意乱动、乱拿、乱翻主人室内的物品和陈设。尤其是带小孩拜访时，一定要事先嘱咐好自己的孩子，不可当着主人的面教训孩子；不对主人家的个人生活和家庭情况过分地关心，不谈论主人不愿谈论的话题等。

（3）告辞

通常一般性拜访的时间以30分钟～1小时为宜，初次拜访时间不要超过30分钟；如果发现主人心不在焉，或有其他事情，客人要提出告辞，即使主人挽留，也要即刻告退，切不可犹豫不决；出门时，应与主人握手道别，并表示感谢。

3.3.3 接待礼仪

礼貌热情地接待客人是中华民族的传统美德，是十分重要的社会交往活动方式。讲究待客的礼仪是遵行公关礼仪、发展公共关系必须认真研究和谨慎对待的社会交往问题。

1. 做好准备

当接到客人来访的信息时，应该根据客人的身份、年龄、性别等特征及来访的目的进行适当的准备工作，必要的准备工作是成功接待的前提，会令宾客有宾至如归之感。

（1）卫生清扫

客人到达之前，要搞好室内卫生，室内物品摆放整齐，创造一个良好的待客环境。自古以来，我国就有“拥彗”之礼，彗即扫帚，当客人到达时，主人家中的仆人双手拿扫帚躬身门前迎接，意思是家中已打扫干净，欢迎客人光临。

（2）仪表美观

个人的仪容和服饰要干净整洁，不可穿着睡衣、内衣类服装接待客人。

（3）物品准备

一般情况下，要根据来客的特点准备饮料、水果、小点心等类的食品；如果对方吸烟，还要准备好香烟；如果对方带着孩子，就要想到为孩子准备娱乐的物品；准备好客人所需的书籍、报表等咨询材料。若是公务接待还要考虑客人的膳食住宿安排和交通安排问题。

在进行物质准备的同时，还要进行精神方面的准备，要调整好自己的心情，对所有来访的客人一视同仁。

2. 热情迎接

任何人来访时都应热情欢迎，如果需要，可以组织适当规模的欢迎仪式。古人为了表示对尊贵的客人的敬重要到郊外迎接，称“郊迎”。“出迎三步，身送七步”是我国迎送客人的传统礼仪。在接待时，要根据来访者的身份决定接待者的身份；对于重要的客人和初次来访的客人，主人应亲自或派人迎接；如果是远道而来的客人，可告知对方后到客人抵达的机场、码头、车站等迎候；对于常来常往的客人，一般相迎于约定地点的门口即可。

客人到达时，主人要主动、热情地与客人握手、问候并表示欢迎，如“欢迎光临”“一路辛苦”“见到你很高兴”等；如有同事、亲朋在场，主人要予以相互介绍，不能怠慢客人；如客人有重物，主人应主动帮客人提取行李，但最好不要主动帮助客人拿公文包或手提包，对年长者或身体不好的客人应上前搀扶。

进入房间后，主人要主动帮助客人脱下外衣、帽子，并放在适当的地方，然后引导客人就座；主人通常把“上座”留给客人，就座时，为了表示对客人的尊重，应先请客人入座。

3. 认真待客

1）接待客人的原则是主动、热情、周到、善解人意。

2）与客人交谈时，要尊重客人，以客人为中心，对客人的谈话要表示出浓厚的兴趣，不能无精打采、心不在焉，或边聊天边看电视、忙家务、打电话等；更不能在客人面前摆架子或冷落客人。

3）诚恳地招待客人，对待多位来访的客人要一视同仁，不能厚此薄彼；敬茶、递烟、奉上水果等时要有诚意，不要虚假客套。

4. 接待应注意的问题

1）送客尺度要适当。当客人提出告辞时，主人应真诚婉言相留；但客人执意要离开时，主人要尊重客人的意见；客人未起身前，主人不能主动伸手与客人道别，或不停地看手表，容易使客人产生逐客的感觉。

2）明确送客地点。对于远道而来的客人，可以送到机场、码头、车站等交通便捷之处，等客人乘坐交通工具离开后自己再离开；对于常来常往的客人，只要送到楼下、大门口处即可，以示敬意。

3）目送客人离开。与客人告别时，要握手或拥抱道别，并邀请其有机会再次光临，同时代问候其家人、领导或同事；当客人离去时要挥手致意，目送客人到看不见为止。

3.3.4 馈赠礼仪

馈赠，即赠送礼品。它是人际交往中表达友情、敬重和感激的惯用形式，其目的在于沟通感情和保持联系。但应同贿赂、腐蚀拉拢等区别开。在社交中，礼品是一种语言，它使我们的感情得以表达。这样，才能使礼品物超所值。要恰如其分地做到这一点，就要注意礼品的选择、馈赠时机和方法及接受礼品的要求。

1. 礼品的选择

礼品不仅要表达馈赠者的心意，而且为接受者所看重、喜欢，是送礼得当的关键。要使礼品所代表的心意远远超过礼品本身的价值，就要认真地挑选，讲究方式方法，切不可应付。

（1）针对性

每一个交往对象都有自己的特点，在馈赠礼品时，要因人而异，因人与人的关系及其远近程度和兴趣爱好而异。选择礼品时应侧重精神价值和纪念意义，这是礼品选择时要重点关注的两个最基本的问题。

首先，要考虑馈赠对象的特点和背景，如国家、民族、年龄、性别、职业等自然状况。一般而言，送老人要讲究实用、保健；送孩子要讲究启智、趣味；送朋友要讲究情谊、新意等。要尽量让受礼者感受到馈赠者在礼品的选择上是花了一番心思的，是认真而有诚意的。

其次，要准确地把握彼此之间的关系，如果忽略了彼此之间的关系，很容易选礼不当。要区分是公务交往还是私人应酬，是新朋友还是老朋友，是同性还是异性，是中国人还是外国人等。

最后，要考虑受礼者的兴趣和爱好，送礼前要通过仔细的观察和巧妙的方式了解到对方的嗜好，选择实用价值高的礼品，让受礼者感觉符合自己的需要，或为自己的生活和工作所必需，如送给孩子玩具等。

（2）纪念性

礼品的价值在于寄予和传递了馈赠者的思想、情感、敬意等，而并不在于礼品本身的使用价值。因此，随着时间的流逝，礼品的物质形式会在人们的记忆中逐渐淡化，并容易被人淘汰、忘记，所以在选择礼品时，要考虑礼品的深刻内涵。具有一定意义和价值的礼品，尤其是对受礼者来说具有重大意义和精神价值的礼品却常常会令人睹物思人，永生难忘。

（3）独创性

独创性即礼品的选择要达到“我有他没有”的境界，要选择富有创意、具有鲜明的民族特色和地域特色的礼品。礼品要有艺术特色，要具有时尚性、别具一格。这就需要送礼者要用尽心思，既要考虑到礼品本身的心意，又要考虑到受礼者的爱好和兴趣，可以在礼品的包装、寓意、特点等某一方面下功夫，创造出令受礼者高兴的“新礼品”，而且也会使其深刻地体会到送礼者的一番情谊和心思，进而深受感动。例如，送给外国友人具有鲜明中国特色的刺绣、丝绸、瓷器等，会令其感到高兴。

（4）禁忌性

禁忌就是对某些事物的顾忌，选择礼品时一定要考虑到社会的风俗习惯及对方的禁忌，才能够真正达到赠送礼品的目的。首先，考虑由于各国家、地区、宗教信仰、风俗习惯、民族因背景的不同而形成的公共禁忌。例如，表现在数字上，“13”是许多西方国家禁忌的数字，日本人忌讳“4”“9”；色彩上，日本人忌讳绿色，新加坡人忌讳黑白黄色，德国人忌讳茶色、黑色、红色、深蓝色等；图案上，日本人忌讳荷花图案，美国人忌讳“蝙蝠”图案等。其次，要考虑由受礼者个人的原因造成的个人禁忌。由于每个人的生活环境、爱好兴趣不同，就会形成不同的个人禁忌。因此，选择礼品时就要了解对方的禁忌，才能避免对方产生反感和抵触情绪。

2. 礼品的馈赠时机

通常情况下，人们不会无缘无故赠送和接受礼品。把握好送礼的时机，会增加礼品的价值，增进双方的感情。否则，会令对方尴尬、误会，引起双方不快。一般地，升学、生日、婚礼、逢年过节、提升、酬谢、退休、得到他人帮助、周年纪念、生病慰问、拜访辞行、感谢帮助、出国、乔迁等情况下都比较适合送礼。一定要注意具体的送礼时间，如拜访时一般要带礼品登门，以示问候、打扰。

3. 礼品馈赠的方法

馈赠礼品是一门非常深奥的艺术。尤其是在国际交往中，礼品所体现的语言会因文化的差异而不同，有的礼品在一个国家被欣然接受，而在另外一个国家可能被视为耻辱。因此，必须讲究方法与技巧。

（1）重视包装

包装不仅使礼品外观具有艺术性和观赏性，增加了礼品的价值，更表现出赠送者的审美观、情趣及做事周密细致、具有艺术修养等，也体现了对接受者的敬意和心意。包装材料的颜色最好选择受礼者喜欢的颜色。包装完毕后，贴上写有自己祝词和签名的缎带或彩色卡片，表达自己的情感和诚意。

（2）赠送方法恰当

礼品是人际交往的载体，它对增进友情起着重要的辅助作用。因此最好当面赠送礼品，这样可以更好地进行交流，加深感情。礼品不宜在公共场合送出，最好选择受礼者在家时送礼，把礼品交给他人转让是不礼貌的行为。如果确需转交，一定要附上便签以说明缘由。

当面赠礼时，要神态自然、面带微笑、举止大方。一般在相见或道别时双手奉上礼品，交于对方手中。要直言相告，切勿将礼品放于某个角落。

（3）言谈得体

当面赠送礼品时要伴有礼节性语言，不能一言不发。要适当、热情、认真地加以说明。首先，要说明送礼的原因，避免因盲目送礼而导致双方尴尬，如递上礼品时说“祝您健康长寿”，说明是生日礼物。其次，要说明礼品的寓意、特别之处，尤其是礼品与送礼目的之间的联系和寓意，如“这盆富贵竹象征着您的事业蒸蒸日上”。最后，要说明送礼的诚意，不要说“没有准备，顺便捎点东西”，而是说“这是我精心为您挑选的”。

4. 接受礼品的要求

我们往往在给别人送礼时煞费心机，在接受礼品时却没有考虑到礼仪，但是，接受礼品的方式不当，也会让我们处境尴尬。

（1）把握分寸

接受礼品时要把握分寸，要考虑是否有隐含的义务，是否违反国家法规；如果礼品昂贵，该怎样回报。一般而言，当礼品昂贵或隐含其他义务时，应表示感谢，并婉言拒绝。

（2）欣然接受

如果接受他人赠送的礼品，要向对方表示感谢，这是重视礼物的表现。接受礼品时要大方有礼，用双手接过。

按国际惯例，接受礼品时要当面拆开，表示看重对方及其礼品，启封时动作要文雅、轻缓，并运用适当的语言对礼品加以赞赏并表达自己的喜欢之意。而在亚洲国家，如中国、日本、新加坡、马来西亚等，是事后打开礼品，因为这些国家的人们重视的不是礼品本身而是送礼的这种行为。

如果拒收礼品，首先表示感谢，其次用语言婉拒，并说明拒收的原因。如果礼品带有附加条件时应当场告知对方礼品不适合，并当场退还。如果某些礼品不适合当场退还，可以事后予以退还，但一定要及时，一般不超过 24 个小时，退还的礼品要保持完整性，不要拆封或损毁。

3.4 聚会和庆典礼仪

3.4.1 宴请礼仪

1. 赴宴礼仪

在社会交往活动中，需要了解社交场所的基本宴请礼仪。

1）准时到达。赴宴时一定要按时到达，一般情况下，提前 30 分钟左右到达比较好，迟到时间不能超过 15 分钟。如果确因有事不能赴宴，要尽早向主人解释清楚，并向主人表示歉意，以求得主人的谅解。

2）善于观察。进入客厅后，不要着急入座。要等待主人为自己介绍其他客人，待观察客人的基本情况后，寻找一个和自己身份相适应的座位坐下。

3）仪表。赴宴时要注意着装的整洁和卫生，可以根据宴请的形式穿着相应的服装。同时要精神饱满、情绪高昂地参加宴请，以保证宴请的隆重与环境的和谐。

4）讲究礼貌。在参加宴请时，要讲究礼貌礼节，遵守用餐礼仪，主动与他人相识，广交朋友，同时要学会照顾别人，尤其是女士。

5）告别。宴请结束后，不要随意离去。应该选择在大家都吃完后，等主人和主宾餐毕起身离席后再离开。告辞时应向主人表示感谢，称赞宴会组织得当。

宴请的类型

2. 餐桌礼仪

应邀出席宴请活动，要遵守用餐礼仪。

1）进入宴会厅之前，先了解自己的桌次和座位，入座时注意桌上座位卡是否写着自己的名字，不要随意乱坐。如邻座是年长者或妇女，应主动协助他们坐下。

2）取菜时，不要盛得过多。盘中食物吃完后，如不够，可以再取。如由服务员分菜，需增添时，待服务员送上时再取。如果是本人不能吃或不爱吃的菜肴，当服务员上菜或主人夹菜时，不要拒绝，可取少量放在盘内，并表示“谢谢，够了”。对不合口味的菜，勿显露出难堪的表情。

3）吃东西要文雅。闭嘴咀嚼，喝汤不要啜，吃东西不要发出声音。如汤、菜太热，可稍待凉后再吃，切勿用嘴吹。嘴内的鱼刺、骨头不要直接吐出来，可用餐巾掩嘴，用手（吃中餐可用筷子）取出，或轻轻吐在叉上，再将其放在菜盘内。吃剩的菜、用过的餐具和牙签都应放在盘内，勿置桌上。嘴内有食物时切勿说话。剔牙时，用手或餐巾遮口。

4）无论是主人、陪客还是宾客，都应与同桌的人交谈，特别是左右邻座。不要只同熟人或一两个人说话。邻座如不相识，可先作自我介绍。

5）作为主宾参加外国举行的宴请，应了解对方的祝酒习惯，即何人祝酒、何时祝酒等，以便做好必要的准备。碰杯时，主人和主宾先碰，人多可同时举杯示意，不一定碰杯。祝酒时注意不要交叉碰杯。在主人和主宾致辞、祝酒时，应暂停进餐和交谈，注意倾听，也不要借此机会抽烟。奏国歌时应肃立。主人和主宾讲完话与贵宾席人员碰杯后，往往到其他各桌敬酒，遇此情况应起立举杯。碰杯时，要目视对方致意。

宴会上相互敬酒表示友好，活跃气氛，但切忌饮酒过量，否则容易失言，甚至失态，因此必须控制在酒量的 1/3 以内。

6）在宴请中，无论天气如何炎热，也不能当众脱衣服。小型便宴，如主人请客人宽衣，男宾可脱下外衣并将其搭在椅背上。

7）有的主人为每位出席者备有小纪念品或一朵鲜花。宴会结束时，主人招呼客人带走。

此时，客人可说一两句赞扬小礼品的话。有时，外国访问者往往把宴会菜单作为纪念品带走，有时还请同席者在菜单上签名留念。除主人特别示意作为纪念品的东西外，各种招待用品，包括糖果、水果、香烟等，都不要拿走。

8）在参加冷餐会、酒会中，招待员上菜时，不要抢着去取，待送至本人面前再拿。周围的人未拿到第一份时，自己不要急于去取第二份。勿围在菜桌旁边，取完即退开，以便让别人去取。

9）中餐的餐具主要是碗、筷，西餐则是刀、叉、盘子。通常宴请外国人吃中餐，亦以中餐西吃为多，既摆碗筷，又设刀叉。刀叉的使用方法是右手持刀，左手持叉，将食物切成小块，然后用叉送入嘴内。欧洲人使用时不换手，即从切割到送食均以左手持叉。美国人则在切割后把刀放下，右手持叉送食物入口。就餐时按刀叉顺序由外向里取用。吃完后，将刀叉并拢排放于盘内，以示吃完。如未吃完，则摆成八字或交叉摆，刀口应向内。吃鸡、龙虾时，经主人示意，可以用手撕开吃，否则可用刀叉把肉割下，切成小块吃。切带有骨头或硬壳的肉食一定要用叉子把肉叉牢，刀紧贴叉边下切，以免滑开。切菜时，注意不要用力撞击盘子而使其发出声音。不容易叉的食品或不易上叉的食品，可用刀把它轻轻推上叉。除喝汤外，不用匙进食。汤用深盘或小碗盛放，喝时用汤匙由内往外舀起送入嘴中。吃带有腥味的食品，如鱼、虾、野味等均配有柠檬，可用手将汁挤出滴在食品上，以去腥味。

10）在餐桌上尤其要注意餐巾的使用。餐巾是用来擦嘴、手以防止弄脏衣服的，应将其平铺在腿上，当用餐者需要剔牙或是吐出嘴中不洁之物时，可用餐巾遮掩。如果需要暂时离开，应将餐巾放在椅面上，说明自己很快就会回来，如果放在桌子上，表示自己已经吃好。

3. 座次礼仪

一般的宴请，除自助餐、茶会及酒会外，主人必须安排客人的席次，不能以随便坐的方式，引起主客及其他客人的不满。尤其在有外交使团的场合，大使及代表之间，前后有序，绝不相让。座次礼仪见图 3-1。

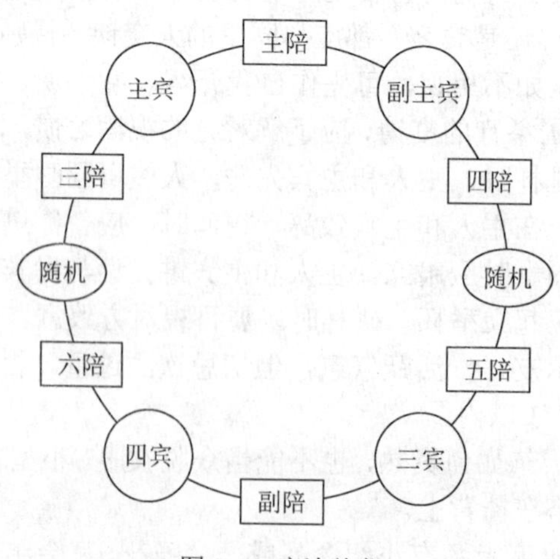

图 3-1　座次礼仪

（1）桌次的顺序

一般家庭的宴会中，饭厅置圆桌一台，没有桌次顺序的区分，但如果宴会设在饭店或礼堂，两桌或两桌以上时，则必须决定其大小。其定位的原则是以右为大，以左为卑，远门为上，居中为佳，观景为佳。

（2）席次的安排

邀妥宾客后，必须安排客人的席次。目前我国多以中餐圆桌款宴，有中式及西式两种席次的安排。两种方式不一，但基本原则相同，即以远为尊，居中为尊，以右为大、左为小，面门为上。一般而言，必须注意下列原则。

1）以右为尊。席次的安排亦以右为尊、左为卑。如果男女主人并座，则男左女右、以右为大。如席设两桌，男女主人分开主持，则以右桌为大。宾客席次的安排亦然，即以男女主人右侧为大、左侧为小。

2）职位或地位高者为尊。高者坐上席，依职位高低，即官阶高低定位，不能逾越。

3）遵守外交惯例。依各国的惯例，当一国政府的首长，如总统或总理款宴外宾时，则外交部部长的排名在其他各部部长之前。

4）欧美人士视宴会为社交最佳场合，故席位采取分座的原则，即男女分座。如有外宾在座，则华人与外宾杂坐。

5）遵守社会伦理，如长幼有序、师生有别，在非正式的宴会场合，尤应恪守。例如，某君为部长，而某教授为其恩师，在非正式场合，不能将某教授排在该部长之下。

6）座位的末座不能安排女宾。

3.4.2 舞会、茶会、晚会礼仪

1. 舞会礼仪

舞会又称交际舞会，亦称交谊舞会，是一种世界性的群众活动。它既是一种被广泛采用的社交活动形式，也是一种健康有益的文体活动形式。参加舞会可以增进友谊，加强交流，建立友好协作的关系，推进业务的开展。

（1）舞会组织工作的礼仪

要使舞会举办成功，取得好的效果，在举办前要精心地做好各项组织准备工作。

1）确定适当时间。舞会一般在周末、节假日或开幕式、闭幕式的晚上举行，这时气氛活跃，便于大家尽情地娱乐，而不至于影响第二天的工作，这个时间邀请客人也容易成功。

2）选择好场地。舞会的场地要根据人数的多少大小适中，过小则显得拥挤不堪，空气不好，难以使人尽兴；过大显得空荡，气氛不够热烈，会使情绪受到影响。舞会地面要清洁平整。舞会前可以打一遍蜡，使之光滑。灯光要稍暗，光线柔和，最好有彩灯、彩纸条加以装饰。舞会一般应有乐队伴奏，造成隆重、热烈的气氛。本单位舞会也可播放舞曲伴舞，应指定专人负责。舞池边要准备休息的椅子，必要时，可准备茶水、点心。

3）发出请柬或海报。单位之间举办的舞会应发出请柬和门票。请柬上要写明开始时间、地点及结束时间。对身份特殊的贵客应专门发给请柬。邀请的男女人数相当，尽量避免同性共舞。

（2）参加舞会的礼仪

1）参加舞会服装要整洁、大方，仪表要修饰。女士可以化淡妆，穿漂亮服装。男士也应适当讲究，一般穿西服，显得大方、文雅。头发要梳整齐。检查、身上无蒜味、酒气，洒些香水是相宜的。

2）进入舞场，要先坐下来，观察全场情况，适应气氛。没有带舞伴的，更应当坐下，并寻找合适的伴舞对象，最好邀请没有带舞伴的人，如果有熟悉的人伴舞当然更好。国外正式的舞会上，第一个舞曲，都是由高位开始的，主人夫妇、主宾夫妇首先共舞，第二场主宾夫妇交换共舞，第三场才开始自由邀舞。

3）邀舞一般是男子邀请女士共舞，邀人跳舞时应彬彬有礼、姿态端庄。例如，男士走至女方面前，微笑点头，以右手掌心向上往舞池示意，并说“可以和你跳一支舞吗？”或“可以吗？”对方同意后即可共同步入舞池。如果对方婉言谢绝，也不必介意，更不应勉强。

被人邀舞是对女士的尊重，女士一般不应拒绝。确实不想跳舞时，应当有礼貌地婉言谢绝。对方走后，一曲未终不应再与别人共舞。

一般邀请没有同伴的女士或两位女伴在一起时，不容易被拒绝。如果女士丈夫或父母在场，要先向其丈夫或父母致意“你好”，得到同意后再邀女方跳舞。最好不要向处于热恋中的青年女子邀舞。

4）进入舞池后，就可跟随舞曲曲式和节奏起舞。姿态要端正，身体要正直、平稳，切勿轻浮，但也不要过分严肃，双方眼睛自然平视，目光从对方右上方穿过。不可面面相向，不要摇摆身体、凸肚凹腰、把头伸到对方肩上。一般男舞伴的右手搭在女舞伴脊椎位置，不要超过脊椎，高低可以根据双方身材而定。男士身材高的，可以揽得高一些，女士要把左手搭得低一些，甚至搭在大臂中下部。不要把女舞伴右臂架起来，否则既不雅观也不舒适。男士右手不要揽得过紧，以力量大小变化来领舞，切莫按得太紧，甚至把女方的衣服揪起，这样很不雅观。

5）一曲终了，男士要对女舞伴致意，可以说：“你的舞跳得真好。”“你的动作反应快，和你跳舞很轻松，谢谢。”并把女舞伴送回原来的位置。

休息时，不要抽烟、乱扔果皮、大声喧哗、在场内来回走动、拉住朋友长谈。

6）在时间上，出席舞会不像出席会议那样有严格的要求，相对来说比较自由灵活，允许晚去，也可以中途退场等，这些都应当视为正常现象。

2. 茶会礼仪

茶会即茶话会，意在联络老朋友、结交新朋友的具有对外联络和进行招待性质的社交性集会。重点不在“茶”，而在于“话”。

茶话会的主题大致可分为三类：其一，以联谊为主题；其二，以娱乐为主题；其三，以专题为主题。

（1）举办时间

通常认为，辞旧迎新之时、周年庆典之际、重大决策前后、遭遇危难挫折之时等，都是酌情召开茶话会的良机。举行茶话会的最佳时间是下午4时左右。有些时候，亦可将其安排在上午10时左右。茶话会时间的长度可由主持人在会上灵活掌握。若是将其限定在1～2个小时，它的效果往往会更好。

（2）举办场所

按照惯例，适宜举行茶话会的大致场地主要有：一是主办单位的会议厅，二是宾馆的多功能厅，三是主办单位负责人的私家客厅，四是主办单位负责人的私家庭院或露天花园，五是包场高档的营业性茶楼或茶室。餐厅、歌厅、酒吧等处均不宜用来举办茶话会。

根据惯例，目前在安排茶话会与会者的具体座次时，主要采取以下四种办法：其一，环绕式；其二，散座式；其三，圆桌式；其四，主席式。除主要供应茶水之外，在茶话会上还可以为与会者略备点心、水果或是地方风味小吃。需要注意的是，在茶话会上向与会者所供应的点心、水果或地方风味小吃，品种要合适，数量要充足，并且便于取食。此外，最好备有擦手巾。

按惯例，在茶话会结束之后，主办单位通常不再为与会者备餐。会议的议程分为：第一项议程，主持人宣布茶话会正式开始；第二项议程，主办单位的主要负责人讲话；第三项议程，与会者发言；第四项议程，主持人略作总结。

茶叶的种类

茶话会开始时一般应由主持人致辞，说明茶话会的宗旨，介绍来宾。主持人要随时注意来宾的反应，随时把话题引导到大家都感兴趣的话题上。有人讲话时，要注意倾听，不要漫不经心，更不要妄加评论别人的谈话。自己发言时，用词、语气、态度都要表现出文明礼貌、端庄大方、神态自然。

茶话会结束后，要向主人道别，也要和新老朋友道别，不可中途退场或不辞而别。

3. 晚会礼仪

观众在观看晚会演出时，不仅有欣赏节目的权利，也有严守礼仪规范的义务。观众所要遵守的礼仪规范，主要涉及提前入场、按号入座、专心观看、支持演员、照顾同伴、依次退场等几个方面。

（1）提前入场

提前进入演出场地，是每位观众必须自觉遵守的最重要的礼仪规范之一。在一般情况下，在演出正式开始之前的15分钟左右，观众即应进入演出场所。提前入场是为了方便客人观看演出，更好地维护秩序。否则，在演出开始后，仍有迟到的观众络绎不绝地入场，既会影响其他观众，也是对演员的不尊重。事实上，大凡正规的晚会演出开始后，便不再准许迟到的观众进场。只有在中场休息时，他们才被获准入场。

（2）按号入座

凡参加要求凭票入场、对号就座的晚会，观众均应自觉配合组织者的工作，持票排队入场，并且凭票按号入座。通常观众不仅要提前入场，而且还要提前就座。如果时间充裕，至少要提前 5 分钟在自己的座位上就座。在找寻自己的座位时，若有领位者在场，最好请其带路或予以指点。若必须自行寻找座位时，则最好从左侧向前行进，逐排寻找，不要踩、跨座椅。

走向自己的座位，如果需要从其他已经落座的人士面前通过时，不要不发一言。正确的做法是，应当先向对方说一声“对不起”，随后面向对方侧身通过，尽量不要碰撞对方的身体。万一碰撞了对方，须立即致歉。

在自己座位上就座时，要做到坐姿优雅。切勿将座椅发出异响，或是坐得东倒西歪、前仰后合，甚至将脚乱伸、乱翘、乱踏。

从原则上讲，座位即为观众的“岗位”。观众一旦在自己的座位上就座，就不宜再进出，乱调、乱占其他空位，更不允许观众在走道上、舞台上就座。有特殊原因需要换座位，不要强人所难，而应当取得对方的同意。

若晚会不要求对号就座或没有座椅可坐，也要切记，自己观看节目的方位一经确定，就不要轻易改变。

（3）专心观看

观看节目的演出，是每一位观众参加晚会的目的。在观看演出时，观众的最佳表现是全神贯注。既不妨碍演员的表演，也不影响其他观众观看。若要符合上述要求，必须注意以下几点。

第一，不要交头接耳。在观看演出时，忌与同伴窃窃私语，或是对演出大声评论。

第二，不进行通信联络。一旦进入演出现场，即应自觉关闭自己的手机或使手机处于“静音”状态，更不要在观看节目的同时打电话。

第三，不进食、吸烟。观看演出时，最好不要吃东西，尤其是不要吃带壳的食物，也不要喝带易拉罐的饮料，因为它们都可能会成为噪声之源。另外，须自觉禁烟。

第四，不心不在焉。在演出期间，不要睡觉、看报、听音乐、干私活，或是对别的观众注意过多。

第五，不随便走动。当演出开始之后，乱走乱动是非常容易使他人反感的。

第六，不影响他人。在观看演出时，不要戴帽子或坐得过高。不要两个人挤在一个座位上，或是挤占属于其他观众的座位。不要随意拍照，乱用闪光灯，或是任意进行摄像。

（4）支持演员

在观看演出时，观众对演员表示尊重友好的最好方法，就是要用自己的实际行动去支持和鼓励演员。

当演员登台表演或演完退场时，观众应当热情、友善地对演员鼓掌，以示欢迎或者感谢。当演员的表演异彩纷呈，或是完成了高难度的演出动作，观众可在适当之时为之热烈欢呼，并且鼓掌庆贺。但是这些做法，应以不妨碍或打断演员的演出为宜。

由于水平各异、发挥不同，有些演员的表演可能欠佳，还有演员则有可能在演出之中出现失误。对此，观众应予以谅解。不要对自己不喜爱的演员或不喜欢的节目鼓倒掌、吹口哨、扔东西、乱骂人、哄赶人。其实，在演员出现失误时，观众若能视而不见，或是对其后的表演一如既往地认真观赏，才是对演员最好的支持。

演出结束，演员登台谢幕时，全体观众应起立鼓掌，再次感谢演员的表演，不要直接离开。

（5）照顾同伴

在观看演出的过程之中，对于自己的同伴，尤其是长辈、女士、客人，需要主动地加以照顾。

入场时，最好与自己的同伴一起入场。若有必要，可前去迎接对方，或与对方约好会合之处，并提前到达，恭候对方。如果需要，在演出结束后，要为同伴安排交通工具，或是送其返回居所。

若自己受人邀请，务必要准时到达会合之处。

进场之后，如需要存放衣帽，领取或购买节目单时，应当主动替同伴代劳。寻找座位时，若无领位员相助，应主动走在前边，为同伴带路，并请同伴在较好的座位，如前排、中间的座位上就座，而将诸如后排、靠边或挨着走道之类的座位留给自己。若座位不够，应主动请同伴先就座。

若晚会禁止学龄前儿童入场，须认真遵守这一规定。若允许带孩子入场，也要对其严加管束，不要任其乱哭乱闹、随意乱跑。

（6）依次退场

在观看演出期间，一般不允许提前退场。在演出结束后，观众退场时应当井然有序。

除以上六条外，有些晚会，尤其是涉外晚会，对观众的着装会有所限制。一般而言，不允许观众的穿着过分自由、随意、散漫，而要求其着装庄重、大方、时尚。对于这种规定，观众亦应遵行不殆。

3.4.3 婚、寿、庆、丧礼仪

1. 婚庆礼仪

婚礼对于男女双方来说是人生中重要的几件大事之一，成功的婚礼不仅会为结婚的男女双方带来回忆，也是亲朋好友表达祝福的最佳场合。

传统的结婚习俗

（1）现代婚礼仪式程序

1）司仪宣布婚礼开始，奏乐，新人入场。

2）众亲友为新人洒花，新人在婚礼进行曲中缓步登上舞台。

3）花童为新人献花祝福新人。

4）主婚人致辞。

5）证婚人为新人证婚颁发结婚证书。

6）新人互赠信物，喝交杯酒。

7）双方父母向来宾致辞。

8）新人向父母敬茶。

9）拜天地。

10）新人向来宾致答谢词。

11）婚礼过程中，来宾可自由食用糖果、水果、茶点和抽烟等。

12）举行婚宴。

13）新郎偕新娘至各席敬酒。

14）婚宴之后送客。

（2）现代婚礼应注意的问题

1）婚期要选择最佳日期，最好是节假日或是公休日，以便亲朋好友都能够参加。

2）事先发出请柬，说明婚礼举办的时间、地点及发出请柬的时间。

3）收到婚礼请柬后，应及时回复，如届时不能到场，应说明原因，以求谅解。同时要准备好礼物，现金或实用物品均可。参加婚礼时要做到有礼有节，尊重婚礼当事人。

（3）现代婚礼形式

1）宴会婚礼。宴会婚礼是目前我国最为流行的婚礼仪式。由新郎新娘在饭店（亦有在家中）举行宴会，邀请亲朋好友参加，在宴会之前举行婚礼。这种仪式比较自由随便，家庭气氛浓厚。举办好宴会婚礼，事先要做好筹划、安排。在宴会厅的正中，设一张“主桌”。主桌上可放一只花篮、一瓶鲜花或一对龙凤喜烛。新郎新娘通常有男女傧相陪伴。男女傧相一般选择朋友充任。选任男女傧相的主要条件，第一是仪态端正；第二是未婚者，年龄一般较新郎新娘小；第三是身材应适配新郎新娘，否则很不雅观。此外，在亲戚朋友中选好主婚人、司仪和接待人员。司仪工作很重要，须选用能言善辩、阅历丰富的人，以能随机应变地处理好各种可能发生的事情。布置好新房，备齐婚礼及婚宴用品、用具，安排好摄影、录像人员事宜，联系好迎送宾客车辆。若在饭店包办婚宴，要提前订好就餐人数、时间和标准，与饭店联系。确定邀请的来宾名单，提前发出请柬。

2）草地婚礼。用青草、鲜花和绿叶做成的拱门圈出主会场，大长桌上铺满鲜花和食物，这种婚礼通常采用自助餐的形式。大地、蓝天、阳光、绿草一同为婚礼祝福。草地婚礼比较适合热爱大自然、充满活力的年轻人。

3）教堂婚礼。婚礼在教堂中举行，这是近几年流行的一种举办婚礼的形式，慈祥、庄严的神父为婚礼作证。比较适合信仰天主教和基督教并崇尚神圣婚礼仪式的新人。

2. 祝寿礼仪

祝寿就是祝愿老年人延年益寿，是老年人过寿诞的风俗。在平时，人们一年一度的生日并不叫祝寿，多叫庆生。“寿”有长生的含义，一般多指 50 岁以上老年人的生日。年龄越大，寿庆的仪式也就越隆重，因为年岁越高，越受到尊敬，子孙越多，来日越少。

（1）设置寿堂

中国传统祝寿时要设置寿堂，一般正厅墙壁中间，男寿悬挂南极仙翁，女寿悬挂瑶池王母，或八仙庆寿图、三星图等象征高寿的画轴；或以金纸剪贴大“寿”字挂于礼堂正中，正中设礼桌，礼桌上陈设寿桃、寿糕、寿面、香花、水果等。地上置红色拜垫，以备后辈行礼。

（2）现代祝寿仪式的一般程序

1）宣布庆贺活动开始。

2）点燃生日蛋糕上的蜡烛。

3）亲友、来宾共唱生日快乐歌。

4）许愿并吹灭蜡烛。

5）亲友、来宾再次共唱生日快乐歌。

6）分切蛋糕给来宾。

7）为过生日者的快乐幸福和健康干杯。

8）宴会开始。

（3）举行寿宴

过寿当天，女儿、儿子等晚辈带着礼品回家给老人拜寿，对寿星行跪拜之礼，祝愿寿星健康长寿。拜完寿后就会举行寿宴，大宴亲朋。寿宴多在酒楼、酒店举行。寿宴举行前有一个简单的祝寿仪式：主持人宣读祝寿词，带领众人向寿星祝寿。仪式结束后就举行寿宴。寿宴的菜式一般是九菜一汤，取“九”的谐音“久”，有“天长地久”的寓意，借以比喻老人高寿。而菜名多用民间故事或神话传说来命名，如双龙抱柱、八仙过海、瑶池赴会、福如东海、寿比南山等。另外，寿宴上仍保留吃长寿面的祝寿传统。寿日吃面，表示延年益寿。现在的寿面多用伊面代替，将伊面加冬菇、肉丝、韭黄、青菜等煮熟即可，每人一碗，希望与寿星一样健康长寿。

3. 庆贺礼仪

庆贺是各种庆祝礼仪式的统称，有助于提高知名度，鼓励和鞭策受贺者和庆贺者，促进友好关系的发展。

（1）庆贺的形式

1）致贺词。无论是口头贺词还是书面贺词，都应表达出对主人的赞美，切忌长篇大论，过于矫饰。

2）写贺信、发贺电，这是远方的亲朋好友表示祝贺的一种常见方式。

3）设宴庆贺。通过设宴向受贺者表示祝贺的一种方式，有助于沟通情感，加强联系。

4）欢送会。为表示祝贺，本单位和本部门可以集体聚会，向被提升者或即将调任者表示祝贺。

5）庆功会。单位为向获奖者表示祝贺，通常会召开庆功会进行庆祝，号召大家向获奖者学习，并向获奖者颁发奖品以示鼓励。

（2）庆贺应注意的问题

1）精心拟定庆贺的出席人员名单。庆典的出席者不应当滥竽充数，或是让对方勉为其难。精心安排好来宾的接待工作。应当热心细致地照顾好全体来宾，还应当通过主方的接待工作，使来宾感受到主人对自己的尊重，并且使每位来宾都能心情舒畅。

2）应当精心布置好举行庆祝仪式的现场。这是庆典活动的中心地点。对它的安排、布置是否恰如其分，往往会直接关系到庆典留给全体出席者的印象的好坏。

3）主持人发言要简短、清晰，态度庄重。要沉着冷静，讲究礼貌，发言一定要在规定的时间内结束，而且宁短勿长，不要随意发挥、信口开河。

4）所有参与庆贺仪式的人员都要做到仪容整洁、服饰规范。

5）道贺的人员应准备相应的礼品向受贺者表示祝贺。

4. 丧事礼仪

虽然生老病死是人生的自然规律，但是中国人向来重视生命，所以一般人把死和生看得同样重要，生者为了表达对死者的怀念，往往会举行仪式来寄托哀思。

以前，富裕的丧家办丧事，为竭力表现哀荣，是十分讲究排场的。在一般人眼里，某家的丧事办得是否热闹，就是哀荣的标准；出殡的行列越长，就越显得哀荣。于是，有些丧家雇了乐队、铜锣铙钹队，甚至雇人做“代孝子”，跟在花车或灵车后面。

现在，随着社会的进步，人们文化水平的提高，这种旧俗几乎消失。将遗体火化或捐赠给医院，已渐成风气，事实上，不论对生者还是死者来说，火葬是最清洁、神圣的方式。

（1）治丧的程序

1）将死者送往殡仪馆。经医生鉴定并宣告死亡，无论在医院、家中还是其他场所，应即以电话通知殡仪馆派专车将遗体运往冰库。遗体启程时，注意其家属中如有年迈或多病的，最好劝阻不必前往，以免悲恸过度，发生意外。到达殡仪馆并登记后，即将死者移入冰库。

2）及时约人办理丧事。最好约几位稍有经验的亲友帮忙，分管总务、财务（收支款项）、布置、招待及其他杂务。

3）与殡仪馆洽谈有关治丧事宜。通常殡仪馆的工作人员会问下列诸事：吊丧时间、丧礼采取何种仪式（是否是宗教仪式）、家祭还是公祭等。

4）灵堂的布置。灵堂布置以庄严肃穆为原则，正后方墙壁上扎“花牌”，有全花、半花两种，大致以深绿色为底，扎上黄色花朵图案。花牌的正前方置灵桌，灵桌后方正中央置四周扎有黄色鲜花的24寸遗像（用黑边镜框）一座，灵桌上通常置备鲜花（黄白菊花为主）、供果、供菜，中间放灵位，两旁置大香烛一对，另有香炉等。孝家挽联（死者之夫或妻及子女等挽联）挂在遗像两旁正后方的花牌上，其他各界人士致送的挽联挽幛则可分别挂在灵堂两旁墙壁上。花圈、花篮安放于入门两侧。灵堂内左右置长桌，放香烟茶水，并置座椅若干，均备吊唁者休息之用。灵堂门外小间左右或灵堂外两侧空地上置长桌，一边为收礼处，一边为签名处。灵桌上的大蜡烛一般均用纯白色。若丧家因死者年龄已逾七十或八十，而且子孙满堂，认为是福寿全归，可以点大红色蜡烛。当然，这种做法并无限制，但是灵堂内气氛悲伤严肃，死者家属尚在痛哭流涕以表哀思，而点红烛在气氛上极不和谐。

5）讣闻的刊发。向亲友报告死者逝世及吊丧时间、地点，可口头通知，也可发电报、打电话或登报纸传递讣闻。

6）收礼处、签名处应注意事项。普通丧事各方送礼大致有花圈、花篮、挽联、挽幛、奠仪（礼金）五种，应置备礼簿及谢帖，一方面，登记收礼项目及数量；另一方面，写谢帖交送礼者作为证明之用。礼簿要记载得清楚，可作为将来回礼的参考。签名处，通常是招呼来吊唁者签名，并送上一朵纸花供佩戴用。

7）放骨灰用的盒子有多种式样，可根据自己的经济条件选购。

8）死者的化妆及穿衣等项。这些问题由殡仪馆的工作人员安排，不用费太大的心思。至于穿衣，可根据丧家的要求办理。

9）出殡的注意事项。要估计参加送殡的人数，准备必要的车辆，以供送殡者乘坐。如果是中午时刻出殡，还需准备点心和饮料。参加葬礼时，要穿着深色或其他颜色暗淡的衣服，男子系无花黑领带，左臂可戴黑纱，女子的饰物应当简朴。每人胸前可佩戴一朵白花。

（2）吊丧的方式

1）追悼会。吊丧的最简单的方式就是参加追悼会。追悼会是庄严肃穆的场合，与会者应怀着悲痛的心情，严肃认真地履行追悼会的每一项仪式。言谈举止端庄沉静，切忌浓妆艳抹、谈笑风生，或漫不经心、中途退场。追悼会的程序：①宣布祭礼开始；②奏哀乐；③献花；④读祭文；⑤奏哀乐；⑥向灵前行礼三鞠躬；⑦来宾致祭一鞠躬；⑧演讲（讲述亡故者对社会的贡献等）；⑨奏哀乐。礼毕后，死者亲属应向来宾鞠躬，以感谢他们来吊唁死者。

2）书面吊丧。如果因为某些原因不能参加死者的追悼会，也不能亲临死者家中吊丧，可以采用唁电、唁信等书面形式来表达对死者的悼念，同时也是对死者家属的安慰。

3）登门吊唁。亲朋好友可以登门吊唁，态度要严肃认真，言谈举止得体，从而让家属感受到真情，得到安慰。登门吊唁时也可以帮助家属治丧，关心家属，帮助其解决困难。

案例分析

案例1

一名业务员前去拜访一位陌生的客户。

业务员：“您好，请问您是王经理吗？”

客户：“你好，不好意思，你找的王经理正在忙，所以我先和你谈一下！我是王经理的秘书，我姓刘。”

业务员：“您好，刘秘书，很高兴认识您！这是我的名片，以后多向您请教！”

刘秘书：“不客气，我们先到那边坐一下，先互相了解一下再说。”

问题： 拜访他人时，要遵循哪些规范？

案例 2:

李小姐在一次舞会上遇到一个修养颇差的男士不停地与她搭讪:

男士:我一见你就觉得面熟,我们以前见过面吗?你贵姓?

李小姐:我姓我父亲的姓。

男士:那你父亲姓什么呢?

李小姐:当然姓我祖父的姓了。

男士:你是做什么工作的?

李小姐:建设国家。

男士:你住哪呢?

李小姐:陆地上。

男士:你家几口人?

李小姐:和我家的伞一样多。

男士:那么,你家几把伞呢!

李小姐:一人一把。

男士:你真是可爱!如果你肯做我的女朋友,我愿意为你做任何事情。

李小姐:真的么?那就拜托你替我介绍一个比你更英俊、更高大、更有修养的男朋友。

这位男士一无所获。李小姐表面上对男士的问题一一做了回答,而实际上全是无效语言,并且言外之意是“我对你没好感,不想同你交往”。

问题:舞会上应如何体现绅士风度?

本章小结

本章重点介绍了会面礼仪、交谈礼仪、交往礼仪与聚会和庆典礼仪等现代社交礼仪的基本内容。通过对本章的学习,学生应掌握社交礼仪中的禁忌和应用技巧,协调人际关系,规范人与人之间的交往。

练习与思考

在线同步测试
及参考答案

一、单选题

1. 下列问候的基本顺序正确的是(　　)。

   A. 女性向男性问候　　　　B. 年长向年轻的问候

C．上级向下级问候　　D．晚辈向长辈问候。

2．在国际交往中，一般对男子统称“先生”，对已婚女子称（　　）。

A．“夫人”或“女士”　　B．“小姐”或“女士”

C．“夫人”或“小姐”　　D．“女士”或“亲爱的”

3．在为他人作介绍时，要遵循一定的顺序，下列选项正确的一项是（　　）。

A．把年长的介绍给年轻的

B．把职务高的介绍给职务低的

C．如果介绍对象双方的年龄、职务相当，异性就要遵从“女士优先”的原则，即把男士介绍给女士

D．介绍双方职务有高低时，就把职务高的介绍给职务低的

4．称呼他人的亲属，要用敬称。一般可在称呼前加的字是（　　）。

A．令　　B．舍　　C．家　　D．爱

5．通常初次拜访不要超过（　　）。

A．30 分钟　　B．1 个小时　　C．90 分钟　　D．2 个小时

二、多选题

1．问候的方式分为（　　）。

A．服饰性问候　　B．语言性问候　　C．微笑式问候　　D．动作性问候

2．现代社交中，致意的形式多种多样，下列属于致意礼仪的是（　　）。

A．握手　　B．点头　　C．鞠躬　　D．使眼色

3．介绍时要遵循的一个重要原则就是“卑者先行”，下列表述正确的有（　　）。

A．当平级平辈熟人相见时，介绍次序不分先后

B．国际上通用的介绍通则是，先把男士介绍给女士，先把下级介绍给上级，先把年轻者介绍给年长者

C．将晚到者介绍给早到者

D．当介绍的双方身份上有重叠时，要具体情况具体分析。视当时的场合来决定男女、长幼、上下、宾主等关系的重要程度，再进行介绍

4．在交际中，通常握手的顺序是（　　）。

A．主人、长辈、上司、女士主动伸出手

B．客人、晚辈、下属、男士再相迎握手

C．主人、晚辈、上司、女士主动伸出手

D．客人、长辈、上司、男士再相迎握手

5．国际上通用的宴请形式有（　　）。

A．宴会　　B．茶会　　C．招待会　　D．自助餐

三、简答题

1．握手礼仪与介绍礼仪的顺序有哪些讲究？
2．餐桌上有哪些礼仪规范要求？
3．在交谈过程中，应如何寻找合适的话题？

四、技能训练

1．由学生扮演不同角色，选择其中一个场景进行考核。
场景一：拜访的礼仪。
场景二：接待的礼仪。
2．由学生分别模拟下列场景进行考核。
场景一：同事之间，年长者（男性）与年轻者（女性）握手。
场景二：同事之间，年龄相当的男性与女性握手。
场景三：主人与客人之间，客人到来时握手与告别时握手。
场景四：同事之间，职务高的年轻者（男性）与职务低的年长者（女性）握手。

第4章

现代商务礼仪

本章主要介绍现代商务礼仪知识，包括办公室日常礼仪、商务活动礼仪和服务行业礼仪等。为了满足广大学生的求职需求，本章特别将求职礼仪纳入其中。通过学习本章，学生应掌握现代商务礼仪的主要知识。

知识目标

✧ 掌握办公室日常礼仪的基本要求，明确办公室的言谈仪表礼仪、办公环境礼仪及面试礼仪的禁忌。
✧ 掌握商务活动的礼仪常识和基本要求，了解各类商务活动礼仪的技巧与禁忌。
✧ 掌握服务业礼仪的一般要求和基本规范，商场服务、餐饮服务、宾馆服务和旅游服务等礼仪。

能力目标

✧ 能遵照办公室的各项礼仪规范，使自身的职业生涯有良好的起点。
✧ 能符合面试礼仪，做好求职面试的各项准备，用得体大方的举止，给面试官留下良好的印象。
✧ 掌握商务活动礼仪的基本技巧，并积极展示自己的优雅礼仪，增强在商务场合的交际能力。
✧ 掌握主要服务行业的礼仪规范，并能够在实践中加以运用。

情感目标

为今后在职场中塑造良好形象、提高沟通能力奠定坚实的基础。

职业资格考核要点

面试技巧　商务洽谈　服务礼仪

4.1 办公室日常礼仪

4.1.1 办公环境礼仪

办公室不仅是公司业务人员、管理人员工作的地方，还是公司对内科学管理、对外广泛联系的重要窗口，也是接待外来客人和贸易伙伴的场所。注意办公室礼仪的运用，有助于塑造公司的良好形象，促进商务活动的顺利开展。

办公室环境布置

1. 办公室工作人员礼仪要求

公司员工的素质、待人接物的水平，是从每个员工的言谈举止中体现出来的。办公室既是工作的地方，又是社交的场所。办公室工作人员的礼仪水平如何，往往是客商评价公司的重要依据。

（1）服饰整洁大方

办公室的工作人员可以不穿统一的工作服（依各公司情况而定），但要求与办公室的工作性质和工作环境相协调，以能够体现权威、声望和精干的服饰为宜。例如，男士可以黑色、灰色、蓝色三种颜色的西服套装为主，系领带，不要穿印花或方格衬衣；女士最好穿西装套裙、连衣裙或长裙，不宜穿露、透、短的衣服。

一般说来，服装必须干净、平整、合体、大方，不能太艳、太奇、太随便。休闲装、运动装、牛仔服等都不适宜在办公室里穿着。进入办公室时应脱去风衣、手套和帽子，但不能脱掉西装上衣、摘下领带。办公室内若没有衣帽架，可自行存放衣物，但要注意办公室整体的整洁性。若去其他公司办事，不可乱放自己的衣物，只有在主人允许时，才可将其整齐地摆放于一处。

在办公室工作，工作人员应有适当的修饰。男士不要留胡须、蓄长发、挂项链，头发应梳理得美观大方，衬托出自己良好的精神状态。女士最好能施以淡妆，不俗不媚，衣饰和发饰不宜太杂，发型以雅为准，不能过于新潮，以体现自己端庄文雅、自尊自信的良好形象。

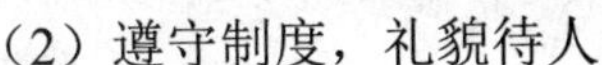
（2）遵守制度，礼貌待人

各公司都有自己的管理制度，这是公司工作正常运行的重要保证，如按时上下班，不迟到、不早退，不无故不上班，办公时不拨打或接听私人电话，不占用工作时间办私事，不在办公室打扑克等。办公室工作人员应自觉遵守这些制度，尽管在具体执行中有可能遇上特殊情况，或必须接打私人电话等，但一定要自觉，设法把这种情况减少到最低限度。

礼貌待人既是对外接待客商时的要求，也是与公司同人之间相处的要求。不能认为只有对外来客人才须礼貌相待，而同事之间就可以随便。礼貌待人，要做到主动招呼、话语谦和、真诚微笑。出入办公室，应主动与同事打招呼，说“早安”“再见”等礼貌用语。遇到自己的下属或晚辈，不妨寒暄几句，以示关心。打招呼时，应明确、主动，不能含糊其辞，要以自己良好的心情去感染对方。

在办公室工作，要注意保持安静。与同事谈工作时，声音不宜太高，不要在过道里、走廊上大声呼唤同事。拨打或接听电话时语调要平和、文明。在撰稿或起草文件时，不能因构思而敲击桌子或跺脚。离开座位时，应轻轻关好抽屉，把座椅轻移至写字台下面。相互交谈时要态度谦和，用语文明，说话不刻薄，不挖苦、讥讽他人。开玩笑时要适度，不谈论领导或同事的私事，不编造小道消息。

2. 接待和应召礼仪

公司的办公室经常会有客人来访，或为洽谈业务，或为交流情况等。当客人来访时，办公室前排的职员应起身招呼，亲切问好，问明客人身份和来意，向客人自报姓名。如果客人要会见的人当时不在，应礼貌地说明“对不起，×××刚出去，请稍候”，并在为客人沏好茶后，再说一声“我给您联系一下”。如果来客要会见的人一时回不来，则应明确说明并表示歉意，并和客人约定再访的时间。

客人如是与公司领导相约而来的，可直接带他去见领导。在引导时，工作人员可比客人先走一两步，或与客人平行行走并寒暄。上下电梯时，可以用手示意招呼：“请！小心点。”到达会见地点，应先轻敲门，得到允许再请客人入内，并向领导介绍：“××公司的×先生来了。”若同行者为两人以上，则应事先在问清的前提下，依礼仪顺序一一介绍，客人落座，斟上茶水。征得领导同意后，向客人致意，轻轻退出门外回到自己的办公室。

办公时间，如上级召见，应立即停止手中的工作，将文件、报表资料整理好就去见上级。如与上级不是在同一个办公室，应先告诉领导的秘书，或自己轻轻敲门，经允许进入后轻轻把门关上，走到领导办公正前方，站立答话。领导如请自己就座，应按他示意的座位坐下，双膝自然弯曲并拢，不要跷二郎腿。汇报工作、回答提问时，声音要清晰平和，态度要慎重认真，用语要简练准确、实事求是，不妄测，不乱说话。召见过程中，不必主动敬烟，未经同意自己也不要吸烟，不能随便插话。回答完问题后，可征求上级意见，说一声：“我可以走了吗？”得到上级同意后，礼貌地退出，并轻轻带上门，回到办公室继续工作。不必神秘兮兮，也不能立即招呼同事，与同事谈论。

3. 电话礼仪

电话作为活动中最常用、最方便、最经济的一种通信工具，在开展业务交往、贸易洽谈、商品推销和互通信息、联络感情等方面发挥着重要的作用。因此，应当注意用好电话，遵守电话礼仪。

办公室电话一般放在写字台的右前缘，如果办公室里工作人员较多，则放在沙发边的茶几上。在办公室工作时，一般不用手机。

重视电话礼仪，就要克服电话的“仅闻其声，不见其人”的不足。通过规范地拨打或接听电话，使双方彼此认识、了解、接近，因此，要特别塑造自己和公司的“电话形象”。办公室承担着公司与外界多方面的联系的任务，不会只停留在做老顾客和老朋友的生意上。市场在不断拓展，公司会有很多新顾客，要通过接拨电话，彼此了解对方的性格、情绪、心境、意图，甚至揣摩其身高、长相和品德等，塑造“虽未晤面，已成至交”之感。这种电话形象对自己和公司都有极大益处。

电话形象的形成，可以通过自己礼貌、诚恳的态度，敏捷、严谨的思路，选词用句及严密的逻辑，爽朗、幽默、干练的个性等方面来进行塑造。良好的电话形象，能体现自己具有较高的水平、素质、品位和能力，使客户乐意与管理有序、训练有素、待人有诚的企业做生意。

接拨电话的礼仪，具体来说应做到以下几点。

1）热情招呼，自报“家门”。无论是拨打还是接听电话，首先都应该说“您好”，然后自报“家门”，不能只用“喂”“嗯”，或者不出声等待对方讲话。

2）恰当用语，规范通俗。一定要恰当使用电话用语，做到既规范，又通俗。但不能因规范就刻板生硬，也不能因通俗就模糊。

3）声音清晰，精神饱满。做到声情并茂，“声”和“情”都要有度。

4）准备充分，应答慎重。在拿起话筒之前要有一定的思想准备，特别是业务上的电话更是如此，否则，会手忙脚乱，失去主动。应答方面，要注意分寸和留有余地，切不可信口开河，贸然应允。

5）节约时间，重点重复。用电话谈生意，要有时间观念，这不仅是考虑节省单位电话费用，也是为客户的利益考虑，过长地占用对方的时间，也是不礼貌的。另外，电话占线时间太久也会影响别的客户和本公司的业务联系。虽然节约时间，不排斥重点内容的重复强调，电话不像电传、传真可以事后再读，所以，电话中的重点内容要反复讲清，加深对方印象。对于日期和数字，更应强调准确性，如 4 和 10、1 和 7，都很容易误听，再加上方言，更易出错，如“是 17 元”会误成“41 元”。

6）礼貌结束电话，及时上报内容。通话时，要注意耐心聆听，把握对方的真实意图，不要随意打断对方讲话，但也不能只回复“嗯”。内容讲完后，应主动致谢、道别再挂断电话，一般情况下由拨打电话的一方先挂断。放下话筒后，应及时将通话内容向业务主管和公司报告，不要因为忙碌而搁置起来，以致误事。

4.1.2 办公室礼仪禁忌

办公室有时就是一个小社会，如何迅速赢得大多数人的好感，尽快融入其中，营造良好的人际关系呢？一定要注意如下礼仪禁忌。

办公室的礼仪准则

1）忌拉小圈子，互散小道消息。办公室内切忌拉帮结派，形成小圈子。更不应该散布小道消息，充当消息灵通人士。否则，你永远不会得到他人的真心对待，他人只会对你唯恐避之不及。

2）忌情绪不佳，牢骚满腹。工作时应该保持高昂的情绪状态，即使遇到挫折、饱受委屈、得不到领导的信任，也不要牢骚满腹、怨气冲天。这样做的结果只会适得其反。

办公室五大禁忌

3）切忌趋炎附势。做人要光明正大、诚实正派，人前人后不要有两张面孔。例如，领导面前充分表现自己，办事积极主动，极尽奉承；同事或下属面前，推三阻四、爱答不理。

4）切忌逢人诉苦。把痛苦的经历当作故事多次提及不免会让人反感。忘记过去的伤心事，把注意力放到充满希望的未来，做一个生活的强者。这时，人们会对你投以敬佩多于怜悯的目光。

5）切忌故作姿态、举止特异。

4.1.3 同事往来礼仪

同事之间，既是天然的盟友，又是天然的竞争者；同事往来，要依礼而行，这是与同事合作必不可少的素养。

1. 日常见面礼节

早上应该微笑着向同事说“你好”，向别人发出祝福，一声清新、明朗、面带微笑的问候，就标志着新的开始，新的生活、新的希望、新的机会的来临。它能改善你的人际关系，让你自己更受别人欢迎。下班时应该向身边的同事或路上遇到的同事道一声“再见”。

同事之间的称呼应视情况而定。一般来说上司对职员可以用职位或全名称呼。下属对上司应称其头衔以示尊重，即使上司表示可以用姓名、昵称相称呼，也只能限于在单位内部。对外及在公开场合皆不可以贸然直呼名字，否则会显得不尊敬他人。

招呼同事时应将姓氏讲清楚，不能称呼“喂”或“那个谁啊”，因为这样做十分失礼。如同事正忙于工作，可客气地说“抱歉，打扰一下”，再交代事项，以免惊扰了他。

同事之间如非常熟悉或得到许可，可以直呼其名，但无论如何不应该在工作场合中称呼对方的小名、绰号，如“帅哥”“美女”或“好好先生”等。因为这些称呼含有玩笑意味，会令人觉得不庄重。同时也不应该在工作场合称兄道弟，或是以肉麻的话来称呼别人，如

"亲爱的""靓妹""贤弟""老大"等。

中午休息吃饭、中间有事暂时离开时一定要致意打招呼，告诉同事你要去做什么，什么时候回来，否则，有事或有人打电话找你时，别人找不到你。

经常使用礼貌语，如"请""谢谢""对不起"。

2. 接待同事要热情

如果其他部门的同事来到自己的工作区域，应当礼貌地打招呼，若是不太熟悉或制度规定不便打招呼，也可微笑着点头致意。

当同事将你介绍给其他人时，应亲切回应"您好，认识您很高兴，请多多指教"等客套话，此时不必再重述自己的姓名。如果是对方主动与你结识，就应互通姓名并亲切寒暄。一旦互相知道对方姓名之后就应牢记在心。

同事招呼你时，应立刻有所回应，即使正在接听电话也应放下话筒，告诉他你正在接听电话，待会儿就来。不要留待事后解释以免产生困扰和误会。

一般来说，下列人士进来时，男士应该站起身：顾客（不论男女）进来时，职位比你高的男性或女性行政人员进来时，职位与你同等的女性行政人员进来时；但如果他们因工作需要经常进出你的办公室，不用站起来迎接。

3. 去别人办公室的礼仪

如果约好在某人的办公室会面，而那人不在办公室，一般你就不宜再进去，可在门外等候。进入他的办公室之前应先敲门，即使门开着也要这样做，等他示意后，再进去。如果对方正在打电话，在门外等一会儿或过一会再来。在别人的办公室里，要等主人示意后才能入座。

如果确实需要使用某人的办公室或设备，应事先征得同意。即使主人同意了，赋予你这项特权，也不可滥用。不要乱翻抽屉或文件，不要偷看桌上的文件。如果需借用东西，应及时归还，并向主人致谢。如果用坏别人的办公用具，应该说明，并征求是否需代为修理或购买。

到别人办公室拜访时，无论你是否达到拜访的目的，都不要停留太长时间，否则会影响被拜访人的工作。

4. 与同事交谈的礼仪

办公室里与同事谈话，要注意以下几点。

1）一般不要谈薪金等问题。在美国等西方国家一般很忌讳谈薪金问题，不论是你问别人的薪水，还是别人问你，都会让人难以回答。因为在很多公司里，每一个人的工作不一样，得到的报酬也是不一样的。如果你的薪水比别人高，容易引起麻烦。

2）不要谈私人生活和令自己不愉快的消极话题。不要谈论你的私人问题，也不要在办公室讨论你遇到的不好事情和心情，因为这会影响别人的情绪，或者使别人对你产生不好的看法，不要将自己的私人生活全部暴露在同事面前，保留神秘感对你是有好处的，让他人认为你是一个有魅力、能处理好自己生活的人。否则，不但会影响你的形象，也会影响你的前途。

3）不可评论别人。在办公室里最忌讳的是谈论别人的是非，“当面多说好话，背后莫议人非”。当有人在评论别人时，不要插嘴，也不要充当谣言的传播者。

4）在谈论自己和别人时不要滔滔不绝，而要观察别人的反应来决定谈话是否继续进行。当别人对你所谈论的话题不感兴趣时，就应该转向别的话题。否则，这样的谈话就会成为大家的负担，而不是一种快乐。

4.1.4 求职面试礼仪

我国市场经济的确立，为企业用工制度带来了改革，为人才合理流动提供了前提条件。企业需要不同层次的人才，人才需要寻找适合自己能力发挥的位置。因此，人才市场迅速突起，企业招聘、政府招聘比比皆是。谋职、“跳槽”已习以为常。大、中专毕业生由国家分配向双向选择、自谋职业转变。因此，大、中专技校毕业生跨出校门的第一步将是向社会、企业推销自己。如何寻找到理想的职业岗位，如何在面试时恰如其分地表现自己，也要遵循一定的礼仪要求。可见，谋职的技巧和礼仪是当今大中专、学生面临的新课题。

求职材料的准备和求职过程

1. 求职信书写礼仪

（1）求职信的组成与结构

书信是人们日常生活、工作中不可缺少的交际、交流工具，是人们维系友情、传递情感、讨论问题、托办事情、表达见解的一种不可替代的方式。求职信是书信的一种，具有书信的共性，但又有其自身特点。

1）求职信的组成。求职信一般由求职信、简历、学校推荐表及附件四个部分组成。求职信是求职者亲笔写给用人单位的信，主要是用来表达个人的愿望与求职要求，而简历则是用来简要而有重点地说明自己的情况，使对方能够了解自己；求职信主要用来引起对方的兴趣，而个人简历或推荐表则是进一步用来“推荐”自己。为了证明自己的能力，可以另外准备一些材料，作为附件随求职信一起寄给对方。附件的内容大体包括：①学历证明；②受奖证件（包括三好学生、优秀班团干或劳动积极分子等）；③发表过的文章。

当然，不一定每封信必须附上全部材料，可根据具体情况而定。

2）求职信的结构。求职信由开头、正文、结尾、署名四个部分组成。

① 开头。信的开头，先写收信人称呼，要注意表示尊敬、亲切，并符合收信人的身份，要准确，不能乱用称呼，不要过于造作。到商业部门谋职一般可以称呼对方为“尊敬的××总经理”或“尊敬的人事处领导”等。称呼写在第一行，顶格书写，以表示尊敬和有礼貌，

称呼之后用冒号。

② 正文。

a. 个人基本情况和用人单位招聘消息来源。首先，介绍你的姓名，就读学校、专业。其次，写出用人信息或招聘消息的来源。说明自己申请哪个工作及理由。在说明理由时，最好能体现你对该单位的关注与好感。适度地谈些你和你亲友、社会对该单位的好印象。这往往能引起对方的好感。

b. 谈谈自己对该单位工作的兴趣，以及专业知识、技能、经验、性格能力和意志。这是求职信的核心部分。要让对方感到无论从哪个角度看，你都能胜任这一个工作。

c. 结束语。表示你在等对方回复，并且要表示希望有面谈的机会。

③ 结尾。结尾一般先写表示祝愿的或敬意的话，一般是另起一行空两格写“敬礼”“再见”。或另起一行空两格写“此致”，转一行顶格写“敬礼”。

④ 署名。写清自己的姓名及通信地址、电话号码。若通过别人转发，要写清楚代转人的姓名、电话号码、通信地址。署名之后，写上发信的年、月、日。

求职信篇幅一般以2页信纸为好，过长，则对方没有时间阅读，还会感到厌烦；过短，则说不清问题，表现不出特色，容易被淘汰。

（2）写求职信应注意的事项

1）有针对性。针对招聘单位的性质和特点及岗位特点，发挥自己的长处，阐述自己的观点。任何人都有优点和缺点，然而优点和缺点并不是绝对的，有的对一种工作来说是优点，对另一种工作则可能是缺点，同样一种因素，对于某些招聘者来说是优点，而对另一些招聘者来说是缺点。

2）突出重点。突出重点就是要突出哪些能引起面试者兴趣，有助于获得赏识的项目，主要包括专业知识、经验、特长和个性特点等，也包括文体特长、语言特长、书画美术特长、社会特长等。

3）强调特点。招聘者很看重个人的经验和实际能力，所以有必要着重介绍这些方面的情况。未毕业学生可以谈谈与人相处或管理工作的成功经验，或实习的经验等。不要一味强调学习成绩，否则适得其反。

4）体现个性。几乎所有的用人单位都希望录用有良好个性的人，特别是充满活力、热情洋溢的人。因此，在信中的字里行间要反映出求职者的热情和活力。有的用人单位因为工作需要，要求求职者个性沉着、老练。不管怎样，要适度表现个性。

（3）个人简历的书写

1）个人简历书写的基本要求。个人简历，应该是他本人真实、完整、准确的反映。“见其字，如见其人。”从这个角度讲，个人简历是一个人的“初试”。标准、规范、富有吸引力的个人简历，会给招聘人留下深刻的印象，为自己争取到面试的机会。

一份好的个人简历，应该具备以下几个主要特征。

① 整洁：个人简历的书写应非常认真，而且保持书面整洁。认真、整洁的个人简历，

反映出一个人对工作认真的态度。

② 简明：一份个人简历在招聘人手中只需几分钟甚至几十秒就被浏览完。所以，个人简历在写法上的第一个要求就是“简练”。用简洁明快的语言，而不需华丽词语的描述。一般的个人简历的长度以一页为限。如果是具有丰富经历、谋求高级职务的求职者，篇幅可以稍长。

③ 准确：个人简历要求篇幅少，但准确性高。要求准确、恰如其分地评价自己；准确地使用专业名称、术语；准确地使用简历格式；不能写错别字或漏字，不能有涂改。

④ 真诚：撰写个人简历一定不要夸张，也不要消极评价自己。例如，一位学生在简历中写道：我没有什么文化，也没什么特长，但我有信心努力把工作做好。试想，有哪个企业会录用这样一个没有文化、没有特长的人呢？

2）个人简历的书写格式。

① 推荐表的书写格式：在校毕业生的求职，因社会经历少，所以往往将个人简历与推荐表合二为一，并附在求职信后即可。推荐表格式见表4-1。

表4-1　××学校毕业生就业推荐表

姓名		性别		出生年月		籍贯		相片
专业		学历		政治面貌				
健康状况		就业意向						
主要学科成绩及技能考核成绩								
自我鉴定								
爱好及特长								
受过何种奖励								
班主任意见								
学校意见								

邮箱：　　　电话：　　　　　　通信地址：

② 叙述式简历的书写格式：内容主要包括姓名、性别、出生年月、籍贯及家庭住址、政治面貌、毕业学校、学历、求职意向、所学专业和主修课及成绩、主要技能考核成绩、爱好特长、学习经历、联系电话及联络人。

不管是写求职信还是填写简历或推荐表，字体要端正，书写要整洁，句子通顺、流畅，不能写错字、别字或漏字，注意标点符号，字里行间体现出求职者一丝不苟的工作态度。

3）写信封要注意的问题。

① 收信人单位的邮政编码要写准确，绝不能潦草。

② 收信人的地址要写准确、详细、具体，字迹工整。

③ 收信人姓名要写在信封中间，字迹大些。在姓名后面空三个字的位置写上“同志”或“先生”后再写“收启”。

面试礼仪

2. 面试礼仪和技巧

（1）面试礼仪

面试毕竟不是课堂上的考试，所以并不过多地考查应聘人的专业知识，而是凭主试人的直觉去推测一个人的性格、思想 品德、思维反应、处事能力、工作态度等。所以应聘者留给主试人第一印象的好坏，决定着面试的成功与否。面试中的礼仪，自然是应聘者树立第一印象的手段。

1）积极收集信息，主动争取面试机会。掌握收集信息的途径是争取面试机会的前提条件，收集信息的主要途径如下。

① 学校推荐。学校广泛收集信息，向用人单位推荐毕业生。这是最主要的途径。

② 人才交流中心。如今各大中城市都设有人才交流中心，学生可以在此申请登记，建立求职档案。

③ 报刊、电视。当地的报刊、电视每天都发布招聘信息，学生可以通过仔细比较、筛选、捕捉有用信息。

④ 街头广告、职业介绍所。

⑤ 电话号码簿。

⑥ 社会关系网。

2）建立面试的自信心。获得面试机会后，最重要的是要建立面试的自信心。自信心来自于对应聘企业的了解和对自己的把握。为此，应从以下几个方面进行面试前的准备。

① 了解招聘单位情况及应聘者条件。在正式面试之前，首先要了解用人单位的性质是股份制企业、集体所有制企业、外资企业还是合资企业。因为不同性质的企业，在用人制度、管理方式和福利待遇上不同，对应聘者的要求也不同。其次，还要了解企业的经济效益、领导者的能力、设备条件、工作环境及企业的发展前景等。

每个企业都有着自己的管理风格，在用人制度上也有独特的要求，甚至有一些不成文的苛刻条件，如有的企业很看重学历、职称或相貌、身高，有的却看重实践工作能力，有的对应聘者有地域的限制，如不招聘户口在外地的学生等。对此，应聘者应有所了解，并衡量自己是否有去面试的必要。

② 全面分析自己，克服心理障碍。仔细地分析自己的优势及不足，并考虑在面试时如何发挥自己的优势，掩盖自己的不足。不要受企业条件的约束；不要把自己置于完全被动的地位，应该想到选择是双方的，企业在选择自己的同时，自己也在选择企业；不要害怕失败，想到选择的机会不止这一次，心理就会坦然、轻松。

面试时可能提出的问题

③ 思考面试时面试者可能提到的问题。面试时一般提到的问题大致有九大类型：履历、求职意向、学习情况或工作情况、兴趣爱好、性格、人生观、理想

抱负、健康状况、特长等。

④ 准备好你要问的问题。面谈中，求职者的提问也十分重要，它可以使求职者获得对目标单位工作的评估信息，帮助求职者把面谈的话题转向对自己有利的方向进行。但是，这些问题应限制在询问目标单位与目标工作范围内，以免引起对方的反感。所提问题一般归纳为以下几点。

a．这项工作的主要职责是什么？要求具备怎样的工作能力？

b．您认为做这项工作的人应具备什么资格？

c．贵公司录用职员时，首先考虑的条件是什么？

d．贵公司的主要竞争对手是谁？他们的优势和弱势是什么？

e．贵公司的优势是什么？弱点是什么？

f．贵公司的主要市场在哪里？

g．公司能够为员工提供哪些额外训练？

h．公司职员有机会在公司帮助下继续学习深造吗？

i．贵公司有哪些新产品开发计划？这些计划将产生怎样的效益？

⑤ 进行必要的练习。为了消除紧张的心理，面试者可进行必要的练习，如练习从容简练地进行自我介绍。设想主试人可能提出的问题，进行自问自答：练习见到主试人时的问候、微笑及坐姿。还可以试穿面试时穿的服装。

（2）面试技巧

1）不迟到。时间观念是面试的主要内容之一。强烈的时间观念能体现出一个人的工作作风及工作态度。因此，面试前必须了解面试的时间、地点、路线，要准确计算到达面试地点的时间。如果参加面试的人很多，那么可提前20分钟到达面试地点，通过前面应试人的经历，启发自己的灵感，但不要被别人的失败情绪所感染。如果应试者只有自己一人，可以提前5～10分钟到达，使心情平稳后，准时与主试人见面，不要气喘吁吁、汗流浃背，否则让人感到自己办事没有计划性、不稳重，而且体态不佳。

2）讲究礼节、礼貌。在面试时，应做到恭敬有礼、不亢不卑、有个性。

3）仪表得体、大方。服装是形成主试人直观印象最重要的因素。例如，某校一位中专毕业生在面试时穿着一身很皱而且不合体的衣服，当场被淘汰。而当换上一套平整、得体的服装再次面试时，主试人认不出他是刚刚被淘汰的，为他饱满的精神状态所吸引，立即决定录用他。主试人在初见到你的10秒内，就已经形成了对你的第一印象，决定了他是否有兴趣进一步了解你，也决定了你是否有进一步展示自己的机会。还因为面试时很大程度上有“以貌取人”的倾向，故服饰、仪表应是应聘者非常注意的问题。

学生面试时的着装应该体现学生的特点，即得体朴素、整洁大方。不能故作深沉，也不可过分活泼。男生可穿质地一般且不必配套的西服，也可穿衬衣、夹克，穿皮鞋、袜子，但不宜穿花衬衣、背心、西装短裤。女生可穿西服套裙、连衣裙、裤装、夹克、宽松的毛衣等，穿皮鞋、袜子，但不宜穿过于暴露、时髦、高档的服装，也不要穿跟太高的鞋。男女生都不要戴首饰。女生要慎重化妆，不要留下太重的化妆痕迹，不能染红色指甲。男女生的头发都应梳理整齐，衣服平整、洁净、合体，体现学生富有朝气、纯真、朴实的精神风貌。

4）举止沉着有礼。进门时，必须先敲门，得到允许后才能入内。进门后，首先要问候“您好”或“各位好”，应礼貌地行 15° 鞠躬礼；然后进行自我介绍，讲明来意，以证实对方是否是接待你的主试人。

如果对方主动伸出手，你才能与他握手。待主试人请你坐下时，必须礼貌地说“谢谢”。然后在离主试人 1～2 米的地方，面对主试人坐下。坐时应采用比较正规的坐姿，双膝并拢，两腿自然弯曲与地面垂直，头正颈直，立腰，不能靠背，应坐在椅子 2/3 的地方，双手自然搭放在腿上。尽力表现轻松、自信、谦虚的神态。

坐下后，面带微笑，等待主试人问话。待主试人发问才讲话，否则是极不礼貌的。

全神贯注地听。当主试人向你介绍本单位情况或进行提问时，精神应高度集中，耐心倾听，面带微笑，积极回应，通过表情来表明自己已领会主试人的话。不要不耐烦地说：“行了，我清楚了，您有什么问题要问我吗？”否则让人感到狂妄、不谦虚。

回答问题要简单明了。一般主试人总要向应聘人提问题，以测试应聘人的表达能力和反应能力。应聘人在回答问题时要简洁、明了，不要长篇大论、答非所问。用词要准确，特别是对自己的评价要恰如其分，不要过于谦虚，也不要过于夸大自己。当主试人有意打断你的话时，或同时开口时，你应该请对方先说。谈话时，手势尽量少，保持平静的情绪、微笑的表情，从容不迫，思路敏捷，语言表达清楚。一般要讲普通话，如果主试人对语言不介意，你可以选用最能表现你口才的语言。

礼貌告辞。主试人示意面谈结束时，应平稳地站立，向所有的主试人道谢。还可有礼貌地询问何时通知面试结果，然后向主试人有礼貌地道别，转身离开。如果主试人送你，你应真诚地请他留步。

5）学会幽默。幽默可以缩短人与人之间的距离，使谈话能在友好的气氛中进行。例如，周培参加面试，在介绍自己的名字时说自己的名字有一个培字，是培养的培，不是赔钱的赔。这样使面试在融洽、轻松的环境中顺利进行，周先生也谋到了理想的职位。所以说，巧妙地运用幽默，不但能消除面试场内的紧张气氛，解除自己的恐惧心理，而且能显示自己的聪明才智，使谋职收到事半功倍的效果。

至于主试人提的问题中，有些是不便于回答得很具体、直接的，如巧妙应答，效果更佳。例如，主试人提问一位研究生：“你认为你一个月的薪水应该是多少？”这位研究生说：“这要看我付出的劳动价值是多少。”有一位主试人提问：“这份工作要经常出差，你愿意吗？”应试者回答：“我一直想有机会锻炼自己适应不同环境下的工作能力，如果有经常出差的机会，那正是我所需要的。”

如果自己一时回答不出问题应对主试人说：“对不起，这个问题我没有考虑过。”

6）不要因说错话而影响情绪。由于紧张，说错话也是常有的事，不用耿耿于怀，以免影响自己的心情。说错话时可说一声“对不起”纠正过来即可，有时可自嘲地说“你看，我太紧张了”。主试人会宽容地对你微笑，理解你此时紧张的心情，不会影响你的面试结果。相反，有些人在说错话之后，不自觉地伸舌头，用手捂住嘴笑，或做其他小动作，这样会直接影响你的形象，因此，应该绝对避免。

7）在众人面前突出自己。参加集体面试，主试人同时面对多个求职者，会根据求职者自身条件，当场优胜劣汰。在这种情况下，你必须力争突出自己，通过着装、体态、语言、表情表现出你的涵养、耐性及高雅的气质。在谈话时，抓住发言的时机，以吸引大家的注意。如果大家都争于说话，你就耐心地倾听，最后做一番总结，要有自己的观点；如果开始时沉默，那么你就可先发言阐述你的观点，以突出自己。

面试的技巧很多，对此也有几个方面的礼仪要求。归纳起来可分为几个方面。第一，谈话的艺术，包括语言、语态和内容等。第二，面试的姿态，包括走姿、站姿、坐姿及身体各部位的动作。第三，形态要求，包括服装、面部化妆、发型等。因此，求职者希望在求职中求胜就应从这几方面入手。

3. 面试的禁忌

1）带礼物去面试。面试是比较严肃的场合，如果你想感谢主试人，可用其他方式，如果想送礼，应换一个场合，否则会给主试人有受贿的感觉而弄巧成拙。

2）用主试人听不懂的方言讲话。回答问题时要口齿清楚，语言尽量通俗易懂，不要用主试人听不懂的语言，否则就很难沟通。更不用说面试成功。

3）东张西望，给人心不在焉的感觉，抖脚、挖耳，用手击桌子，给人太随便的感觉。例如，某校有一名高才生毕业后到一家单位谋职，不到三天就被解雇了。老板说：“我发现他在办公的时候有抖脚的习惯，又喜欢用手击桌子，有一天让他陪客户吃饭，他的脚在饭桌下抖个不停，像抽筋一样，这种高才生我们不敢用。”可见，一个人的不良习惯会影响自己的前途，应改掉这些坏毛病。

4）过多询问福利待遇和住房问题。过多询问福利待遇问题，让人感觉你在追求待遇，为自己的利益考虑太多，未必能全心全意工作。如果需要了解，也应委婉提出，讲究礼貌，不可用责问的口气。

5）带他人一起去面试。如果你想让他人陪自己面试，主试人会认为你的依赖性太强，没有独立能力。例如，某女士应聘某公司医药代理，面试时，主试人对她大加赞赏，当问到她家人对她的工作是否支持时，她回答：“全家人都支持，我男朋友还陪我一同来呢。”最后她因为这句话而落选。主试人认为，依赖性太强以后怎么独立工作呢？除非陪你去的人与主试人有关系，可起到进一步的推荐作用。

4. 应聘与谢绝礼仪

面试结束时，如果对方当场决定录用你，而你能当场接受聘用，要向对方表示谢意。但不要表现得太激动以致语无伦次。离别时也不要紧握别人的双手不停地说“谢谢”。感激之情的表达要适度，要保持冷静，切忌失礼。

如果不能当场接受对方的聘用，就应请求对方给一些时间进行考虑，再做出慎重决定。但要告诉对方不能马上决定的客观原因，如一些事情需要向家人通报等。不要说还要到几家单位面试后才能决定，这样会被别人认为你是挑三拣四的人，对他们公司不够尊重。

如果对方提出的条件不是你所希望的，而对方又当场决定录用你，那么你可以婉转地告诉他你不能任职的原因，或是请他再考虑你提出的条件。这时的语气不能含糊，也不能不耐烦。不要忘记感谢对方为你花费的时间与精力，表达你的歉意，最后有礼貌地告退，要始终给对方留下一个最佳形象。

4.2 商务活动礼仪

4.2.1 商品推销礼仪

1. 推销礼仪

推销是指柜台销售之外的销售方式，主要由推销员承担。与柜台销售相比，它具有更广大的市场空间，更强的流动性、主动性，经营费用比较低。在商业竞争日趋激烈的今天，企业必须发现和培养自己的推销人员，搞好推销工作。遵从推销礼仪是客户接受推销的必要条件之一。

（1）推销人员的个人素质

素质是一个人在学识才能、个性风格等方面的基本品质。推销员不仅应具备一般商务人员的必备条件，而且在个人素质方面还有以下基本要求。

1）忠于企业，勇于负责。推销员经常单独处理业务，而且涉及大量的商品和金钱，所以必须有较强的自律意识；但在实际工作中，遇到突发情况，又不能只拘泥条文，要适时变通以抓住销售机会。这种自律和变通都来源于推销员良好的道德品质和对企业的忠诚。

2）热忱服务，信誉至上。推销员应有较强的服务意识。诚恳热情的服务会受到顾客的尊重和信任，坚守诺言、信誉至上则是扩大销售的基础。反对哗众取宠、装腔作势、言过其实。

3）坚毅自信，吃苦耐劳。推销员即使面对困难和屈辱，也必须保持乐观自信的作风，坚定不移地开拓客户，说话办事干脆利落，以必胜的信念和不懈的努力争取客户，促成推销。

4）精通业务，知识渊博。推销员必须精通业务，对于商品知识、顾客心理、市场动态了如指掌；在工作中还要善于启迪思维、准确判断、果断决策。只有明确的、富有知识性和趣味性的谈话，才能符合顾客心理，激发顾客的购买欲。

5）文雅有礼，谈吐动听。推销员与客户交往必须不卑不亢，遵守礼仪常规，尊重客户。

既不暴躁傲慢，也不奉承谄媚，力求给客户留下开朗、诚恳、文雅有礼的良好印象。在谈吐中，不把自己的意见强加于客户，对客户的意见认真倾听，对客户的期望表示关切，对客户的明智及时赞赏，对客户的错误间接指出，始终注意语言简洁有表现力，注意营造和谐愉快的推销气氛。

（2）介绍商品的基本要求和礼仪

商品介绍是通过语言表达和样品展示，让客户了解商品的过程，它是十分重要的促销环节。

1）介绍商品的基本要求。

① 有丰富的商品知识。推销员对商品的熟悉和热爱是进行商品介绍的基础。不仅要熟悉自己经销的商品，而且对市场上各种品牌、不同型号、规格的同类商品也要了如指掌；不仅要熟知说明书上的文字内容，而且要能熟练地操纵、维修。这样才可在介绍商品时自如运用知识，使顾客放心购买。

② 突出重点，真实正确。商品知识包含的内容十分广泛，任何一种商品或服务都具有多种特点和优点；同一商品的不同购买者，又各有自己的购买立场。因此，推销者介绍商品时不可千篇一律、一一罗列，而应具有针对性，突出重点，满足顾客所需，才能激发购买欲。介绍商品当然要着力突出优点，但要注意真实正确，不可欺瞒哄骗，自毁信誉。那样，即使一时奏效，也可能埋下商务纠纷的隐患。

③ 诚恳热情，恭敬有礼。推销成功的核心问题在于使买卖双方沟通感情，认识一致，推销者首先要在态度上和感情上取得客户的认可，诱发并强化客户的购买欲才有良好基础。因此，推销者面对客户时应始终把自己置于“服务”的位置，时刻注意客户的反应，以客户的好恶来组织内容，对客户始终诚恳热情、恭敬有礼，在和谐愉快的气氛中完成推销。

2）介绍商品的礼仪。

① 尽快让客户进入谈话状态。介绍商品最理想的方式是讨论式。只有尽快让客户进入谈话状态，客户才会有兴趣倾听介绍，推销员才能了解客户的要求。促成讨论式介绍的方法是推销员先粗略介绍，询问对方的看法，观察对方反应后决定介绍的内容，努力让客户发表意见。即使对方多听少说，也要注意适当停顿，留给对方思考的时间。这既是对客户的尊重，又有效利用对方的知识基础，使客户了解商品。此时最忌推销员滔滔不绝，否则会使客户厌烦而拒绝倾听。

② 不和客户争执。在进行商品介绍时，推销员无论在什么情况下，都要保持较强的自控能力，不可有急躁情绪，更不可与客户争执，要始终保持冷静。即使客户说了无知可笑的话，也不可出现鄙视讪笑的神态；如果客户的错误无关大局，如读了别字等，最好装作没听见；如果客户误解关系原则问题，则应婉转说明实际情况，但不可正面争论。

③ 举止端庄稳重。介绍商品时，手、脚、身体的态势语要配合口语，但不可过多过大。推销员应注意与客户的身体保持适当距离，不要随便拍肩拉手，给对方以粗俗、不尊重他人的坏印象。

④ 语调、语速、音量适中，努力做到快慢有节、语气和缓。语言表达太快太慢、过高过低、口齿不清、语气含糊，都是失败的介绍，会给人留下无礼或怯懦、没有信心的印象。介绍商品时要注意语调、语速、音量的变化，抑扬顿挫，清晰流畅的谈话才能吸引客户倾听。

3）商品展示的礼仪。介绍商品时，常要展示商品，让客户实际了解商品的外观、性能，便于客户鉴别。商品种类不同，展示方法也不同，一般礼仪要求如下。

① 注意商品的摆放方向。展示商品时，一般应将正面、有商标的一面面对客户；带把有嘴的商品，如茶壶、水瓶等，把手或嘴不可朝向客人，采取手握把手侧对客户的姿势；展示刀剪、工具、夹具等，不可将其尖、刃一面朝向客户，而应侧向面对客人。

② 尽量双手展示商品。能用双手展示的商品都应用双手展示。软性商品，如面料、床上用品等，展示者应站在离客户一定距离处，放开面料，右手抓住垂下的一头，将其提起并搭在左肩，左右转动一下，使客户从正侧面观看；也可由两个职员共同打开，面向客户成45°。双手展示商品，应注意轻拿轻放。

③ 利用器械展示或表演展示一些商品，如仪器仪表、电器等，常需借助器械或表演展示。如商品体积较大，需客人前往的，应注意礼貌引客。将商品连入器械后，不要立即取下，让客户有观察时间，如有必要，还应简单说明器械与商品之间的关系；需要表演展示的，如家用电器、计算机等，在操作演示的同时，要介绍其性能、使用方法、保养常识等。

④ 利用试味展示。需要试味展示的一般是食品。要注意商品和盛放器皿的清洁卫生，应将大块切小，同时备好拭手毛巾。

（3）推销语言艺术

推销语言是比较复杂的口语表达，必须讲究技巧。成功的推销包括接触客户、介绍商品、洽谈说服、促成交易四个阶段。

1）接触客户。推销员第一次接触客户，是展示推销的基础，是了解、判断顾客的时机，不能仅用“礼貌接待”概括。与客户谈话必须有良好开端，推销才能继续进行。

商品和客户的情况不同，开头的方法也千变万化：①设身处地。例如，“你们商场的橱窗布置得很漂亮，如果加上我们公司提供的镀金边框，就更华贵了。”②急人所急。例如，“用铝锅烧饭太麻烦，还必须守在旁边，试用一次我们的电饭煲好吗？”③从众效应。例如，“这种综合电疗器很受欢迎，我在你们学院就卖出了14台，你隔壁的王先生也买了。”

2）介绍商品。

① 介绍语言有条理。训练推销员介绍商品时常用“FABE”说明术。“F”指特征（features），“A”代表优点（advantages），“B”代表客户利益（benefits），“E”代表证据（evidence）。这四个字母分别是四个英文单词的首字母，说明时，推销员应根据上述四项内容做好商品介绍准备，从不同的方面分析商品，做到心中有数，在介绍时站在客户的立场上有重点地说明。这样能切合商品实际，有条理、逻辑性强，易被客户接受。

② 突出特点，渲染效果。介绍用语简短明确，陈述语气自信坚定，看准客户心理，注意有针对性地激发购买欲望。如别墅名车，是地位的象征，应渲染衬托身份；储蓄保险带

来的是安全，则应强调责任；家用电器带来的是舒适，要突出其方便的特点；而珠宝、高档化妆品等奢侈品，则应投合对方的虚荣心，促其周围的人进行横向比较。

③ 要客观介绍。不要在一次推销中把自己的全部同类产品罗列出来，不分主次地夸赞一遍，这反而会使客户产生不信任感，而是要有分析、有鉴别地介绍。

3）洽谈说服。

4）促成交易。

（4）上门推销礼仪

1）准备工作。人们在第一次交往中，会对交往对象做出第一次判断，这就是第一印象，它会在一个阶段内影响人的判断和决策，对于推销的成功与否是十分重要的。给推销对象留下良好的第一印象只有一次机会，推销员在上门推销之前，必须做好准备，保证在最佳状态下上门会见客户。

除了做好商品及其他有关物质准备、业务知识准备外，还应注意以下几点。

① 心理调节。推销员上门推销应注意克服会面恐惧症，保持良好的心境投入工作，对于推销新手来说这一点尤为重要。有些人夸大了与陌生人见面的困难，总怕被人拒之门外，它会使人畏缩、紧张不安。调节心理的方法是多想客户的需要及回忆友好接待自己的客户的情景，多想成功的可能，带着这种心境，才能做到容光焕发、坚定自信。

② 仪表仪容。推销员的仪表仪容如容貌、衣着、表情、眼神等是其“外包装”，会给客户留下深刻的印象。在上门推销之前，要注意仪容仪表方面的准备。首先，要讲究个人卫生，让自己处在舒适清爽的状况中，手、脸、头发、脚、衣服等要清洁；其次，着装应得体。推销员上门推销时一般不穿公司制服，但接待客户来访，则以穿制服为宜。上门推销选装的原则是符合推销的要求，如到车间作样品操作示范，不应西装革履，但在对方接待室里推销，则应选用正式谈判服装。不论选择哪种服装，都要整洁大方得体，如西服是否配套，衬衫、领带是否配合，皮鞋是否上油去尘等小节都应考虑到。

③ 带好必备的物品。推销过程中，如推销员必备物品不齐，会给客户留下“不可靠”的印象，这些必备物品通常有以下两种。

业务必需品：各种文件及介绍信、产品说明书、样本或样品、报价表、计算器、发票收据、印章印盒、赠品等。

个人必需品：个人证件、名片、钢笔、记事簿、手表、钱包、手帕等。

2）见面礼仪。

① 预约。预约见面要守时。预约时间应选择对方可能较乐意接待的时候，一般应避开节假日。上班后、下班前的1小时通常也不适宜。如果提出拜访的时间遭到有理由的拒绝，则应立刻道歉，如“对不起，不知道您有会议，那么我们改日再谈。您看什么时候比较方便”。

② 候见。坐在客户的候见室里候见的时候，推销员要注意以下几个方面。

入座：正对门或离门远最舒适的座为上座，推销员入座时应选择对着上座的座位，并在入座前对引导者表示谢意。

吸烟：在候见过程中一般不可抽烟。具体包括：面前不摆烟灰缸不抽烟；即使摆了烟灰缸在客户到达之前也不能抽烟。客户到达后，如客户不吸烟也不可吸烟。

喝茶：主人到达之前不喝茶；主人到达后，不敬则不喝，喝茶不要过急过多，茶水不可喝干。

坐姿：端正稳重的坐姿可有助于表现自己成熟自信的风度，应注意保持。坐下后不可架腿抖腿，不可斜靠沙发，两膝不可分开过大。

③ 自我介绍。推销员拜访新客户时，自我介绍应简洁明确，如“李先生，您好！我是××公司的××，昨天下午和您约好的”。

在对客户有基本了解的基础上，有技巧的自我介绍能迅速唤起客户的注意和好感，迅速打开交谈局面。推销员应根据实际情况，设计自我介绍的“台词”并纯熟自然地应用。例如，在说出自己的姓名来历后可说：

“久闻您大名，上周又拜读了××日报上关于贵公司的报道……”（唤起对方的荣誉感）

“我也毕业于××商学院。”（唤起对方的亲切感）

“是张总介绍我来拜见您的！”（唤起对方的认同感）

必须指出的是在进行自我介绍中：忌大段说话，以免令客户生厌；忌自吹自擂，以免令客户反感；忌过分随便，以免令客户产生戒备心理。

3）面谈礼仪。推销中，面谈是决定成功与否的关键，应注意以下几点。

① 推销员谈话内容的安排应使对方乐意接受。应注意不过分专业化，谈话中一般不使用过多的术语、外语专用名词，如无法避免，应立即注意对方的反应，如有需要，可作简短解释。如发现客户有厌倦之意，则应考虑转换内容或方式。如果对方参加面谈的不止一人，则应适当照顾其他人，不可只对一人说话而冷落了在场的其他人。

② 善于倾听。推销员在推销面谈中不要总是居于“说”的位置，应做到与客户双向交流，认真倾听客户说话，并用目光、神态等做出积极反馈。例如，在客户谈话时，点头，微笑，注视，简短重复一词一句，均可使对方感受到自己的积极回应。不可东张西望，更不可打断对方，即使有补充意见，也应等有适当时机再行提出，切不可与客户争夺发言权。

③ 应慎重对客户的看法表示不同意见。一般不可正面反驳客户，对于客户的误解或错误观点表示不同意见时要注意方式。客观地说明事实或及时提供有关资料可使客户自动改变自己的看法，不会感到自尊心受伤害。对于客户谈话中无原则的小错，如读错了一个字等一般不予更正。即使在双方意见严重对立的时候，也要温和有礼，不可恶语讽刺、辩论不休。

④ 用好态势语。态势语可以表达人的感情，对于强化语言效果有重要作用。推销员始终面带微笑，保持安详平和态度，会使洽谈气氛融洽；目光平视，不时柔和地注视对方的眼睛，身体微倾，表示在注意听，很有兴趣；谈话过程中适当地做手势可以加强语气，吸引对方注意，但不可过多，尤其要注意禁止不雅动作，如搔手、抱膝、揉眼、修指甲等，更不可看表、打呵欠等。

4）告别礼仪。推销面谈即将结束，无论结果是完成推销还是无功而返，推销员都应注意以下几点。

① 及时告辞。双方达成协议，签好合同或订单后，推销员不必再一一列举各项条款加以强调，对客户反复叮咛；也不要一直聊天，或是急于进一步扩大推销；更不应啰唆地诉苦，说明自己在这场交易中如何让步。上述行为只会使客户反感，动摇自己的信心。应在和对方热握手时，说一些祝愿的话，如“祝合作愉快”“希望以后继续合作”等，然后及时告辞。

如果在面谈中，对方拒绝接受推销，不要再继续交谈。应适时起身，向对方表示谢意，说明今后继续联系的意愿后告辞。

② 举止有度，宁静安详。告辞后，收拾公文包时动作要不疾不徐、井井有条，不可慌慌张张、丢三落四，给客户留下急于离开的印象；也不可表情激动、过分欣喜，这会使客户疑心自己在刚完成的交易中受到损失，动摇对推销员的信任。

③ 恭敬有礼，善始善终。推销员先起身向客户告辞，同时向对方保证，合同条款一定能得到己方信守或是保证做好售后服务等，使对方在安心、愉快的状态下结束会见。

离开时主人如送到门口，推销员应回过身说“请留步”，如主人站在门口相送，推销员走出几步后，应回头再次告别。

（5）经营部推销礼仪

对于坐店经销者来说，经营部是全面展示企业实力的最佳交易场所，应从各方面努力，积极营造良好的购物环境和购物气氛，这对推销的成功有极大的作用。

从推销礼仪角度看，应注意以下几点。

1）随时做好接待客户准备。经营部常用来接待客户的接待室或会议室应随时保持整洁，布置优雅大方。如有样品陈列柜、奖状、奖杯、锦旗、图片等有助于表现企业形象的物品，应将其放在适当位置。接待客人的常用物品，如茶具、饮料、烟等应随时备好，销售过程中的常用物品如样本、说明书、合同文本、用章等也应随时备好。客户如有预约，无论是联系购买还是参观，主管者应安排专人迎候，如无预约，也要立即安排人接待，以使客户对经营部产生好感。

2）接待礼仪。接待客户的职员从行礼、询问到引进、奉茶、送客等一系列动作、语言要遵循礼仪规范，做到亲切真诚、自然优美。

① 行礼。客人来到，应主动行15°或45°的鞠躬礼。男职员双手自然移向大腿侧旁，女职员手掌轻轻重叠，置于两腿前方中央处，面带微笑，目视对方。简短问候：“请问是××先生吗？欢迎光临。我们经理正在恭候。请这边走……”

② 引进。引领者走在客户左前方，遇转弯处要目视客户，以手势指示方向。不要伸手指点，这种姿势通常易引起别人注意，有教训的意思。

到达接待室门口，以左手轻推转门右侧方的把手，顺势进入，换右手扶住门，同时左手做出引客入门姿势，侧身微笑地招呼客户进来，引导客户就座。

③ 奉茶。客人就座，应在正题开始前奉茶。如果在开始谈正题后奉茶，会打断谈话。

奉茶的顺序应从地位最高的客人开始，再按同样顺序一一为己方人员奉上，完毕后，静静退出，将门关好。

茶应在一旁倒好，以托盘送上。茶杯不可装满，注意在适当时候续茶，续茶时应将茶杯端离桌面。

④ 引导参观。经营部职员应及时出现在客人面前。要安排熟悉业务、口齿伶俐的职员陪同客户，视客户的需要随时介绍。对于重要客户，主管领导还要亲自陪同。客户参观时，陪同职员侍立一旁；客户移动时，职员随后；变换参观地点时，职员引导。视客户的反应，随时出示所需资料或进行操作示范。介绍商品时应有针对性。

客户所到之处，其他人员应正常工作。不可过分注意客人衣饰容貌，不可好奇尾随，不可互相低语，以免使客人产生误解。

⑤ 送别客户。不论客户来访后的结果如何，经营部都要礼貌送客。

即使谈话结束，主人也不可先起身伸手握别，因为这会被理解为厌客、赶客。客人起身告辞时，主人起身送至门外，握别时说“欢迎随时光临”“希望今后多联系”等礼貌语言。客人出门，主人不可立即关门，应于门口目送，待客人走几步回头再次告别时向客人挥手致意，方可回身关门。

(6) 电话推销技巧

当前，随着电话的普及，电话推销已成为一种重要的推销方式。它不仅可以提高效率，扩大联系面，而且经济实惠。在运用技巧方面，除具备一般推销的共性外，还有其特点，根据电话推销的完成过程分析，应注意以下几个问题。

1) 准备阶段。

① 确定推销对象。与上门推销相比，电话推销的联系范围要大得多，但也要事先确定对象。仅依靠电话簿是不够的，还应通过各种渠道，如企业广告、报刊信息等，广泛搜集资料。每位推销员都应常备最新的有关企业名录及资料，并不断补充、更新。

② 明确电话目的。作为一种推销方式，电话推销的终极目的是销售，但随着所推销的商品或服务情况不同，打推销电话的直接目的则可能有以下三种。

一是直接完成交易。这种情况往往是商品或服务涉及金额小，交易方式直接、简单。

二是约见顾客。有许多商品或服务项目比较复杂，涉及金额大，顾客必须在透彻了解、周密考虑后方能做出决定，此时打电话的目的是安排约见顾客，为上门推销服务。

三是以向顾客送交资料为目的。上述两种目的没有达到，推销员对有购买潜力的顾客也往往不肯轻易放弃，力求通过送交资料给自己创造下一个推销机会。

2) 作自我介绍。电话推销中，可用于自我介绍的时间极短，推销员应尽可能简洁地作自我介绍。通常在明确受话人身份后，正确称呼对方并问好后立即开始推销。如果所在公司很有名：先报出公司名称后再自报姓名；反之，则说明自己的姓名即可。

要注意，电话推销给人的第一印象完全是由声音造成的，语调、语速要掌握好，努力给对方留下自己精明、自信、温和的感觉。

3) 宣传商品。任何一种商品或服务，本身都拥有众多的特征和优点，受电话通话方式的限制，推销员必须一语中的，引起顾客的兴趣，以此推进下面的推销。可从以下几方面中寻找重点：正是对方生产中的急需品，更新换代产品，由新型材料制成，价格优惠，专卖分利等。

要用最简洁的语言做商品宣传，要具体、忌空泛。例如，与其说“最高级”，不如介绍“××系列第四代产品”；与其说“质量保证”，不能说“保证无障碍运行8万次以上”。

4）电话约见。顾客接到推销电话，通常不会立刻接受商品，推销员应抓住时机，及时约见。

① 请出预定的访问对象。不论接电话的是谁，推销员要以坚定自信的语气说话，如“请接张总经理”，而不可说“请找张总经理接电话好吗”，后一种说话方式较易引出“你是谁，有什么事”之类的话。

② 先发制人，掌握约见的主动权是克服对方犹豫的对策之一。简要说明意图后，立即说：“您看什么时候比较方便？”（不待回答）“今天下午3点怎样？”机智而失礼地使对方半推半就地接受来访。

③ 提出约见时间要准确。例如，不要说“3点左右”，而要说“3时20分”，留给对方重承诺守信、有效率的印象。

5）以跟进电话扩大销售。商业利润要靠不断的贸易循环获得，因此要努力争取回头客。交易成功后，应及时打跟进电话，使买卖双方的友好合作关系得到保持和发展。步骤如下。

① 复述上次交易中客户曾提出的问题，询问客户反应。此时可以帮助客户解决不熟悉商品而产生的问题，消除误解，是最有效的补充商品宣传方式，如果有问题，及时处理，取得客户的信赖。

② 表示进一步服务的意愿，提出扩大销售，为下阶段的推销打下基础。

③ 道谢告别。

（7）电话推销注意事项

1）在适宜的时间打电话。推销员应注意客户的工作性质，在他们最愿意接听电话的时候打出电话。例如，打给机关工作人员，上午8时30分到10时，为最佳时间；而企业经理上午10时前大多没有空闲时间；所有的工作人员在下班前的1小时都有不耐烦心理，在节假日、休息时间都不愿被公事打扰。

2）打电话时面带微笑。微笑不仅是友好的表情，也是友好情绪的表现，受话人看不见表情，但可以体会到情绪。当事人在微笑着说话的时候，情绪会放松下来，善意和礼貌会通过语调、语气传达给对方，易创造出友好、轻松的交谈氛围。

3）做好推销电话记录。电话推销必须当时做好通话记录，并细心保存，这是有价值的客户资料。它的内容包括对方公司名称，受话人姓名、地址、电话号码，约见时间，电话内容等。

4.2.2 商务洽谈礼仪

商务洽谈，是商贸公司日常的主要工作，是公司为推销商品，同贸易伙伴进行的协商活动。商务关系网络越是密布、宽阔的公司，对外的贸易交往也越频繁，经济效益增长就越快，洽谈活动也就越显得重要。因此，在学习运用商务洽谈技术和技巧的同时，应注重洽谈礼仪，以促进洽谈成功。

1. 商务洽谈的基本原则

商务洽谈是交易双方在维护各自经济利益的前提下进行双边信息沟通，经过协调争议达成交易的行为，它既是一门科学，又是一门艺术。商务洽谈礼仪，它不是附着在商务洽谈之上的一种形式，而是商务洽谈本身的重要组成部分。所以，商务洽谈礼仪只有符合商务洽谈的基本原则，才具有实际价值，不至于徒有其表。

(1) 互惠互利原则

商务洽谈中，无论是讨论正在协商的合作项目，还是处理已经发生的商务纠纷，都应体现互惠互利的原则。真正成功的商务洽谈，是指利益共享、风险共担，彼此各得其所，使双方都满意，即“双赢”原则。应当懂得，洽谈中不愿做出必要的让步，一味苛求，试图将对方完全击垮，最终往往只能使洽谈破裂，使公司原本可以得到的合理利益也随之丧失，而且这种失礼做法最影响双方今后的业务往来。

(2) 平等协商原则

从商场如同战场的意义上讲，洽谈也是一场战斗。但洽谈双方是贸易伙伴关系，彼此是对手，也是朋友。因此，谈判桌前，公司无论大小，实力无论强弱，在身份、地位上都是平等的，都有同等的权利和义务。在商务洽谈的过程中，必然会出现一些分歧和争论，但双方都只能以平等的态度、协商的方式去妥善处理，不能以高压、逼迫的方式，把自己一方的观点和条件强加于对方。

(3) 求同存异原则

求同存异是商务洽谈的重要原则。正因为双方有“同”有“异”，才需要通过商务洽谈来解决，商谈的过程就是共同寻求双方的共识，发现“异”之所在的过程。只要彼此肯定在总体上、原则上的“同”，就不应为局部上、枝节上的“异”再耗时费力。存异，就是在原则范围内，对于自己不同的见解做适当的让步，或暂时搁置一旁，以后再寻求解决的办法，以保证双方的基本要求得以实现。

(4) 依法办事原则

市场经济是法治经济。商务洽谈时必须依法办事，违背法律规定的洽谈，其结果既得不到法律的承认和保护，又往往无法确保签订的合同或协议如期执行。所以，商务洽谈人员应当努力学习与业务相关的法律规则，在发言、争论和签约等过程中，做到件件符合法律要求，规范操作。凡是法律已明确禁止的行为，不能因为有利可图，或碍于对方请求的面子去违法洽谈、实施。

2. 商务洽谈的准备工作

富有经验的商务洽谈者都知道“九备一说”的道理，是指在洽谈中，能用口语表达的内容，往往已经简练到只需要花一份精力，但为此洽谈者已经在事前花了九分的气力准备。

洽谈之前，准备工作做得是否充分，对洽谈结果有着直接的影响。毫无准备的洽谈，不只是对工作、对公司不负责任的行为，也是对洽谈伙伴不礼貌的表现。商务洽谈的准备大体要做好以下几项工作。

（1）确定目标

商务洽谈的目标是洽谈过程的核心和导向，一般由公司的决策层主导意向，再经各有关部门和业务专门人员进行可行性研究多次反复推敲而成，最后报公司决策层审核通过，形成洽谈目标。按照目标的可实现程度，分为必须达到的目标、希望达到的目标和乐于达到的目标三种，这种分法便于谈判者在谈判过程中自主掌握、留有余地，既可适度让步，做到礼貌谦让，又可保证公司利益，收到双方都满意的效果。

（2）选择人员

首先，根据对方的谈判阵容，选出公司在洽谈时的主谈人首席代表。双方的主谈人应当在职务、身份上大体相当，充分显示平等相待原则，这是最起码的礼貌。其次，要考虑洽谈人员的知识结构、谈判经验、个人性格、应变能力、气质类型、表达水平等因素，组成合理的洽谈团队。最后，确定参加洽谈人员数量，这可视洽谈规模大小或对方的要求而定，总的原则是洽谈人员要精悍得力，人数以五人以下为宜。

（3）收集资料

1）对方的基本情况，如该公司的发展历史、主导产品及市场信誉、产品的性能和市场占有率、市场竞争情况、公司规模和管理能力、经营水平和财务实力等。

2）谈判对手的基本情况。尤其是对主谈人的资历、地位、风格、心理、习惯，以及他个人对谈判公司的态度、业务往来史等，甚至其兴趣爱好、籍贯、家庭等多了解。对其他助手及整个团队搭配，也应有一定的了解和分析。

3）对手的背景材料，如了解他们所在地的民俗习惯、文化背景等，在洽谈中或许能产生意想不到的微妙作用，所以，不能以为这些材料与洽谈似乎无关而忽视。

（4）安排细节

洽谈双方既已正式确定洽谈的时间和地点，就不应单方面变动（如对方有变动要求，应予考虑）。

在安排洽谈时，还要注意诸如会场布置、交通、通信工具的落实，代表食宿和会外活动等会务、服务工作，也要尽量使对方满意。

3. 商务洽谈中的礼仪

洽谈的准备工作就绪，商务洽谈就应如期举行。在商务洽谈过程中，除要坚持洽谈原则和掌握洽谈技巧外，还应注意洽谈礼仪的运用，这不但有利于实现公司的预期目标，而且可给对方留下难忘的良好印象。

（1）洽谈人员的着装礼仪

代表公司与客户进行商务洽谈，要注重出席洽谈场合的着装，要让对方看出自己对洽谈抱有信心。据心理学家分析，黑色西装最具有说服力，深蓝色和铁灰色次之。穿黑色西装要配以白衬衫，场合越正规，衬衫的条纹应该越细。领带最好选用有规律排列的图案，这能给人实在、公正的感觉。领带的颜色深为成熟，浅意味有活力，可根据需要选择。另外，不可忽视袖扣，因为在洽谈中，袖扣常常展露于对手的视线里。实践中确有因一粒袖扣之故而失去一项引资的事例。因此，无论男女都应注意着装的整体和谐、庄重大方，不应花哨靓艳。此外，也不要忽视皮包、笔记本、手表等细节，这些东西都会反映自己的风格，形成对手对自己的印象。

（2）洽谈人员的迎见礼仪

公司作为东道主，应在洽谈前就到达约好的洽谈地点，迎接洽谈对手。迎见时既可以在大楼门口，也可以在洽谈厅（室）门口。进入洽谈厅（室），主人应与客户方的洽谈代表一一握手，请客人首先入座，或双方人员一起落座，但主人不能自己抢先坐下。如果等待客人已久事先坐下了，当客户到来时，应马上起身致意邀坐。宾方双方人员到齐并均已入座，非谈判人员应退出洽谈场所，并不准随意出入，以免影响商务洽谈的进行。

（3）洽谈人员的举止礼仪

洽谈中，洽谈人员不可能总是正襟危坐，而应随着洽谈过程的进展，或坐或站，或做必要的手势等，以有助于思想的表达、观点的阐发。同时，洽谈人员也应通过对方的举止动作，来理解其发出的诸多信息。例如，将双手放在桌子上，挺腰近台而坐是正确的积极的洽谈态度；一只手撑着头，另一只手摆弄着笔、本子、钥匙等小东西，则表明对对方的讲话不感兴趣，精力已不集中；站立时双脚并拢，双手自然前合，目光友善，面带微笑，是谦恭、礼貌、诚意的表现；稍息式的站姿，双手垂直或放在背后，眼光散视，不随话题的变化而变化，则表明洽谈者倦怠分神。手势在洽谈中常被用来传递丰富的信息。例如，洽谈者谈话时掌心向上，表示谦虚、诚实，愿意合作；掌心向下，则有控制、压抑、强制感；十指端相撑起，呈塔尖状，并伴以身体后仰，则有高傲之嫌；若洽谈者双臂紧紧交叉于胸前，即流露出防御和敌意，是不利于洽谈的。

（4）洽谈人员的谈吐礼仪

商务洽谈当然离不开谈。在洽谈中注意谈吐的礼仪，会使洽谈内容更富人情味，更易为对方理解和接受。因此，洽谈时注意以下几点。第一，谈话的距离。在洽谈中，谈话双方应保持相对固定的距离。如站着应为约 0.5 米，坐着以桌宽为准。双方各自在陈述观点和态度时，位置基本不变，但如果双方发生争执，则易发生距离的突破：逼近对方发表己见，不自觉地缩短双方空间距离会使对方感到压抑；同样，双方洽谈各持己见，无法趋同，其中的一方会扩大谈话距离，仰靠朝后，则表示对谈话内容的不满意和不感兴趣。富有经验的洽谈者应避免出现这两种情况，给对手一个理智、儒雅的良好印象。第二，谈话的语气。在洽谈中，准确把握证据既是促成洽谈的需要，也是洽谈中应遵循的礼仪。例如，“你们给予 A 公司的折扣是多少”这句话，用了解情况的询问性语气说出来，与用审问式的威胁性语气说出来，效果是大不一样的。第三，谈话的语速。洽谈中说话的速度要

商务谈判礼仪

平稳，以中速为宜，过快对方听不清、记不住，会给人以性情急躁、难握轻重之感。而语速过慢，又会给人欲言又止、不干练果断的感觉，做事拖拉，没有时间观念，甚至被疑为故意让人难分主次，有欺诈之意。所以，洽谈者语速应当是快而不失节奏、慢而不失流畅，并适时观察对方的反应加以调整。第四，谈话的声调。洽谈中的声调可以流露谈话者的感情或情绪变化，在阐述自己立场时，应让对方从自己的声调中感受到坚定而有信心。一般说来，升调表示惊讶与不满，降调表示遗憾与懊丧，平调表示信心和力量。声调波动也可反映谈判者的思考和犹豫。洽谈中，应尽量控制自己的声调，避免过于尖厉、高亢、粗鲁、刺耳的声音，消除对方误解，使洽谈顺利进行。第五，洽谈中的寒暄用语、开场用语、交谈用语、结束用语等，都应注意谈吐的礼貌文明，既充满自信，又不显得自傲；既热情友好，又不低三下四；既据实争辩，又适度退让，达到双赢。

4. 处理商务纠纷的礼仪

（1）处理工商企业之间纠纷的礼仪

工商纠纷是工商企业之间由于经济利益矛盾形成冲突发展而产生的。矛盾双方的关系由合作深化为对立，处理上的做法与普通贸易谈判有所不同。

处理商务纠纷的原则

1）遵循对等原则。处理工商纠纷的谈判是双方主动的双向沟通过程，它需要协调矛盾各方利益关系，达到解决纠纷的目的，一般要组织谈判组。企业在派出己方代表时，应根据对方的基本情况，细心斟酌，派出人员在人数、职级、权限等方面大致与对方对等。中途不要更换主要代表，否则已取得的谈判成果可能不被对方承认，还会被认为没有诚意、言行无一致性。

2）注意外表和细节。谈判代表以穿正式场合服装为宜，使自己整洁大方，以严肃、自信、有责任的形象出现在对方面前。

有关会谈的时间、地点、程序等细节问题，应在正式会谈前协商好，如果不影响己方的实质利益，在安排细节问题上应尽可能让对方满意。

3）不卑不亢、语言文明。谈判双方无论企业大小、实力强弱，都地位对等，各有优势，谈判者要持不卑不亢的态度。谈判语言和交际用语要文明，在非正式接触中多用礼节性交际用语。这种语言的特点是中性、礼貌、圆滑、带有较强的装饰性，一般情况下无实质内容，主要是缓和对立情绪。

4）不打断对方陈述。对方陈述时，应留意倾听，认真记录，注意自己的表情、坐姿、动作，保持全神贯注的状态。千万不要打断对方的陈述，不要插话解释或辩论，这会引起对方极大的反感，甚至会发生争吵。有必要针对对方的陈述做出说明或提出不同看法，应在对方说完后从容发言。

5）保护对方自尊。处理商务纠纷的谈判比一般的贸易谈判有更强的对抗性，但谈判者言行要有分寸，注意保护对方自尊，即使对方的观点和提供的材料有明显错误，也不要得理不饶人，否则会导致对方恼羞成怒，出现情绪化的对抗，不利于解决问题。妥当的办法是客观陈述事实，使对方体面后退，不伤及对方自尊心地修正观点。

（2）处理与管理部门纠纷的礼仪

工商企业的法人地位一旦确立，就必须受到国家行政机关的管理，如工商、税务、物价等经济行政管理部门和企业所在地政府部门。在管理过程中，如果企业对管理部门认定的事实和因之做出的对企业的处理处罚决定不服，就会发生纠纷。在处理过程中，除遵从一般交往礼仪和谈判礼仪外，还应注意以下几点。

1）服从管理。国家各行政管理部门对企业进行管理的依据是有关法律法规。商务人员首先要明确行政管理部门的处理处罚决定具有法定效力，企业不得以任何理由拒不执行。有关人员执行公务，代表的是国家管理机构，其尊严和安全也是不可侵犯的。因此，对已做出的处理处罚决定都必须无条件服从，严格履行义务。尊重执行人员，主动配合他们的工作。与其接触时，言谈举止谨慎严肃，保持一定距离，不可过于随便。

2）积极沟通。在纠纷调查处理过程中，企业要本着实事求是的原则，主动向有关部门反映情况，提供证据，协助调查，并积极沟通矛盾双方的思想，在解决问题的过程中克服对立情绪，不扩大事态，争取圆满结束。

3）按合法程序解决问题。如果企业认为自己的合法权益受到行政机关具体行政行为的侵犯，用其他办法不能制止的时候，解决争议的最终手段是向该行政机关的上级机关申请行政复议或直接向法院提出行政诉讼。这些行动都必须按合法程序进行。

① 遵从法定起诉期限，期限按不同情况分为 5 日、15 日、30 日、3 个月、含行政复议 2 个月等四种情况。其适用范围有法规条文，不可违限。

② 诉讼期间，法律规定原行政处理处罚决定不停止执行，企业不可以提出行政诉讼为理由拒不执行，如确有必要，可申请法院裁定暂停执行，以免造成更大损失。

（3）处理与顾客之间纠纷的礼仪

在商品销售过程中，有时会发生商务人员与顾客之间的纠纷。其原因既可能是商品质量问题，也可能是买方或卖方的不当行为。不论是哪种原因，营销者都必须妥善处理，以维护企业声誉。

与顾客之间发生纠纷的预防方法

1）热情接待投诉的顾客。顾客投诉的方式有电话投诉、信件投诉和登门投诉三种。热情接待投诉的顾客，是妥善处理与顾客之间纠纷的开端。

接待电话投诉应注意礼貌用语，做好记录，倾听顾客投诉时要耐心倾听，并不时以“嗯”“请接着讲”或简单重复顾客陈述中的一两个字，表示在仔细听，听完后告知顾客已记录，待调查核实情况后尽快处理，请顾客留下姓名、地址、电话号码。

接到顾客投诉信应立即登记分类，包括收信日期、投诉人情况、投诉事宜，尽快与有关部门沟通处理。

顾客登门投诉时一般带着强烈的对立情绪。热情接待是缓解对立情绪的第一步。接待人员不可把投诉者当成“来找麻烦的”，应像接待宾客一样让座、倒茶，不要立即审问式地说话，而是让投诉者稳定情绪后再诉说。

2）耐心倾听。顾客投诉一般带着对立情绪，很难心平气和、有条有理地叙述，接待人员应体谅顾客的心情，耐心倾听，中途不要打断，并用态势语做出适当的呼应，表明自己在认真听。

对顾客的误解不要急于辩解，对顾客的过分言行要采取克制态度，避免酿成激烈争吵。应该看到，顾客倾诉不满也是他们宣泄怒气的过程，接待者的耐心有助于他们逐渐恢复理智。

还应注意同时做记录，待顾客说完后复述要点请顾客确认，这样一则可给顾客留下严肃认真的印象，二则不会误解顾客的意思。

3）及时处理。处理顾客投诉者首先要调查、核实，并做分析，此时会发现，造成顾客投诉的根本原因并不多。这时就可以很快解决问题。

一是要婉转地澄清事实，及时向客户做出解释说明，消除误解。但不要正面指责，应用"我们理解你的心情，但是……"这一类语言。二是对商品的使用和保养提供追加性指导，用实际行动使顾客放心满意。三是如果实属卖方问题，不要回避责任，应真诚道歉并迅速采取措施，求得顾客的合作和谅解。如处理过程较长，应时常将处理情况告知顾客，以使其安心。最后还要对顾客说："您看还有什么意见？"

4）礼送顾客。无论问题的处理结果如何，顾客离开时，都应礼貌送客。而不是居高临下地坐着对投诉者说："就这样吧。你明天再来。"

4.2.3 商务仪式礼仪

商务仪式是企业为了庆祝或纪念某个重要日子、重大事件而举行的气氛热烈而又隆重的仪式，如开业典礼、剪彩仪式、签字仪式、奠基仪式、交接仪式等。专题活动是一定社会组织为了达到某种目的，有计划、有针对性地组织的一种公关活动，如商品展览会、新闻发布会、业务洽谈会、宴会等。举办商业仪式与专题活动，既可表明企业对此项活动庄重、严肃的态度，又可借此扩大企业的社会影响，提高企业的知名度和美誉度。如果企业能抓住这个有利时机，借助商业仪式与专题活动的特定内容、主题和场景气氛来树立企业形象，往往会收到意想不到的效果。

1. 开业典礼

开业典礼是现代商业活动中，各类企业、商场、酒店等在成立或开张时，经过精心策划，按照一定的程序专门举行的一种庆祝仪式，以达到宣传自己，扩大传播范围，塑造企业良好形象的目的。一个成功的开业典礼可以很好地体现企业的组织能力、社交水平及文化素质，是企业发展的一个里程碑。

（1）开业典礼的准备工作

开业典礼的准备工作是开业仪式的基础工作。"凡事预则立，不预则废。"准备工作充分与否直接影响开业典礼能否成功。开业典礼要从以下几个方面做好准备。

1）做好舆论宣传工作。企业可运用传播媒介在报纸、电台、电视台发布广告，或在告示栏中张贴开业告示，以引起公众的注意。这些广告或告示的内容一般包括开业典礼举行的日期、地点、企业的经营范围及特色、开业的优惠情况等。开业广告或告示一般宜在开业前的3～5天发布。另外，企业还可邀请记者在开业仪式举行之时，到现场进行采访、报道，予以正面宣传。

2）确定出席人员。一般来讲，参加开业典礼的人士包括以下几类。

① 上级领导。邀请他们参加主要是为了感谢给予本单位的关心、支持。

② 社会名流。通过“名人效应”，更好地提高本单位的知名度。

③ 新闻界人士。通过他们公正的报道，加深社会对本单位的了解和认同，进一步扩大单位的社会影响。

④ 同行业代表。邀请他们表明希望彼此合作、促进本行业共同发展的愿望。

⑤ 社区负责人。通过他们搞好单位与本地区的关系，让更多的人关心、支持本企业的发展。

3）发放请柬。出席开业典礼的人员一旦确定，应提前一周发出请柬，便于被邀请者及早安排和准备。请柬的印刷要精美，内容要完整，文字要简洁，措辞要热情。被邀请者的姓名要书写整齐，不能潦草。一般的请柬可派员工送达，也可通过邮局邮寄，给有名望的人士或主要领导的请柬应派专人送达，以表示诚恳和尊重。

4）安排接待工作。在举行开业典礼的现场，一定要有专人负责来宾接待工作，一般由年轻、精干、身材和相貌较好的男女青年员工承担，主要负责来宾的迎送、引导、陪同、招待等。在接待贵宾时，须由本单位的主要负责人亲自出面。搞好接待服务工作，可以使来宾感受到主人的尊重和敬意，会给来宾留下深刻的印象。因此，开业仪式前要认真安排，并对接待人员进行系统培训。

5）布置环境。开业典礼一般在商场、单位的门口举行。为了烘托出热烈、隆重、喜庆的气氛，可在现场悬挂“商场开业典礼”“公司隆重开业”的横幅，两侧布置来宾送的贺匾、花篮，会场四周还可悬挂彩灯、气球等。此外，来宾签到簿、本单位的宣传材料、待客的饮料等应提前备好。对于仪式要使用的音响、照明设备也要事先认真检查、调试，以确保开业典礼的顺利进行。值得一提的是，开业典礼的场地选择不能妨碍交通，音响设备的调试以不制造噪声为宜，不能为了烘托气氛而过于热闹，否则会影响开业典礼的效果，甚至破坏企业的形象。

（2）开业典礼的程序及礼仪要求

开业典礼活动所用的时间不长，但事关重大，所以对典礼活动的程序安排及人员要求都很严格。

1）开业典礼的程序。典礼程序是指典礼活动的进程。典礼的效果如何主要由程序决定，因此，拟定程序要完整、协调，符合礼仪要求。一般情况下，典礼程序由以下几项组成。

① 迎宾。接待人员在会场门口接待来宾，请来宾签到后，引导来宾就位。

② 典礼开始。主持人宣布开业典礼正式开始。全体起立，奏国歌，宣读重要嘉宾名单。

③ 致贺词。由上级领导和来宾代表致祝贺词，主要表达对开业单位的祝贺，并寄予厚

望。贺词由谁来讲事先要定好，以免当众推脱。对外来的贺电、贺信等不必一一宣读，但对其署名的单位或个人应予以公布。

④ 致答谢词。由本单位负责人致答谢词。其主要内容是向来宾及祝贺单位表示感谢，并简要介绍本单位的经营特色和经营目标等。

⑤ 揭幕。由本单位负责人和上级领导或嘉宾代表揭去盖在牌匾上的红布，宣告企业正式成立。参加典礼的全体人员鼓掌祝贺，在非限制燃放鞭炮地区还可放鞭炮庆贺。

⑥ 参观。如有必要，可引导来宾参观，介绍本单位的主要设施、特色商品及经营策略等。

⑦ 迎接首批顾客。可以采取让利销售或赠送纪念品的方式吸引顾客，也可以选择有代表性的消费者参加座谈，虚心听取消费者的意见，拉近与消费者的距离。

以上程序可视具体情况有所增减，无须照抄硬搬。总之，开业典礼的整个过程要紧凑、简洁，避免时间过长、内容杂乱，使来宾产生不快。

2）参加开业典礼的礼仪要求。

① 企业方礼仪。对于开业典礼的组织者来说，整个过程都是礼待宾客的过程，每个人的仪容仪表、言谈举止都关系到企业的形象。假如有的人在仪式中精神风貌不佳，不讲究穿着打扮，行为举止不当，很容易给本单位的形象带来负面影响。因此，作为开业方的出席者，在参加开业典礼时应注意以下几点。

a．仪容要整洁。所有出席本单位典礼的人员，事前都要做适当修饰，女士要适当化妆，男士应梳理好头发，剃掉胡须，任何人不得蓬头垢面、胡须满面。

b．服饰要规范。有条件的单位最好着统一式样的服饰，没有条件的，应要求每个人穿着礼仪性服装，即男士穿深色西装或中山装，女士穿深色西装套裙或套装。绝不能在服饰方面随意，给人凌乱的感觉。

c．准备要充分、周到。请柬的发放应按时，不得有遗漏。要讲究席位的安排，一般按身份与职位高低确定主席台座位次及贵宾席位。为来宾准备好迎送车辆等。

d．要遵守时间。出席本单位开业典礼的每一位人员都应严格遵守时间，不得迟到、无故缺席或中途退场。如果仪式的起止时间已经公布，主办单位应准时开始、准时结束，向社会证明本单位是言而有信的。

e．态度要友好。遇到来宾要主动热情地问好，对来宾提出的问题应给予友善的答复。当来宾发表贺词后，应主动鼓掌表示感谢，不能起哄、鼓倒掌，不能随意打断来宾的讲话、向其提出挑衅性的质疑，或是对来宾进行人身攻击。

f. 行为要自律。主办方人员的得体举止，可以充分展示本单位文明礼貌、礼尚往来的良好风范。典礼过程中，主办方人员不得嬉笑打闹，不得做与典礼无关的事，如看报纸、织毛衣、打瞌睡等。不要东张西望，一再看时间，表现得心不在焉。

② 宾客礼仪。参加开业典礼的宾客也要注意自己的礼貌礼节，尽量做到以下几个方面。

a．要准时参加开业典礼，为主办方捧场。如有特殊情况不能到场，应尽早通知主办方，不要辜负主人的一番好意。

b．宾客在开业典礼前或开业典礼时，可送贺礼，如花篮、镜匾、楹联等以表示对开业方的祝贺，并在贺礼上写明庆贺对象、庆贺缘由、贺词及祝贺单位。

c. 见到主人应向其表示祝贺，并说“顺利”“发财”“兴旺”的吉利话。入座后应礼貌地与邻座打招呼，可通过自我介绍、互换名片等方式结识更多的朋友。

d. 在典礼上致贺词时，要简短精练，不能随意发挥以拖延时间，而且要表现得沉着冷静、心平气和，注意文明用语，少用含义不明的手势。

e. 在典礼过程中，宾客要根据典礼的进展情况，做一些礼节性的附和，如鼓掌、跟随参观、写留言等。

f. 典礼结束后，宾客离开时应与主办单位领导、主持人、服务人员等握手告别，并致谢意。

2. 剪彩仪式

剪彩仪式是有关的企业或单位为了庆贺成立、开业，大型建筑物落成，道路、桥梁首次通车，大型展销会、博览会开幕等而举行的一种庆祝活动。它可以在开业典礼中进行，也可以单独举行，最终目的是树立良好的形象，引起社会各界的关注。

剪彩仪式源于一次偶然事件。1912 年美国的圣安东尼奥州的华狄密镇有一家大百货公司将要开业。开张当天，老板按当地风俗在开着的店门前横系一条布带，防止公司未开张前有闲人闯入。这时，老板的 10 岁女儿牵着一条哈巴狗从店里匆匆跑出来，无意中碰断了这条布带，等在门外的顾客以为这是该店为了开张志喜表演的“新把戏”，便蜂拥而入，争先购物，生意兴隆。不久，当老板的一个分公司开张时，想起第一次开张时的盛况，老板又如法炮制，这次是有意让女儿把布带碰断，果然财运又很好。于是，人们认为公司、店铺开张时，让女孩碰断布带是一个极好的兆头，都争相效法。后来，人们用彩带取代了颜色单一的布带，并用剪刀剪断，执行人由小女孩改成年轻的姑娘，后又由当地官员或社会名流所替代，人们还把这种做法正式取名为“剪彩”。时至今日，剪彩已风靡全球，成为商务公关、开业志庆的一种重要仪式，并形成了一整套礼仪规范和要求。

（1）剪彩的筹备工作

剪彩仪式的筹备工作与开业典礼的准备工作有相同之处，如舆论宣传、请柬发送、场地布置、灯光与音响的准备、人员的培训等。这些工作必须认真细致、精益求精。除此之外，还应做好以下准备工作。

1）剪彩用具的准备。剪彩仪式上需要一些特殊的用具，如红色缎带、新剪刀、白色薄纱手套、托盘及红色地毯等。对这些用具要做到恰当地选择、仔细地准备。

① 红色缎带。它即剪彩中的“彩”，是非常重要的物品。按传统做法，它应由一整匹未使用过的红色绸缎，在中间扎上几朵大而醒目的红花构成。现在为了节约，一般使用 2 米左右的红缎带、红布条作为变通。

② 新剪刀。它是专供剪彩者剪彩时使用的，必须是剪彩者人手一把，而且是崭新、锋利的，避免因剪刀不好用，让剪彩者出洋相。

③ 白色薄纱手套。它是供剪彩者剪彩时戴的，以示郑重，但一般情况下可以不准备。

如果准备，就要确保手套洁白无瑕、人手一副、大小适度。

④ 托盘。它是供盛放剪刀、手套用的，最好是崭新、洁净的，通常首选银色的不锈钢制品。为了显示正规，还可在使用时铺上红色绒布或绸布。在剪彩时，礼仪小姐可以用一只托盘依次向各位剪彩者提供剪刀和手套，也可以为每一位剪彩者均提供一只托盘。

⑤ 红色地毯。主要铺设在剪彩者正式剪彩时的站立之处，其长度可视剪彩者人数的多少而定，宽度则不应少于 1 米，在剪彩现场铺设红色地毯，主要是为了提高仪式档次，营造一种喜庆的气氛。有时也可不铺设地毯。

2）剪彩人员的选定。在剪彩仪式中，参加剪彩的人员除主持人之外，还要选定剪彩者和礼仪小姐。

① 剪彩者的选定。剪彩者是在剪彩仪式上持剪刀剪彩之人，他的身份职位与剪彩仪式的档次高低有着密切的关系，因此，剪彩仪式开始前要慎重选好剪彩者。通常情况下，可从上级领导、单位负责人、社会名流、合作伙伴、员工代表中选定。剪彩者的人数可以是一人，也可以是多人，但一般不超过 5 人。

剪彩者名单一经选定，应尽早告知对方，并争得对方的同意。如果是由多人同时担任剪彩者时，还应分别告知是何人与他同担此任，这样做是对剪彩者的尊重。

② 礼仪小姐的选定。为了增加剪彩仪式热烈而隆重的喜庆气氛，往往可以邀请几位专业礼仪小姐，或由东道主一方的女职员担任礼仪小姐，他们主要负责引导宾客、拉彩带、捧花、递剪刀等工作。礼仪小姐一般要求文雅、大方、庄重，穿着打扮尽量整齐划一，化淡妆，盘起头发，统一穿着红色旗袍或西式套装。

（2）剪彩程序

独立举行的剪彩仪式通常包括以下五项基本程序。

1）请来宾就座。一般情况下，剪彩者应就座于前排。若数人剪彩时，应按剪彩时的顺序就座，即主剪者居于中间，距主剪者越远，位次越低，且右侧位次高于左侧。

2）宣布仪式开始。在主持人宣布剪彩仪式开始后，全场起立，奏国歌。此后，介绍到场的重要嘉宾，并对他们表示谢意。

3）进行简短发言。发言者依次为东道主单位的代表、上级主管部门的代表、合作单位的代表等。发言内容要言简意赅，并富有鼓动性，使场面隆重而热烈。

4）进行剪彩。当主持人宣布进行剪彩后，礼仪小组先上台。拉彩者将红色缎带拉直，托盘者站在拉彩者身后 1 米左右，然后剪彩者上台进行剪彩。此时，全体人员热烈鼓掌，必要时还可奏乐或燃放鞭炮。

5）陪同参观。剪彩后，主人应陪同来宾参观被剪彩之物。随后，还可向来宾赠送纪念性礼品，或设宴款待来客。

（3）剪彩者的礼仪要求

剪彩者是剪彩仪式的主角，他的举止直接关系到剪彩仪式的效果和企业形象。因此，作为剪彩者既要有荣誉感，又要有责任感。剪彩者应注意以下几点礼仪要求。

1）注意仪容仪表。剪彩者的着装要正规、严肃，一般着西装、中山装或职业制服。头发要梳理好，颜面要洁净，不可戴墨镜，给人的感觉应是容光焕发、精干而有修养。

2）举止要大方文雅。剪彩过程中，剪彩者要使自己保持一种稳重的姿态，做到快而不慌、忙而不乱。当主持人宣布开始剪彩时，剪彩者要面带微笑、步履稳健地走上主席台，面向彩带。当礼仪小姐用托盘呈上剪刀时，要用微笑表示谢意。剪彩带时，要聚精会神、严肃认真地一刀剪断。如果几位剪彩者共同剪彩，应力争同时剪断彩带。另外，剪彩者还应与礼仪小姐配合，让彩球落于托盘内。剪彩者把剪刀放回托盘后，应转身向四周的人们鼓掌致意，并与主持人和其他主人一一握手，以示祝贺。

3）谈笑要有节制。当主持人宣布剪彩仪式开始后，剪彩者应立即中断与其他人的交谈，全神贯注地听主持人讲话。其间，可与邻座低声耳语一两句。剪彩者向四周人们鼓掌致意后，可与主人进行礼节性的交谈，或与其他剪彩者进行赞赏性的交谈，但时间不宜过长。在仪式过程中，剪彩者不能因为自己地位高对事情妄加评论，无休止地高谈阔论或大声谈笑。否则，都是很失礼的。

3. 签字仪式

签字仪式是商务活动中合作双方或多方经过协商或谈判，就彼此之间进行商务活动、商品交易或某种争端达成协议订立合同后，由双方代表正式在有关的协议或合同上签字的一种庄严而又隆重的仪式。签字仪式的举行可以表示双方共同遵守协议的诚心，也可以扩大双方的社会影响力。

（1）签字仪式的准备工作

1）准备好待签文本。举行签字仪式时，文本一旦签字就具有法律效力。因此，对文本的准备一定要郑重、符合要求。

仿照商界的习惯，待签文本的准备由举行签字仪式的主方与有关各方指定的专人共同负责，主要完成待签文本的定稿、翻译、校对、印刷、装订和盖火漆印等工作。准备文本的过程中，除要核对谈判协议条款与文本的一致性以外，还要核对各种批件、证明等是否齐备，是否与合同相符等。按常规，应为在文体上签字的有关各方均提供一份待签文本，必要时，还应为各方提供一份副本。审核中如发现问题要及时通报，通过再谈判，达成谅解和一致，并且应调整签约时间。

签署涉外合同时，仿照国际惯例，待签文本应同时使用有关各方的母语，或使用国际上通用的英文和法文。在撰写外文合同文本时，应字斟句酌、反复推敲，不要望文生义而乱用词汇。

待签文本应用高档、精美的纸张印刷，按大八开的规格装订成册，并用真皮、仿皮、软木等高档质料作为封面，以示郑重。

2）确定好签字人员。举行签字仪式之前，有关各方应事先确定好参加签字仪式的人员，并向有关方面通报，尤其是客方要将出席签字仪式的人数提前通报给主方，以便主方做好安排。主签人员的确定随文件性质的不同而变化，有的由国家领导人主签，有的由政府有关部门领导人主签，还有的由具体部门负责人（通常是法人代表）主签，不管怎样，双方主签人的身份应大体相当。参加时为文本翻页，并指明签字处，防止漏签。其他出席签字仪式的陪同人员，基本上是参加谈判的全体人员，人数以相等为宜。为了表示对所签合同、协议的重视，双方常对等邀请更高一级的领导人出席签字仪式。

3）布置好签字现场。我国在布置签字现场时，一般在厅内设一长方桌作为签字桌，桌面覆以深绿色的台呢布（但要注意各方的颜色禁忌），桌后放两把椅子，双方签字人员的座位安排是以面对正门的方向为准，右为客人，左为主人。座位前摆列各自保存的文本，上端分别放置签字笔、吸墨器等签字文具。如与外国商人签署涉外合同时，需在桌子中间摆一旗架，悬挂双方国旗。双方参加仪式的其他人员，排列于各自主签人的座位后面，助签人员站立于各自主签人的外侧（图4-1）。

有的国家在举行签字仪式时，现场布置与我国略有不同。有的设置两张签字桌，双方主签人各占一桌，双方的国旗分别悬挂在各自的签字桌上（图4-2）。

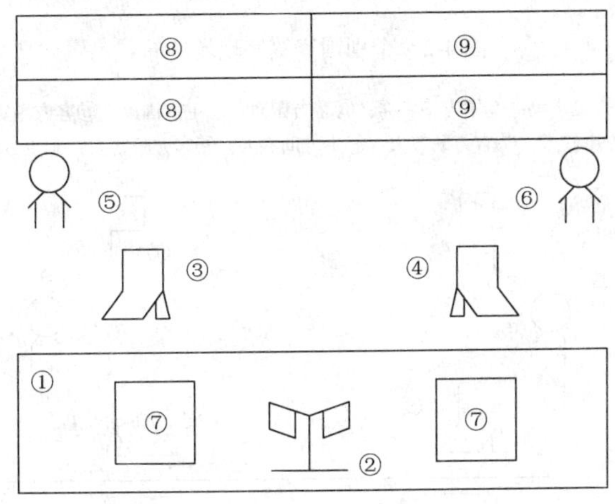

图4-1　我国签字现场的布置

①签字桌；②双方国旗；③客方主签人；④主方主签人；⑤客方助签人；
⑥主方助签人；⑦双方文本；⑧客方陪签人；⑨主方陪签人

有的签字现场虽使用一张签字桌，但双方参加仪式的人员坐在签字桌的前方两侧，双方国旗悬挂在签字桌的后面（图4-3）。

不论签字现场怎样布置，总的原则应是庄重、整洁、清静。地上可铺设地毯，签字桌的上空可悬挂横幅，写有“××××（项目）签字仪式”的字样。签字桌上的台呢不能有破洞，不能使用破旧的桌椅，室内空气要保持新鲜，厅内光线要保证明亮。

（2）签字程序

1）就座。参加签字仪式的有关人员进入签字厅后，主签人按主左客右的位置入座，助签人站在主签人的外侧，其他人员以职位、身份高低为序，客方自左向右，主方自右向左，分别站立于各主签人的后面。当一行站不下时，可遵照“前高后低”的原则排成两行以上。

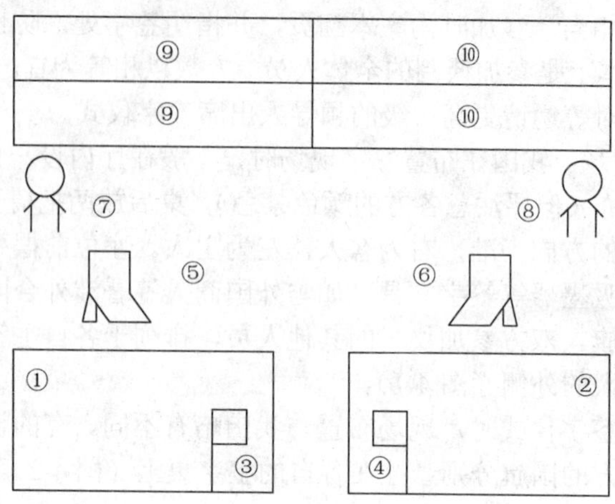

图 4-2　个别国家签字现场的布置

①客方签字桌；②主方签字桌；③客方国旗；④主方国旗；⑤客方主签人；⑥主方主签人；⑦客方助签人；⑧主方助签人；⑨客方陪签人；⑩主方陪签人

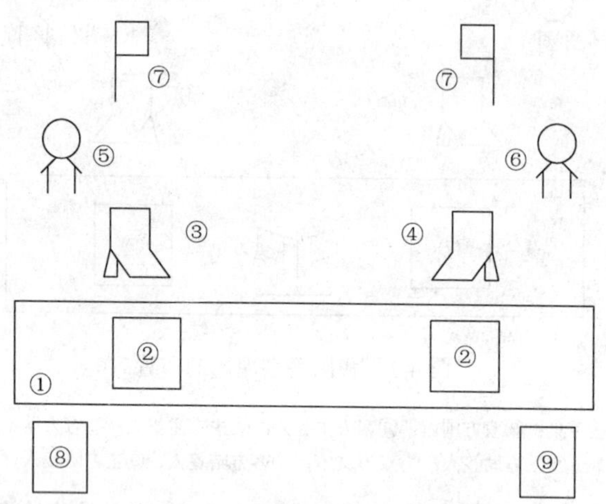

图 4-3　个别签字现场的布置

①签字桌；②双方文本；③客方主签人；④主方主签人；⑤客方助签人；⑥主方助签人；⑦双方国旗；⑧客方陪签人；⑨主方陪签人

2）正式签字。签字时，应按国际惯例，遵守“轮换制”，即主签人首先签署己方保持的合同文本，而且签在左边首位处，这样使各方都有机会居于首位一次，以显示各方平等、机会均等。然后由助签人员互相交换文本，再签署他方保存的文本。

3）交换文本。签字完毕，由双方主签人起立交换文本，并相互握手，其他陪同人员鼓掌祝贺，仪式达到高潮。随后，由礼宾人员端上香槟酒，供双方出席签字仪式的人员举杯庆贺。

4）退场。签字仪式完毕后，应先请双方最高领导者退场，然后请客方退场，东道主最后退场。整个仪式以30分钟为宜。

一般情况下，商务合同在正式签署后，还应提交有关方面进行公证才正式生效。

签字排位见图4-4。

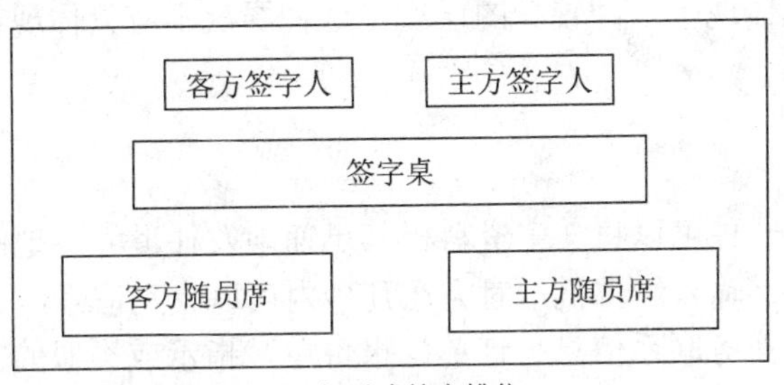

（a）相对式签字排位

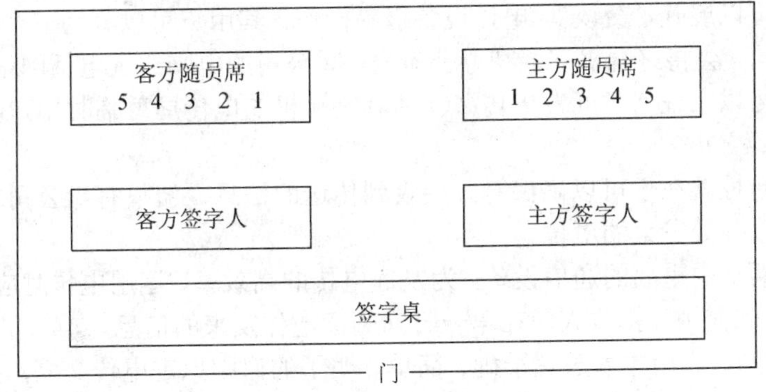

（b）并列式签字排位

图4-4 签字排位

4.2.4 商务通信礼仪

1．使用手机的礼仪

手机的使用打破了空间的限制，特别是手机体积小、便于携带，深受业务繁忙的流动人员的喜爱。手机使用者如何体现自己的“层次”，主要看其是否注重使用手机的礼仪要求，以便以文明的意识和举止来塑造自己高层次的形象。

首先，在严肃、安静的特定场合应关闭手机，或关闭振铃，以免突然响起振铃声影响他人，破坏周围的气氛。这种场合主要指阅览室、剧场、音乐厅、会议室、法庭、课堂等。

其次，在飞机上应关闭手机，以免干扰通信，影响飞行安全。在汽车加油时关闭手机。此外，在开机使用前，还应该注意周围是否有禁止无线电发射标志。

再次，在人员较多的场合使用手机，应侧背过身去通话，或找一个僻静的场所，这样既可以使通话清晰，也不会影响他人交谈。另外，使用手机通话的时间不宜过长，力求简单、明了。

最后，讲究手机携带的文明。不应整天将手机拿在手里。正确的携带方法是将其放在包内，这样既安全又雅观，而且更加便于携带。

总之，使用手机体现了一种较高的层次，这种层次不应只体现在经济上，还应体现在个人素质和修养上。

2. 电传

电传（telex）是一种可以将文字资料极其迅速地发往世界各地的通信方式。其操作方法简单地说就是将文字输入终端机，对方在几秒内可以收到信号。

电传很适合传送业务联系信息、订单、报价单、指示或类似的文字资料。这些资料无论是在白天还是夜晚都可以随时输入。这种通信方式往往要求对方立即做出反应。所以，电传用户之间可以展开“交谈”。电传设备极易操作，其用户可以分为三个级别：①需要大量发电传的公司，会将终端机安装在办公室内；②公司的电脑通过电话网络同电传局连接，此种用户仍然可以在任何时间发电传；③拥有终端机的电传局替临时用户收发电传。每次使用时，用户要交费。

电传的优越性就在于可以确保对方接收到传送的信息，但只有当公司本身拥有电传设备才有可能接收别处发来的电传。

作为商务活动中重要的通信设备，为发挥电传的高效率，运用电传时应注意以下几点。

1）根据国际惯例，接收人应在第一时间阅读电传发来的信息。

2）发电传的一方应本着表达准确、简单、明了的原则拟定电传文稿，并且应将电传发给某个特定的人。同时要在电传的文稿开关处交代清楚此份电传的主要意图。这是因为电传本身具有这种特性，表达了一定程度的紧迫性，应该立刻采取某种必要的行动，否则，发电传就失去了意义。

3）要熟练使用和爱护电传设备。特别是本公司安装了电传设备，应安排专人负责。

4）接收人在收到对方的电传后，应立即回发电传。因为这种通信方式往往要求对方立即做出反应，否则，有失尊重。

3. 传真

传真（fax）可以用来将各种文件，如文章、复杂的数据资料、照片或设计图等，从某一地点传送到另一地点。

传真机将准备发送的文件扫描，然后转换成电信号，通过电话线传送到对方的终端机。这时，对方就获得一份与原件完全一样的复印件。

传真很易操作，只要会用影印机和电话即可。传真的传送速度非常快，一般的传真机可以在不到1分钟的时间里传送一面A4纸的内容，而最先进的传真机大约只需20秒。随着传真技术的不断改进完善，其清晰度日益提高，其大有逐渐取代电传地位的趋势。

在使用这种先进通信设备时应注意：当使用公众传真设备，即利用电信部门设立在营业所内的传真机，由电信营业员将文字、图表等图文资料通过市话线路或长途电话线路传送给对方，此时，应按程序办理，注意使用礼貌用语，交发的图文资料应清晰。当使用自备的传真设备时应注意严格按照电信部门的规定办理使用手续。如使用传真设备须经电信部门许可，然后办理使用手续。任何单位和个人均不得私自安装使用；传真机必须配有邮电部门颁发的进网许可证和批文。由国外直接带入的传真机，客户必须到国家安全局登记、检测，然后到电信部门办理使用手续。自备的传真设备应由专人负责，并在使用期间，每月按规定到电信部门交纳使用费。

4. 电函

函，即信件之意，电函是指运用现代通信设备，如电传、传真、电报等传递信件的方式。由于电传、传真、电报等现代通信设备具有方便、快捷的特点，因此现代信件或文稿的传递，特别是业务往来的文稿、信件已摆脱了以往的信件邮递方式，而采用更为快捷、方便的电函形式。

电函，作为更为先进的通信手段，其书写更为规范，比普通信函要求更为严格，特别是借助于电信部门的传真或电传设备，由电信营业员发送文稿与信件，更要求操作程序及书写的规范化。所以，商务人员应熟悉其使用的礼仪常规，为日常交际和业务往来服务。

首先，从内容上应规范，有些格式严格按照电信部门的要求书写。另外，要注意意思清楚，表达准确，同时应简单明了，因为从经济角度讲，电传、传真费用大大高于普通信件邮寄。有关电报、电传的书写，电信部门有统一规定，在使用前先了解其使用规定。

其次，电函如需及时答复的，必须在接到电函后立即回执电函。

再次，进行电函联系时，要考虑电传与传真的时效性。单传的文字资料使用电传较为合适，如果发送图片或较为复杂的数字资料，则必须使用传真设备。

最后，在使用电信部门的通信设备发电函时，要注意礼节礼貌，用前问候，用后致谢。

总之，商务人员应了解电函与普通信件的不同，掌握其使用礼仪常规，更好发挥其方便、快捷的优势。

5. 礼仪电报

（1）礼仪电报的种类

礼仪电报是一种公众电报特别业务，包括庆贺、请柬、吊唁、鲜花电报等。

1）庆贺电报。庆贺电报是当亲朋好友或单位之间遇有结婚喜庆、生日寿辰、节日问候、事业成就、会议召开、开业庆典等各种喜庆事件，向对方表示祝贺、勉励时使用的电报业务。电信部门为此设计了专用的电报卡（包括封套），有数十种，风格多样。

2）请柬电报。请柬电报是当亲朋好友之间遇有新婚典礼、生日寿辰等喜庆活动，以及各机关、厂矿、公司、团体等企事业单位遇有学术交流、产品鉴定、工商贸易、业务洽谈、展销等会议召开，再如工程竣工、新厦落成开幕开业，校厂店庆、周年纪念等庆典活动需要嘉宾参加时所发的电报。

请柬电报分为三种精致美观的请柬卡，分别是“鲜花请柬卡”“礼花鲜花酒杯请柬卡”“金色请柬卡”，高雅、热情，体现了邀请者的真诚和郑重。

3）吊唁电报。吊唁电报可供发报人表达对逝者的深切悼念、缅怀、思念之情，给亲属以宽慰。

4）鲜花电报。鲜花电报是礼仪电报的一种形式，用户在电信营业窗口向木地或异地的亲友拍发鲜花电报，收报局即代为用户送鲜花电报。鲜花的各类分为A、B、C、D四种，供发报用户选用。鲜花电报的费用由电报费、特别业务费和鲜花费三部分组成。

（2）拍发礼仪电报的一般要求

1）及时。礼仪电报时效性很强，如果错过特定的时间，就失去了意义。一般应在特定时间的当天或前一天为佳。

2）准确。礼仪电报填写要准确，主要指收报人的地址、姓名必须准确无误，保证邮递准时投递。电报内容简单扼要，用户准确。电信部门按一般用语习惯，选编了一批礼仪电报的常用词语，在选用时要慎重考虑，不可张冠李戴，闹出笑话。

选择礼仪卡要准确。礼仪卡的选择首先考虑与内容相符合。不能出现将生日使用的电报卡误作结婚电报卡使用等类似的笑话。

6. 明信片、贺卡

在现代社会生活中，明信片与贺卡经常被用来表达相互间的情感交流。

（1）明信片

明信片是联络感情、交流信息的一种形式。明信片方便简单，适应当今生活的快节奏。目前，明信片已被广泛应用于人们的社交活动中，可以发展友谊、表示祝贺、传递信息。

明信片的一面是摄影照片或图案，另一面书写收件人的姓名地址和寄件人所写的简短信息。写明信片的语言要简洁明了，不必有太多的客套话，更应坚决杜绝无意义的话。同时，明信片具有不保密性的特点。所以明信片中的书写内容不应涉及自己或他人的隐私。

明信片的选择应考虑与对方的关系和本人想向对方表达的心愿。当今明信片的精品很多，有的人喜欢风景胜地的景观图案，也有的人喜欢严肃庄重的图案或艺术品图案等。究竟选择哪种，要取决于对方的关系及寄明信片的目的。

（2）贺卡

贺卡指各类贺年卡、圣诞卡、生日卡、情人卡等贺卡，它被广泛地用来表达赠送者庆贺之情。

贺卡被人钟爱有很多方面的原因，主要是贺卡便于表情达意、传递信息，且便于邮寄，形式简单，而且价格低廉，便于保存。同时，由贺卡画面和词语所构成的价值是一种很好的精神产品。它能提高人生境界，增强社交效果，推动人际关系走向健康纯洁。

贺卡的种类很多，如情人卡、教师卡、谢卡、探病卡、公司合作卡等，应准确选用贺卡。

贺卡也可以自己制作。自己制作贺卡的好处是可以依对方的喜好和自己的愿望，发挥想象和创造力，制作出最称心如意、最能表达自己情感的贺卡。自己手工制作的贺卡往往比购买的印刷贺卡具有更大的价值，更受到收件人的珍惜。

以上是其他通信设备和通信方式的礼仪常规，随着科学技术的高速发展，还会出现更新、更便捷的通信工具，同样要注重其使用规范和礼仪要求，以更好地发挥它们在工作和生活中的联络感情、加深友谊及保持业务往来的作用。

4.2.5 商务接待礼仪

随着商场经济的不断发展，企业与企业之间的业务往来不断增加，对内对外业务交往的涉及面越来越广，企业代表上门拜访或接待来访客户的工作也越来越频繁，并越来越重要。做好商务性拜访、商务性接待工作，必须引起商界人士的高度重视。

1. 商务性拜访

商务活动中，商界人士无法避免要经常前往不同的地方拜访客户。拜访客户的目的是广泛开展业务联系，发展新客户，巩固老客户，不断加强联络，沟通感情。拜访工作要想达到预期效果，商务人员就必须遵守一定的礼仪惯例和规范。

（1）办公室拜访

办公室是工商企业、行政机关及各种社会组织处理往来事务的重要部门。进行商务性拜访时常常要到办公室拜访，做好办公室拜访，应从以下几个方面加以注意。

1）拜访前要预约。拜访时要事先和对方约定好，不要贸然拜访，使对方措手不及，要主动与将要拜访的对象进行联系如打电话，但要在拜访前一周进行，约定的时间和地点应以对方的决定为准。约定好时间后不能失约，要按时到达。也不可过早，否则对方来不及准备。确实因特殊原因不能如约前往时，要及时向对方说明，另行约定时间。

2）拜访前要注意修饰仪表。对于一般性的拜访可不必过分修饰，但如果是比较重要的拜访，应整理头发，刮净胡须，服装要整洁，鞋子要干净，显示出对对方的尊重和对会面的重视。仪容不整、满身脏污地去拜访，是极不礼貌的。

3）到达后要礼貌地进入室内。到达办公室门口，要整理头发和服装，看鞋上是否带有泥土，如果有应当擦一擦。然后用中指关节轻叩门两三下，经允许后方可进入。

4）节省时间进入正题。到办公室拜访，一般是业务性拜访，由于办公室接待工作繁忙，因此双方见面后客套话尽量少说，尽早将话题转到正题，简要说明来意，待对方表示同意并达到目的后，应及时告辞，以免影响对方的工作。

5）礼貌告辞。拜访结束后，应礼貌地告辞，对拜访成功的结果表示满意，对对方的热情接待表示感谢，对进一步接触表示信任和诚意。

（2）宾馆拜访

商务活动中经常有同本企业或个人有联系的外地客商到本地参观、学习、考察或进行其他活动。在得知此消息后，应前往客人下榻的宾馆，进行礼节性的拜访。

1）约定时间。到宾馆拜访客人时，为了不打扰客人的休息和活动安排，也为了让客人有所准备，拜访前应先同对方约定好时间。时间多由对方决定，在约定时间的同时，要问清楚对方下榻宾馆的位置、楼层、房间及联系电话等。

2）服饰整洁。宾馆是较正规的公共场所，进出时服饰一定要整洁。若是穿着不当，有可能被拒之门外，即使不被阻挡，也会招来别人异样的目光。

3）举止有礼。进出高级宾馆大门或上下电梯时，都有服务员提供服务，即使在宾馆的大厅内、走廊上也有服务员服务。对服务员的服务要表示感谢，对服务员的问候要以礼相待，切不可无动于衷，不理不睬。

4）敲门入内。进客人房间以前，要先核对房间号，证实无误后，可轻轻叩门，客人开门后，进行自我介绍，双方身份得到证实，待客人允许进入时，才可入内。

5）遵守宾馆的各项规定。到宾馆拜访客人，应遵守宾馆的各项规定。不在禁止吸烟处吸烟，不在客人房间留宿，不在客人房间内大吵大嚷，不损坏客人房间内的公共设施。遵守宾馆各项规定，既可展示道德水平、礼仪修养，又可给客人留下极好的印象。

另外，到宾馆拜访时，还应注意不要在宾馆的前厅及走廊上跑动，走路时脚步要轻，与服务员或客人讲话时声音要小、态度要友好。对服务员可称“先生”或“小姐”，也可统称为“服务员”。

6）及时告辞。到宾馆拜访客人大都是礼节性的。作为东道主，应热情欢迎客人到来，同时关心客人在生活上、工作上是否有困难，需要提供的帮助。一切安排妥当后，要及时告辞，到宾馆拜访客人时间不宜太长，以不超过 30 分钟为宜。

（3）拜访异性客商

因工作的需要，单独拜访异性客商是常有的事。由于性别的差异，在拜访时应特别注意礼节、礼貌，以免引起对方的误会或其他猜疑，导致影响拜访效果。

1）忌做不速之客。拜访异性客商时要事先约好时间。无论和拜访对象之间是否熟悉，都需要预约，并且最好由对方确定拜访时间，忌做不速之客。这既是为了礼貌的需要，也是为了使对方有所准备，以顺利实现拜访的目的。未曾约定的任何异性拜访多半是不受欢迎的，有时甚至是令人尴尬的。

2）选择合适的拜访时间。对异性客商的拜访在时间的选择上一定要考虑周到，要避免时间过早或过晚，否则会造成对方的不方便，也容易使其他人猜疑和误解。要避开用餐时间，否则往往显得仓促，一般难以较深入地讨论问题，且会造成对方的被动和不快，有碍实现拜访目的。要避开节假日去拜访异性客商，因为多数情况下节假日是不办理公事的，商务活动也不例外，这对外商尤其如此。异性客商在节假日亦有自己的安排，所以非情况紧急、迫不得已，节假日不宜拜访、打扰异性客商。

3）服饰要整洁大方。整洁大方的服饰既能表现个人修养风度，又表达了对拜访对象的尊敬和重视。在拜访异性客商时，对自己的服饰做一番准备是必要的，可以根据被拜访者的身份和拜访的场所等因素进行选择，但不能过分打扮。

4）语言要真诚得体。拜访异性客商时，讲话的态度要自然诚恳，不要闪烁其词，更不要羞怯不安。用语要谨慎，不可乱开玩笑，动作手势不宜幅度过大，保持稳重平和的态度，争论问题需有节制。如果不是代表公司，不向异性客商送任何礼物。

5）适时告辞。拜访异性客商的时间不宜过长，拜访过程中，基本目的已经达到，应选择时机适时告辞。当然不是指15分钟还是1个小时这样一个刻板的规定，而应以拜访进程情况具体而定。过早告辞，会被认为拜访者心不诚，是出于商务上的应付；过迟告辞，又易引起被拜访者的厌烦。所以，要选择恰当时机适时告辞，使拜访工作圆满完成。

2. 商务性接待

接待工作是商务人员的一项经常性工作。随着市场经济的发展，商务活动中的彼此往来日趋频繁，接待工作也随着企业形象意识的增强而讲究规范。商务性接待工作的严谨、热情、周到、细致，会加深客商对企业的了解，从而增强与企业合作的信心，促进双方业务发展。

（1）接待人员的形象

接待人员是展现公司形象的第一人，其接待来访客商时的形象和态度对形成公司整体印象起着非常重要的作用。因此，除了公司选用接待人员时应进行严格的筛选外，接待人员本身也应十分注意自己的形象。

1）仪表端庄，仪容整洁。接待人员应当知道自己作为公司的代表与来访客商做第一接触的重要性，仪表仪容要端庄整洁，服装要干净、平整、大方。应适当化妆，发型不宜过于新潮，珠宝首饰不可佩戴过多，以免有碍工作。

2）言语友善，举止优雅。作为一名接待员，站、坐、行走、举手投足、目光表情，都能反映出自己的文化素养、业务能力，同时也能体现所在单位的管理水平。

3）恪守职责，高效稳妥。接待员要敬业爱岗，开创性地干好自己的工作，兢兢业业、精益求精、讲究效率，减少或杜绝差错。当有客人来访时，要微笑着打招呼，热情地接待好每一位来访者。

（2）接待工作的一般要求

商务性接待工作视来访者的身份、来访目的、接待地点的不同而有所不同。但各类接待的目的是一致的，即让客商感到受尊重，感到企业的诚意，为双方进一步展开实质性合作打下基础。接待工作要注意以下两点。

1）准备工作。接待工作是从接到来客通知后就开始进入准备阶段，这是整个接待工作的重要环节，一般应从以下两个方面着手。

① 了解客人的基本情况。接到来客通知后，首先要了解客人的单位、姓名、性别、职业、级别、人数等；其次要掌握客人的来访目的和要求；最后要问清客人到达的日期、所乘车次或航班的抵达时间。

② 制订接待方案。接待方案一般包括客人的基本情况、接待工作的组织分工、陪同人员和迎送人员的名单、住宿地点、房间、交通工具、活动方式及日程安排等。

2）接待工作实施。客人抵达后进入正式接待阶段，这个阶段除逐项落实接待方案外，还要根据情况的变化随时采取应变措施。接待工作一般包括以下几个方面。

① 迎接客人。一般客人可由业务部门或办公室人员迎接，对于重要客人应安排有关领导前往迎接。去迎接的人员在客人到达前就应到场等候。

② 安排食宿。客人到达后应把客人引到事先安排好的客房。客人住下后，应把就餐的时间、地点告诉来客。对重要客人应安排专人陪同。

③ 协商日程。进一步了解客人的意图和要求，共同商议活动的内容和具体日程。如有变化，及时通知有关部门以便进行工作。

④ 组织活动。按照日程安排，精心组织各项活动。如客人洽谈供货合同，可提前做好各项准备工作，如客人去参观游览，应安排好交通工具和陪同人员。

⑤ 听取意见。在客人活动全部结束后，应安排单位领导与客人会见，听取意见，交换看法。

⑥ 安排返程。根据客人要求订购返程车票，并及时地送到客人手中。送客人到车站作最后告别。

（3）会议接待

会议接待主要由会议筹备、会议前的接待、会议中的服务礼仪和会议善后工作四个环节组成。

1）会议筹备工作。接待大型会议，必须要认真做好会议的筹备工作，以保证会议的顺利进行。

① 确定接待规格。企业召开的会议一般有两种：一是企业内部召开的会议，二是由上级单位召开、本企业承办的会议。由于参加会议的主要领导身份不同，接待规格也不一样。企业内部的会议应尽量俭朴，讲究效率，不拘形式。如果是有上级领导参加的表彰会、庆祝大会，出于对领导的尊重和对外宣传的需要，可将会议举办得隆重。由上级单位主持召开的会议，因邀请各企业代表参加，所以会议规模大、规格高，为了完成高规格的会议接待工作，通常由企业的主要领导抓会议的筹备工作，专门研究布置会议的各项具体工作，明确接待人员的职责。

② 发放会议通知。会议通知必须写明开会时间、地点、会议主题、参加会议的要求等。会议通知要提前发出，以便使参加会议者有充足的准备时间，如有外地的人员参加会议，应在通知中写明住宿的宾馆、到达的路线、应带的材料、会务费、是否有接站等项内容。发通知时，要书写单位名称、详细地址，以防投递出现差错，耽误与会者到达的时间。

③ 选择会场。如果是企业内部召开的会议，可根据人数多少选择在会议室或大礼堂进行。如果是承办上级布置的大型会谈，则应考虑交通是否方便，住宿条件是否良好，会场附近是否有噪声，会场的照明、空调、音响设备是否完好，其他必要的设备、服务是否齐全。

④ 布置会场，包括会场的装饰布置和座席的安排。

a. 会场的装饰布置。大型会议应根据会议主题在场内悬挂横幅，门口张贴欢迎和庆祝标语。主席台上可摆放盆景、盆花。桌面上摆放茶杯、饮料，要干净、摆放整齐和统一。

b．座席的安排，要适合会议主题，符合人员身份，讲究礼宾次序，常见的有以下几种安排。

圆桌形。这是以圆桌或椭圆形桌子为会议桌（图 4-5）。这种布置使与会者同领导一起围坐，不但消除了不平等的感觉，而且与会者能清楚地看到其他人的目光、表情，有利于相互交换意见。这种形式较适合 10～20 人参加的会议。座席安排主人和来宾相对而坐，来宾席应安排在朝南或朝门口的方向。

长桌形。如果是比较严肃的会议，还可以使用长桌，见图 4-6 和图 4-7。图 4-6 的座席安排突出了与会者的身份，表现出最高领导者的权威性。图 4-7 的座席安排体现了主人与来宾平等相处。

教室形。这是最经常采用的形式，主席台与听众相对，主席台的座次按人员的职务、社会地位排列。主席台的座位以第一排中间为上，见图 4-8。这种形式较适合于与会人数较多，不需讨论、交流意见，只以传达指示为目的的大型会议。

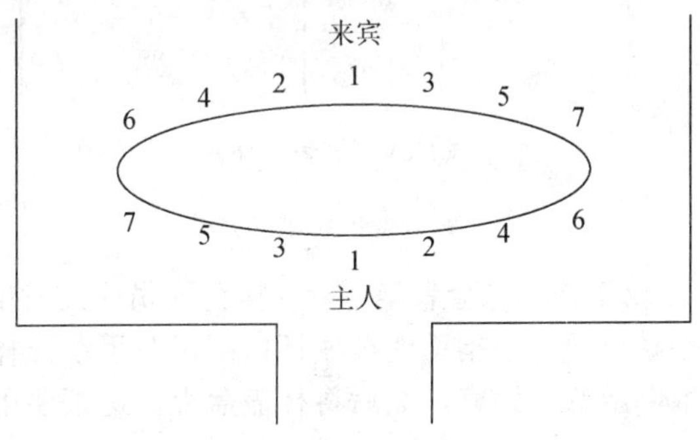

图 4-5　圆桌形座次

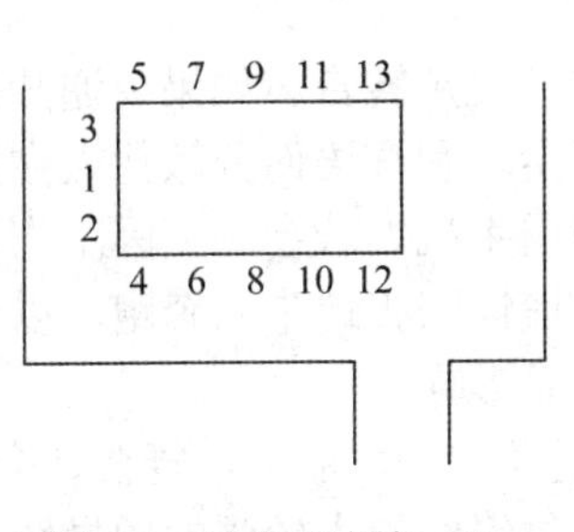

图 4-6　长桌形座次（1）

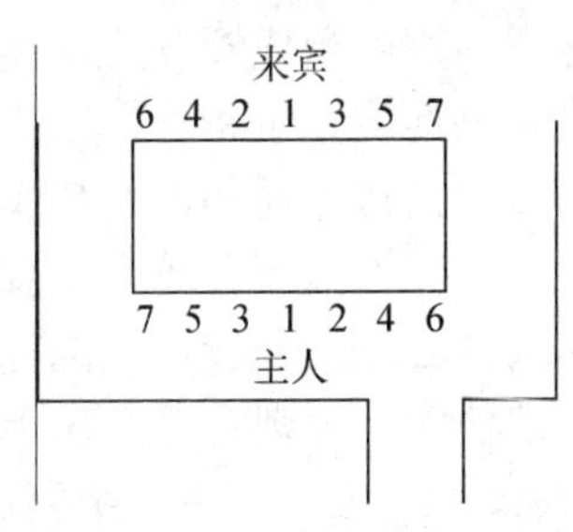

图 4-7　长桌形座次（2）

⑤ 准备会议资料。会议资料应准备齐全、装订整齐。如果需要在会上讨论，应提前发放资料，文件资料应用文件袋装好。

2）会议前的接待工作。会议开始前 1 小时，应对准备工作进行一次全面、细致的检查，如有遗漏应及时补救。同时做好迎接来宾的工作。

① 签到。在会场外的适当位置放一个签字台，配有 1～2 名工作人员，备好签到簿、

钢笔或毛笔。签到时应把笔递到客人手中，若同时发放资料，应礼貌地用双手递上。

② 引座。签到后，会议接待人员应有礼貌地将客人引入会场就座，对重要领导应先引入休息室，由企业领导作陪，会议开始前几分钟再到主席台就座。

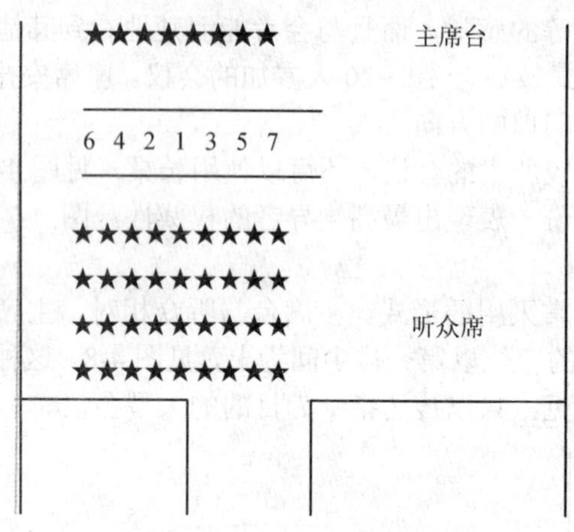

图 4-8　教室形座次

★ 代表出席会议的人员

3）会议中的服务礼仪工作。与会者坐下后，接待人员应及时倒茶递茶。倒茶要轻要规范，杯盖的内口不能接触桌面，手指不能按住杯口；可左手拿开杯盖，右手持水壶，将开水准确倒入杯内。茶水倒至八分为宜，然后将杯盖盖上。递茶要用双手，茶杯把要放在与会者的右手处。

会议如有领奖内容，工作人员应迅速组织受奖人按顺序排列好，礼仪人员及时送上奖状或荣誉证书，由领导颁发给受奖者。

如果有电话或有事相告，工作人员应走到其身边，轻声转告。如果要通知主席台的领导，最好用字条传递通知，避免工作人员在台上频繁走动和耳语而分散他人注意力，影响会议效果。工作人员在会场上不要随意走动，不要使用手机。若会场上因工作不慎发生差错，工作人员应尽快处理，不能惊动其他人，更不能慌慌张张地来回奔跑，以免影响会议气氛和正常秩序，否则将是工作上的失误，给企业造成影响。

4）会议善后工作。会议结束后，有时还会安排活动，如联欢会、舞会、会餐、参观、照相等。这些善后工作既有必要，又很烦琐，应有一位组织能力较强的领导统一指挥和协调，其他工作人员要积极配合做好各自的工作，以保证活动的顺利进行。

与会人员离别时，工作人员根据情况安排车辆把客人送到车站、码头或机场，待客人登上车、船、飞机与客人告别后方可离去。

（4）参观游览接待

企业除了举行和接待各种会议外，有时还接待大量的来本地参观游览的客商。企业在条件允许的情况下，应尽可能为客商参观做好安排，提供方便。要做的工作有以下几个方面。

1）选定参观游览项目。要根据宾客来访的目的、性质、兴趣及本企业的实际条件确定参观游览的项目。从商贸角度讲，安排参观游览对象应选择能反映本地区系统经济发展水平的单位和经济开发区，也可以选择市容市貌、名胜古迹或富有地方特色的旅游项目，以促进双方了解和增进友谊。

2）落实日程，搞好接待。参观游览日程安排应与客商协商，如参观地点，途中休息和用餐、逗留和集合时间，所安排的交通工具等。企业应安排身份相当的人员陪同宾客参观游览，并选派懂技术的专业人员解说。若有介绍产品的宣传资料，应事先准备并将其发给客人。如果口头介绍，应简明扼要、突出特点、实事求是、准确可靠。企业应提前通知被参观单位人员，以引起他们的重视，并做好接待准备，对商业秘密和产品信息应注意保密。

3）参观游览注意事项。在接待参观游览过程中，还要注意企业之间的商务性往来，一般不举办隆重的迎送仪式和大型宴请活动，可举行礼节性的接待活动。参观游览中要有张有弛，注意宾、主双方人员身体疲劳程度和安全。另外，参观游览不同于正式活动，对着装要求不严格，可根据季节、气候和参观游览的项目、内容选择舒适、轻便的服装和鞋。

4.3 服务行业礼仪

4.3.1 商场服务礼仪

商场是商业零售企业进行买卖的场所，是商品流转过程的最后环节。消费者在这里购买商品，不但物质生活需要可以得到满足，还能体验到新型人际关系和人格得到应有尊重的精神愉悦。因此，服务礼仪的培养与加强业务技能训练同样重要。商场服务礼仪，是指商场工作人员在接待顾客、满足顾客选购商品的过程中，对自己的言行加以约束，以达到尊重顾客、礼貌交易的一系列礼仪规范。它既是文明经商、优质服务的主要内涵，也是商业竞争重要手段的一部分。

1. 商场营业员规范

营业员是商场的一线工作者，不仅要熟悉商品的知识和销售的技能，而且要直接同顾客接触交往，为他们购物提供服务。商场服务礼仪主要通过营业员的服务活动体现出来，因此，作为商场服务活动主体的营业员自觉学习和遵守礼仪规范，显得格外重要。

（1）营业员仪容仪表规范

规范营业员的仪容仪表，是商场工作的客观要求，也是对顾客的礼貌与尊重。营业员的仪容仪表，既影响商场的整体精神风貌，又影响营业员个人形象。一般来说，要注意做到以下几点。

1）着装统一。从礼仪上讲，统一着装是商场形象建设的需要，同时也表明了营业员的身份，反映商场随时准备为顾客服务的姿态。

2）穿着得体。虽有统一制服，但穿着也要注意保持卫生、整洁、合体，否则，即使是再漂亮的制服，如不严格要求穿戴，也不会产生好的效果。

3）适当修饰。营业员应保持面部清洁，头发梳理齐整。男士不留胡须和大鬓角，女士不留长指甲，上班前略施淡妆。

4）岗前检查。营业员应在商场开门前，做好上岗准备，检查自己的服装、修饰和卫生，检查是否佩戴了工作证和胸卡。以饱满的精神、良好的心态、规范的仪容迎接每一位顾客。

（2）营业员服务用语规范

商场的顾客有本地常客，也有外地过路客，语言不同，稍不留意，就可能造成误会，使顾客因误听产生误解。所以营业员在工作中应规范自己的语言。

1）使用普通话。我国地域辽阔，民族众多，方言繁杂。随着改革开放的深入，人员流动日渐增多，营业员不会讲普通话就难以胜任接待工作。另外，在使用普通话的基础上，如能学会有代表性的地方方言和常用哑语手势、简单的外语会话就更好了，这样能清楚地知道不同顾客的要求，满足他们购物的需要。

2）讲究文明用语。营业员要重视语言修养，做到“六不讲”，即低级庸俗话不讲，生硬唐突话不讲，讽刺挖苦话不讲，有损顾客人格的话不讲，伤害顾客自尊心的话不讲，欺瞒哄骗顾客的话不讲。对顾客说话，语气应和蔼委婉，表达简洁明了，还要注意用语得体中听，不产生歧义。如代客包装商品，不能说成“我帮您捆起来”，对不同形体的顾客，要避开忌讳的词句。若商场订有规定的文明用语或服务禁语等公约，应执行。

（3）营业员行为举止规范

营业员的岗位是相对固定的，其行为举止全都展现在顾客的眼前，直接关系到商场形象和服务质量。营业员可以从站、行、拿、递方面来规范自己的行为举止。工作时间，要站立服务，身姿端正，精神饱满，面带微笑。若顾客对商品有感兴趣的表示，应步履轻快稳重迎上前去接待、答话。为顾客取货挑选时，要轻取轻放、百拿不厌、百问不烦，同时，当顾客在选购商品时，还要多介绍商品的性能和特点，提出参考意见。收款时，应唱收唱付，将找的零钱递到顾客手上。如顾客使用信用卡付款，结算后应把账单和信用卡一并递还顾客。

营业员当班时，除做到站、行、拿、递的规范行为外，还应做到：不在工作时间吃东西或看书报；不在顾客面前做挠头、补妆、抠鼻子、掏耳朵、伸懒腰等小动作；对有生理缺陷的顾客，要主动关心，不应模仿并议论他们。利用短暂的营业空隙整理货架，补足货源时，遇有顾客购物，应立即放下手中的工作为顾客服务，不能让顾客等待。临近下班时间，不能催赶现场顾客，要耐心接好最后一笔业务，送走最后一位顾客。

营业员行为举止规范中指出，在营业时间内下列举止是有损营业员形象的不良行为：坐着、趴着、倚靠着、双手托腮，懒散、冷漠、邋遢、萎靡不振；站立时双腿不停抖动，或劈叉，或交叉，或歪歪趔趔；营业员聊天，置顾客于一旁不顾；接待顾客时心不在焉、到处张望、表情麻木；递物找钱随意扔摔；对极少数难缠的顾客，自己得理不饶人等。诸如此类，虽只是极个别营业员所为，但其恶劣影响不仅对商场是极有害的，而且有损整体文明形象。

2. 柜台服务礼仪

商场的柜台是营业员的工作岗位。搞好柜台服务，是营业员日常工作的主要内容，它体现了商场售货管理和服务质量的水准。柜台服务礼仪又是营业员做好工作的必要条件之一。

（1）营业前的准备

营业之前，准备工作做得充分，开门营业后，柜台服务就能有条不紊、从容不迫地进行，这对提高工作效率是至关重要的。营业前的准备工作包括以下几个方面。

1）搞好柜台内外的环境卫生，检查自身的衣着修饰，给顾客整洁、干净的良好印象。

2）补足货架，摆齐商品。对已售缺的商品，及时提货、拆包、分装、陈列，做到错落有致、层次分明、相互衬托、整齐美观。

3）检查、填写或更换价格牌签，明码标价。这样做可使营业时减少差错。

4）备好售货时各种用具，如尺、秤、算盘（或计算机）、剪刀，包装用纸、袋、绳，以及复写纸、找零的小额钱币。如有刷卡机，要检查它是否能正常工作。

（2）迎接顾客

迎接顾客是商场营业员为顾客服务的第一步。营业员要在柜台内端庄站立，亲切微笑，用目光欢迎顾客的到来。当有顾客走近柜台，应主动迎客，问候“您好”或“我能为您做点什么吗”等礼貌用语，拉近与顾客的心理距离。有些商场在开门之时，设队礼仪迎宾，由商场领导带领部分工作人员列队站立商场门口的一侧，迎接首批顾客。礼仪人员迎宾时，都应着装整齐、站姿规范、自然大方、诚恳热情。柜台内的营业员应配合，避免出现门口热忱迎宾，柜台内无动于衷，指点、说笑，毫无诚意。这样做无异于戏弄顾客，很难挽回影响。迎接顾客是一项常规的长期工作，要持之经恒。

（3）服务顾客

广义讲，顾客进入商场，就意味着服务开始。但具体服务是从顾客挑选商品时开始的，营业员应礼貌、热情、周到和耐心地接待、服务每一位顾客，优质地完成商品的销售工作。

1）接待有序。顾客来到柜台前有先有后，营业员应按先后依次接待，在营业高峰时更应如此，做到“接一、顾二、照看三”，即手上接待第一位顾客，眼睛照顾第二位顾客，嘴里招呼第三位顾客。对其他顾客则微微点头示意。每当换一位顾客时，礼貌地致歉：“对不起，让您久等了。”

2）介绍商品。向顾客介绍、宣传商品，要实事求是，目的是让顾客了解商品，促其购买。如果介绍的情况不真实，误导顾客，从长远看，既失败，又失礼。

3）有问必答。无论顾客询问的商品是否是营业员推荐的，都必须礼貌作答，不能因为顾客对自己介绍的商品不感兴趣，就不回答他的提问。也不能因为自己介绍得已很详细，顾客还在不断提问，就缺乏耐心。有问必答是优质服务的内容之一。

4）百拿不厌。顾客购物喜欢挑选，营业员向顾客拿递商品时，动作要轻快，不能扔摔，以免引起误会。顾客反复挑拣，反映买意坚定。营业员应说“没关系，如不满意我再给您拿一只供您比较”，以示服务耐心、诚恳。

5）为客参谋。商场营业员对经营的商品特点、性能及市场行情、走势等知识都要了解，应尽己所能，主动为顾客当好参谋：一要以顾客自己的爱好为前提，不能勉为其难，更不要强要于人；二要恰到好处，点到为止；三要帮助导购，从顾客的角度去引导消费。

6）计价收款。营业员计价收款要坚持唱收、唱付，避免现金交接差错。如是收银台统一收款，售货员应先开好小票，报明价款，由顾客前去交钱，再凭交款收讫后的提货联到柜台提货。提货时，营业员还应认真、准确、规范地开好商场售货发票，如是“三包”商品，再代客填写保修卡和保险单，连同商品一并交给顾客。如找回顾客零钱一时换不开时，要本着“困难留给自己，方便让给顾客”的原则去处理，设法解决，切不可说“找不开”，就把难题推给顾客。收款时偶尔发现假币，可向顾客提出，并讲清道理，按国家有关规定和正常手续处理，不要斥责、难为顾客，引起争吵。

7）递交商品。售货完毕，营业员应按照不同的商品，采用不同的包装给顾客包装好商品。对购买数量少的小商品需要包装的，可用方便小塑料袋；对购货数较多且过于零碎的，可用商场较大的包装专用袋装盛；对于玻璃器皿等易碎商品，必要时须用大小合适的包装盒（或箱），并加以捆扎。捆扎动作要熟练，形式要美观，确保扎牢后递给顾客，并提示顾客小心提拿。同时，还要认清买主，避免造成损失。

服务顾客的全过程中，营业员始终应情绪饱满、热情周到、话语亲切。顾客选购商品过程中，可能因某种原因在计价收款后退货，营业员要尊重顾客的意愿，在不违背商场规定的前提下，能够方便时尽量方便和满足顾客要求，不能因此对顾客产生厌烦情绪，更不能讥讽、侮辱。

（4）告别顾客

顾客购货完毕，营业员要点头目送，礼貌道别：“欢迎您下次再来。”这句用语也适用于结束一天工作，临近下班时间的告别服务。只要是在下班铃响之前进入商场的顾客，都应耐心地接待，直到送走最后一位顾客才能开始清理款、货，搞好“四防”等收尾事务。切不可提前关灯、挂帘、理货、对账、催撵顾客。

3. 超市售货礼仪

超市是超级市场的简称，又称自选商场，是1930年始于美国的一种新型售货方式。起初超市只经营食品，后来逐渐发展到经营化妆品、家用器具、针纺织品等非食品商品。超市的特点是只有货架，不设柜台，顾客自由选择商品。营业员的主要工作是向顾客介绍商品，指导选购，添补货架商品，为出售的商品打贴价码，以及在出口处为顾客结账收款，并把顾客选购时用过的小推车、篮、筐归位等。超市由于采用“顾客自我服务”，售货成本大为下降，又因销量大、毛利低、周转快，售价比传统的商店低。

超市售货，由于不设柜台，营业员和顾客接触更为直接，距离更近，在服务礼仪方面也有了新的要求。

（1）姿态规范，要求严格

营业员应站立端庄，或适当地走动于货架之间。站姿、走姿及介绍商品时的手势、动作，都应经过严格训练，对其比柜台售货员有更高要求。站立候客时，不能叉腰、抱肩或将手插入口袋，双手应自然交于腹前，或自然背于身后。不能因站立时间稍长，就倚靠货架斜立，更不能直接坐在货架或大件货物上。走动也不能频繁，使顾客误认为被监视。介绍商品时，对顾客不要指点、拍打，引领顾客时不要拉拽。对异性顾客，更应保持一定距离。

（2）商品摆设，方便美观

上架商品，既要讲究货真价实，还要摆放美观、取拿方便。货真，即要保证商品的质量，如经营食品应注意其真实性和保质期，切不可以次充好，以保证商品质量。价实，是指同类商品的销售价略低于柜台销售价。摆放美观，是指陈列在货架上的商品整齐、错落有致，具有立体感，色彩搭配和谐自然。顾客放乱的商品，待顾客走后，应将其及时调整还原。取拿方便，是指商品的包装大小适中，货位高低合理，同类商品摆放集中，顾客自取方便，超市入口处要准备小推车或货篮，供顾客选购商品时使用。如果摆好的商品只能看，不准动，就不称其为“超市”了。

（3）信任顾客，尊重顾客

顾客在超市购物，可直接拿取商品，体现出超市的特点。不能因极少数的偷窃行为，就在超市广而告之“偷一罚十”“不寄存包者，不准入内”等，这是对众多顾客的不信任和不尊重。营业员有看管商品的职责，但这要靠自己全神贯注、细心谨慎来实现，警惕和防范只宜内紧外松，并微笑、热情地注视顾客购买，做好服务。发现有人企图贪小便宜，应机智妥当地提醒，如已偷窃，在有证据的前提下，轻者可按超市的管理规章处理，重者送交公安部门。绝不可自作主张，做出违反法律的事，更不能捕风捉影，对顾客无端猜疑。

（4）清点结账，快速准确

顾客挑选好物品到出口处结账付款，营业员点货结账要准确快捷。清点结账应尽量简化手续，逐一清点货物，迅速报价收款、开具票据，并把商品装进超市特制包装袋，礼貌道别。

出口处清点结账，营业员不可按是否购买、购物量决定服务态度的好坏，而是应热情对待，欢迎顾客再次光顾。

4.3.2 餐饮服务礼仪

作为餐饮业员工特别是前厅服务员，要树立“民以食为天，我以民为天”的服务宗旨，应主要做好以下服务内容。

1）服饰干净、整齐且美观大方，统一着装。女服务员应化淡妆，但不要佩戴与工作无关的装饰品，男服务员不留胡须。工作号要佩戴在醒目的地方。

2）用好“三语”：尊敬语、问候语、称呼语。用语谦恭，语调亲切，音量适中，言词简洁。做到“客到有请，客问必答，客走道别”。

3）注意行为举止。站立时姿势要端正，双脚稍微叉开，双手轻握，自然交叉在胸前或自然垂放在两边；行走时挺胸，脚步轻稳，迎客走在前，送客走在后，客过让路，同行不抢道。面对宾客，不要吃东西，不能抽烟，更不能有搔头挖耳、伸懒腰、打呵欠、咳嗽等不雅或无礼的举动。与宾客讲话，要保持一定的距离，不能嘲笑、模仿宾客动作，不能与宾客开玩笑，更不能"窃听"。握手应由宾客先伸手，一般不宜先伸手。

4）注意饮食环境、桌椅餐具及食物是否卫生，确保食品安全性。做到清洁、美观、整齐、优雅舒适。

5）熟悉业务，技术娴熟。服务员要了解主要菜系、著名代表菜、各种食品和酒类的特点，当客人问起时，可及时给予简明扼要的回答。要尊重客人的风俗习惯，不询问其禁忌某种食品的原因。

6）当举行宴会时，应提前20分钟左右将冷盘放好，并请主办人员检查。餐厅的服务人员应时刻注意客人的需要，不能擅自离开。酒台上要有足够的备用餐具、毛巾、抹布等。宾主入座后，可先倒烈性酒，再倒果酒、啤酒、汽水等。主人和主宾讲话时，要停止上菜，但要注意倒酒，以便敬酒和干杯用。上水果前应把多余的餐具和空盘收去一部分。对客人的遗留物品要尽量及时送还。席间若有客人出现异常反应，不能收掉所吃食物，应保持原样，及时恰当处理。

7）做到"四勤"：眼勤，即眼观六路，耳听八方，即看客人需要什么帮助；嘴勤，即讲究礼貌，有问必答；手勤，即不分分内分外事，积极主动做工作；脚勤，即不断在自己的工作区内走动，得知客人需要什么尽快去取。

8）说出"五声"：客人来时有迎客声，遇到客人有称呼声，受人帮助有致谢声，麻烦客人有道歉声，客人离开有告别声。

9）礼貌送客。客人餐毕起身，热情相送，并说"再见""欢迎下次再来"。收台工作应等客人全部离开后进行，不可操之过急，否则是失礼的行为。

4.3.3 宾馆服务礼仪

宾馆，是指为宾客提供住宿、餐饮、娱乐、商谈、会议和其他一系列服务的综合场所。宾馆一般讲究设施豪华、富丽堂皇，也更重视服务人员的形象，讲究高水准的服务质量。仅有良好的"硬件"设备，而无配套的"软件"服务，宾馆则徒有虚名。反之，即使条件相对较差，但服务过硬、礼仪到位，仍可宾客盈门。

1. 前厅服务礼仪

前厅是宾馆接待宾客，安排客房，提供咨询、信函、联络，收款等多项服务的部门，也是宾馆任务繁忙、工作时间最长的部门。前厅服务人员的礼仪修养，直接影响宾馆的业务和宾馆形象，应当引起企业和员工的高度重视。

（1）迎宾员礼仪

迎宾员是宾馆的脸面，要着淡妆，精神抖擞，穿好制服，突出身份。当顾客乘车抵达时，迎宾员应主动上前帮客人打开车门，同时，微笑地用敬语同客人打招呼，并引领客人进店。对步行而至的客人，也要表示尊敬和欢迎。客人离店时，仍然以规范的礼节欢送客人。

（2）总台服务员礼仪

总台是整个宾馆的中枢，起着对内协调、对外联络的重要作用。客人从进入宾馆到离开宾馆的这段时间内，不可避免要同总台打交道，因此，总台服务人员的服务将会对宾客产生极深的影响，从而决定客人对宾馆的满意程度。为此，总台人员在工作中应做到以下要求。

1）热情招呼，主动介绍。总台人员看到宾客到来，应主动招呼、热情询问，并向宾客介绍宾馆的基本情况、住宿条件和基本议价。若客人表现出不乐意在这里居住的表情时，服务员也应积极地为客人介绍其他宾馆，并礼貌道别。

2）办理手续，认真快捷。办理住宿登记时，应礼貌地请宾客出示有关证件，核对无误后，应快速办理入住手续，以免宾客久等。手续办理完毕，招呼行李员把宾客送至房间。

3）问询服务，耐心准确。由于宾客初来乍到，不清楚的问题往往较多，服务员应及时、礼貌、耐心地回答宾客的问题。对一时无法回答或自己也不清楚的问题，不能用“大概”“也许”之类含混不清的用语，更不能简单地说“不知道”，而应先向客人解释，待查询或请教别人后，再给宾客明确的答复。

4）行李服务，及时安全。当宾客办理好入住手续、咨询完有关问题后，行李员要主动接过客人的行李，挂上写有宾客房号的行李牌，将其及时送到指定的房间。接、拿、递、送行李时，要轻拿轻放，不得摔、碰。将行李放进房间后，要请客人清点确认以免出现差错，待客人确认无误后，方可礼貌告退。若客人提出亲自携带某件行李时，行李员应遵从客人意见。

5）迎送服务，始终如一。总台服务人员是最先接待客人入住，又是最后为客人办理离店手续的工作人员，是给客人留下第一印象和最后印象的关键性人物。客人到来，热情欢迎；客人离别，礼貌相送。绝不能出现客人到来，笑脸相迎，热情有余；客人离店，不理不睬，甚至横眉冷对。热情、礼貌、始终如一地为客人服务，才能真正反映出服务人员的职业道德和礼仪修养。

（3）电话服务员礼仪

宾馆电话服务员是不用与客人见面的服务人员，但客人每天都在享受着他们的服务，直到离店。尽管如此，话务员也不能忽视礼仪问题。其实话务员正是通过自己的柔美音调、礼貌措辞和亲切话语，在为宾客提供及时、准确的通信信息的同时，也在为宾客提供优质的服务。

1）用语文明，说话礼貌。话务员接到打进的电话，应主动先报出自己的电话号码和宾馆全称，然后倾听来电内容，再分别处理。例如，“这里是3821148，河川宾馆。您好，有什么吩咐，请讲”。不论对方来电时的态度好坏，话务员都应始终做到用语文明、态度诚恳，绝不可与通话者发生顶撞、争执。话务员应使用标准的普通话，一接来电，敬语当先，且语调亲切、音色柔美、发音准确。语速要适中，保证对方能听清楚，但对有急事要通话的人要灵活掌握，不能给人故意拖延的感觉。否则，极易引起通话人的反感和愤怒。

2）接转电话，准确无误。宾馆大多使用内线电话。话务员接转电话时要做到精力集中、准确无误。接转中不得监听通话内容，如因操作原因偶尔听到，要遵守制度，不得外传，更不能以此去和客人开玩笑。宾客托挂的长途电话，在其通话后，应准确记录下通话的房间号、姓名和通话时间，记账留存，做到不漏不错。如宾客在中途调换房间，应及时更改转记，以便继续为之接转电话和离店收费。对电话查询，在不影响正常接转电话情况下，应尽力相助，如因工作繁忙，可先请来电者稍候再查。

3）代客留言，主动及时。如果有人来电要与已住宿的宾客通话，而此人此时又不在宾馆内，无论是市话还是长途，话务员都可以主动请来电一方留下姓名、地址和回电号码，以便给予转告，待宾客归来，话务员要及时转告，促其回电。如果来电一方要求直接留言，话务员应详细做好记录，并与对方复述核对后挂断电话，然后及时转告给住店宾客。

4）叫醒服务，认真负责。若宾客因熬夜迟睡，次日又要早起办事或启程，叫醒服务可以满足他们的要求。在接受宾客请求后，话务员要立即做好记录，准确核对房间号码和叫醒的确切时间，并登记在客人唤醒时间表上，便于交接班后值班同事不致误事。叫醒时可电话通知楼层服务员去办理。如果是单人房间住客，也可直接打电话叫醒："早晨好，现在的时间是早上×点。"如果无人接听，则应间隔 3 分钟再打一次，三次仍无人接听，应通知值班服务员去敲门叫醒，以免耽误了宾客的日程安排。

2. 客房服务礼仪

客房就是宾客的"家"，要尽全力让宾客感受到和在家一样方便、舒适和亲切。宾客在宾馆住宿期间与客房服务员接触时间最多，印象也最深。服务员的礼貌水准与优良的服务设施和周到的服务项目相比显得格外重要。

(1) 仪表整洁，仪态端庄

客房服务员应对自身的卫生、仪表仪态有足够的重视。从某种意义上说，宾馆的形象往往和服务员的仪表仪态相关联，这就要求服务员在上班时间应穿着宾馆统一的工作装，佩戴胸卡，并保持服装的干净整洁。个人卫生方面要做到勤洗澡、勤理发。男服务员应每天修面，不留胡须，不蓄长发。女服务员应不留长指甲，化妆不过艳。遇到客人，应主动打招呼问候，除非客人先伸手，否则不必主动与客人握手。在过道行走时，应轻快无声，不要忽快忽慢。不做无谓的其他动作，否则影响客人休息。

(2) 清扫客房，规范有礼

客房是宾馆的主体，客房干净和整洁是礼宾的基本要求。清扫客房之前，应礼貌敲门，客人允许后，再推门进入，然后将门敞开清理客房，打扫卫生。清扫过程中，不要翻动客人物品。对已离店客人遗留的东西，应完整地送交宾馆相关部门处理。对于门上挂有"请勿打扰"字牌的房间，不能以搞卫生为由贸然开门进去。对于门上挂有"请即打扫"字牌的房间，则应马上去打扫，而不能强调搞卫生时间已过，产生反感或厌烦心理，以怨言顶撞宾客。撤换床上用品时，操作宜轻快熟练，不能当客人还在房内就大幅度抖叠，这既不卫生，又不礼貌。将撤下的床单等物拿出客房时，应留意检查是否夹有顾客的东西。清理客房完毕，应对宾客说声“对不起，打扰了”，再轻轻带门离去。

（3）严于律己，遵守制度

宾馆的管理基于为宾客提供优质服务的观念，制定了服务态度、服务技术、服务程序、服务礼仪等方面的制度，服务员应自觉执行。与客人说话的声音以对方听得清楚为限，尽力保持客房区的宁静。不可因自己的情绪不佳影响工作或冲撞客人，不要窥视客人的行动或窃听客人的谈话。为客人服务热情大方，但不宜过分亲切，未经客人同意绝不搂抱宾客的孩子，也不随便给其食品。应客人招呼进入客房时，应开着门，对客人的邀坐，应谢而不坐，在客房逗留时间不要长，回答客人询问时，不可回答“不知道”，也不要与客人议论其他客人，不打听客人的年龄、职业及收入等。服务员严于律己，遵守制度，就能让宾客感受到宾馆的舒适感和安全感。

3. 餐厅服务礼仪

宾馆的餐厅是宾客就餐的场所，也是宾馆的重要的组成部分。餐厅有精美的膳食，再辅以礼貌、周到的服务，必然能够吸引更多的宾客就餐。

（1）仪表卫生，礼貌待客

仪表清洁卫生，是宾馆各个岗位的服务人员都应做到的基本要求，对餐厅服务员来说，要求则更严格。不可想象，一个头发蓬乱、满身油渍、面容枯槁的服务员端来的饭菜能让宾客胃口大开。餐厅服务员的礼貌，可以通过动作、言语、表情、态度诸方面体现出来，即动作要轻快稳当，不可拖沓；言语要得体准确，不可答非所问；表情要自然亲切，不可冷漠生硬；态度要和蔼可亲，不可麻木厌怠。服务人员身着工作服在岗位上，一举一动都受到客人的注视和监督，都影响着宾馆的名声。

（2）宾客就餐，全程服务

1）迎客。迎接客人时，服务员横排对称站立于餐厅门口的两侧热情问候，并引领到预订的桌位前，对没有订桌的客人，应代为安排餐桌。客人落座后，进行斟茶、送上香巾等一系列的服务。

2）点菜。客人基本到齐后，服务员可请客人点菜。先把菜单用双手递给长者（也可递给女士），然后，按顺时针移行，做好点菜记录，并将所点菜肴、酒水复述一遍，让客人核对。

3）上菜与撤盘。服务员端菜上台，要介绍菜名和特色。端菜时手指不能触及盘碟上口或浸入菜（或汤）内。切忌将菜汤溅在客人衣服上。撤换菜盘通常遵循右上右撤、新菜向宾和女士为尊等习俗，撤盘前，先征求客人意见，不可自作主张。

4）斟酒。将部分菜端上台后，按照主人意思开席。服务员应先给主宾斟酒，然后依次进行。席间，服务员站立一旁，随时按客人的要求提供斟酒服务，斟酒时，量不宜太多，一般以八分满为宜，酒水不许滴洒在桌面上，斟酒服务应及时、细心、操作规范且符合卫生要求。

5）结账送客。客人用餐完毕，服务员应用托盘把账单正面朝下送到第一位主人面前，并礼貌地说：“先生，请您结账。”客人如愿意去账台结账，应指明账台位置。客人撤席，应为离座客人拉开座椅，提醒他们带好自己的物品，且送客人到餐厅门口，待客人离去，再清理餐桌，不可在客人还没起身时就收拾。

(3) 主动助人，互相合作

餐厅服务属于系列性服务，仅凭个人是不能完成的。实际上，每次接待用餐客人都由餐厅迎宾、值台、账台、厨房等各环节通力协作。因此，服务员要重视同事间各环节的相互合作，如及时地把顾客的口味特点传达给厨房，以便使饭菜做得更可口；同事待客时遇到困难或麻烦，要主动上前帮助解围，不致造成更大的影响。相互合作也是建立在为顾客服务的基点之上的，在服务过程中，对顾客哪怕有瞬间的不礼貌，都会影响到整个服务质量，这是不允许的。

4.3.4 旅游服务礼仪

旅游服务礼仪应包括接待、客房、餐厅、导游几个方面，此处重点介绍导游人员的服务礼仪。导游是为游客组织旅行活动、安排路线向导、进行景观讲解、解决游览问题、提供旅途服务的工作人员。因此，导游在旅游中的责任重大，作用显著，常被称为“旅行团的灵魂”。导游的服务对象来自四面八方，服务的内容又囊括吃、住、行、游、购、娱等诸多方面。因此，迫切要求导游不仅具有丰富的人文和自然景观知识、过硬的口头表达能力、较强的组织协调能力，还要具有较高的礼仪水平。

旅游行业的工作特点和职业道德

1）树立良好形象。导游从第一次接触游客开始就要注意自己的仪表风度和言谈举止。美好的形象加之美丽的自然或人文景观，可以给旅客带来双重的审美享受。接待游客时，导游要提前到达。见面时先行问好，然后主动作自我介绍，讲清姓名、身份和单位，同时也向游客介绍其他工作人员（如司机）。介绍时要友好、热情。应将导游证、旅行社的徽章或标志佩戴在左前胸。

2）认真做好讲解。导游，即“导”着“游”，不能只“游”不“导”，否则就是没有尽到职责。这不仅在于平时的积累和演练，更是敬业精神的具体体现。“游客就是上帝”，提供优质服务就是要处处为了游客着想，一切为了游客满意。所以，每次讲解都应情绪饱满、生动有趣、出神入化。

讲解时姿态要端正，要面向游客而不宜背对游客。表情自然大方，语气语调和谐，声音大小适中，话筒距离适当，形体语言恰当。旅客插话时，导游要耐心倾听，尽可能及时做答。若不能马上回答，可有礼貌地示意稍等。与国外游客交谈时，注意严格保守国家机密。

导游要照顾到所有成员，不能只亲近一部分旅客而忽视另一部分旅客。旅途中假如出现问题，本着游客至上的原则协商解决。注意交谈禁忌及不同国家和地区的习俗。

3）正确引导游客购物。在旅游过程中，大多游客都会选购当地的土特产品。导游应积极地当好向导和参谋，介绍品种、特色及如何挑选，也可把游客带到物美价廉的购物场所。切忌为了一己私利，损害游客利益。

案例分析

案例 1

一天，某居民区苏太太家的门铃突然响了，正在家中收拾东西的苏太太开门后，看到一位戴墨镜的陌生年轻男士，于是问道："您是？"这位男士也不摘下墨镜，而是从口袋中摸出一张名片，递给苏太太："我是保险公司的，专门负责这一地区的业务。"苏太太接过名片看后感觉该保险公司不错，但推销员的形象让她反感，便说："对不起，我们不买保险。"说着就要关门。而这位男士动作很敏捷，已将一只脚迈向门内，没有礼貌地说："你们家房子装修得这么漂亮，真令人羡慕，可是天有不测风云，万一发生火灾，再重新装修，势必要花费很多钱，不如现在你就买一份保险……"苏太太越听越气，竟然有人来诅咒她的房子，于是，把年轻男子赶了出去。

问题：这位保险推销员为什么被苏太太赶了出去？运用推销礼仪知识，编写推销过程，并进行模拟表演。

案例 2

8 月 8 日，是某市新建云海大酒店隆重开业的日子。

上午 11 时许，应邀前来参加庆典的有关领导、各界友人、新闻记者陆续到齐。正在举行剪彩之际，天空突然下起了倾盆大雨，典礼只好移到厅内，一时间，大厅内聚满了参加庆典人员和避雨的行人。典礼仪式在音乐和雨声中隆重举行，整个厅内灯光齐亮，使得庆典别具一番特色。

典礼完毕，雨仍在下着，厅内避雨的行人短时间根本无法离去，许多人焦急地盯着厅外。于是，酒店经理当众宣布："今天能聚集到我们酒店的都是我们的嘉宾，这是天意，希望大家能同敝店共享今天的喜庆，我代表酒店真诚邀请诸位到餐厅共进午餐，当然一切全部免费。"厅内顿时响起雷鸣般的掌声。

虽然，酒店开业额外多花了一笔午餐费，但酒店的名字在新闻媒体及众多顾客的渲染下迅速传播开，酒店的生意格外红火。

问题：

1）酒店经理当场宣布的决定是出于何种考虑？

2）开业典礼对酒店今后的经营将产生怎样的影响？

3）简述宾馆主要岗位的职责及服务礼仪。

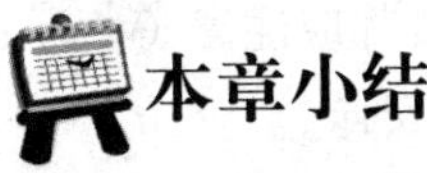

本章小结

办公室既是公司工作人员集中办公、进行内部管理和联系业务的场所，也是接待宾朋、会见来客的地方。办公室的工作人员和环境应突出公司特点，豪华而不俗气。工作人员应着装整洁大方、遵守公司制度、礼貌待人、相互尊重。客人来访，要做好接待，引领客人，注意礼仪。

在商品推销中，礼仪同样十分重要，因此商品推销人员应具有爱岗敬业、热忱服务，知识丰富、业务精通，言谈文雅、举止大方，百折不回、坚毅刚韧的优良素质。在外出登门推销时，注意自身的良好形象，尽量和顾客预约，并懂得推销全过程的礼仪要求。公司来客推销时，应与顾客建立和谐关系，热情推介商品。电话推销要选择推销对象，把自己和自己的商品介绍给顾客，并做好跟进推销。

商业仪式礼仪主要强调仪式的组织者应从宣传、确定出席人员、发送请柬、安排接待工作、布置环境等几个方面做好准备工作。在各种仪式进行过程中，一般要考虑仪式的进行程序和步骤。仪式的组织者要注意自己的仪容仪表、言谈举止，对宾客要热情友好，参加仪式的宾客要注意准时出席，注意仪容仪表整洁大方、言谈举止庄重文雅，谈笑要有节制，给人留下有礼貌、有修养的良好形象。

服务业礼仪主要是通过服务人员的工作体现出来的，因此仪表仪容、服务用语和行为举止都要符合规范的要求。

练习与思考

在线同步测试
及参考答案

一、单选题

1．不属于上班族的礼仪准则的是（　　）。

A．上班准时，主动打扫卫生　　B．穿着得体，塑造良好的形象

C．上班时间可以干私活　　D．遵守制度，不得越级请示汇报

2．求职信的结构除了开头、正文、结尾外，还有（　　）。

A．称呼　　B．署名　　C．通信方式　　D．主送机关

3．在进行商品介绍时，推销人员不应该（　　）。

A．尽快让客户进入谈话

B．和客户进行争执

C．举止端庄稳重

D．语调、语速、音量适中，努力做到快慢有节、娓娓动听

4．推销面谈即将结束，无论结果是完成推销还是无功而返，推销员都应注意（　　）。

A．延长告辞时间　　B．举止有度，宁静安详

C．据理力争，善始善终　　D．不达目的绝不罢休

5．商务洽谈时，作为交易双方在维护各自经济利益的前提下进行双边信息沟通，经过协调争议达成交易的行为，所以，商务洽谈礼仪只有符合商务洽谈的基本原则，才具有实际价值，不至于徒有其表。下列不属于商务洽谈的基本原则的是（　　）。

A．平等协商原则　　B．追求单方面经济利益的原则

C．依法办事原则　　D．求同存异原则

二、多选题

1．办公室的装饰和布置在很大程度上体现着公司的（　　）。

A．团队精神　　B．领导的喜好　　C．企业文化　　D．实力

2．接拨电话的礼仪具体来说应为（　　）。

A．热情招呼，自报“家门”

B．声音清晰，精神饱满

C．准备充分，应答慎重

D．礼貌地结束电话，电话内容可以等忙完自己手头的工作再上报

3．毕业生要向社会推销自己，必须通过各种途径与用人单位取得联系。那么，求职者在向用人单位推销自己时具体需要准备（　　）。

A．自荐书（信）或推荐书（信）

B．在校学习期间各门学科成绩的证明及学校方面对自己在校期间各方面的综合评价的证明

C．毕业证书及参加各种学习的成绩表或证书，如计算机等级证书、电脑操作达级证书等

D．曾经获得的各种荣誉证书和获奖证书，如“三好学生”荣誉证书、书法竞赛获奖证书、专业知识竞赛获奖证书等

4．面试有很多禁忌，求职者应该小心对待，不要误入雷区。（　　）属于面试的禁忌。

A．带礼物去面试　　B．用主试人听不懂的方言讲话

C．带他人一起去面试　　D．过多询问福利待遇和住房问题

5．推销员不仅应具备一般商务人员的必备条件，而且在个人素质方面有（　　）等基本要求。

A．忠于企业，勇于负责　　B．热忱服务，盈利至上

C．精通业务，知识渊博　　D．文雅有礼，谈吐动听

三、简答题

1．办公室礼仪准则与禁忌是什么？

2．开业典礼前应做好哪些准备工作？

3．作为开业典礼的组织者应注意哪些事项？

四、技能训练

1．模拟一家公司的招聘过程。教师（或部分学生）为面试人，学生为应聘者。并模拟求职信、推荐表的书写及面试的过程。综合考核学生的仪表、仪容、仪态及面试技巧。

2．复述礼仪规范要点后，分组进行模拟练习。

（1）以推销员身份约见顾客。

（2）自定谈判主题进行谈判。

在上述两项模拟练习中任择其一，写出体会。

3．设计各种情景，进行模拟柜台服务练习。

4．练习在不同情景下，有礼貌地打、接电话。

第5章

涉外礼仪

涉外礼仪是涉外交际礼仪的简称，即人们在对外交往中，用以维护自身形象，向交往对象表示尊敬与友好的约定俗成的习惯做法。其基本内容就是国际交往惯例，即参加国际交往时必须认真了解并遵守的常规通行的做法。通过对本章的学习，学生应了解涉外礼仪的基本内容，以及不同国家、不同地区的礼仪习俗和禁忌。

知识目标

- ✧ 了解涉外交往礼仪的基本原则和礼仪要求；了解国际交往礼仪通则。
- ✧ 了解不同国家（地区）的礼俗与禁忌。

能力目标

掌握接待外宾、涉外参观、涉外衣食住行、涉外场合仪容仪表等礼仪要求，牢记不同国家的礼俗与禁忌，提高对外交往能力。

情感目标

在涉外交往中懂礼貌、讲礼仪，自觉维护好国家形象和与外国朋友的友谊。

职业资格考核要点

涉外礼仪原则　国际礼仪通则　外宾接待礼仪　外国旅游礼仪

5.1 涉外礼仪及其内容

5.1.1 涉外礼仪的原则

1. 维护形象原则

在国际交往之中，人们普遍对交往对象的个人形象倍加关注，并且都十分重视遵照规范的、得体的方式塑造、维护自己的个人形象。

（1）个人形象的重要性

个人形象在国际交往中之所以深受人们的重视，主要是基于下列五个方面的原因。

1）个人形象真实地体现着他的个人教养和品位。

2）个人形象客观地反映了个人的精神风貌与生活态度。

3）个人形象如实地展现了他对交往对象所重视的程度。

4）个人形象是其所在单位的整体形象的有机组成部分。对商界人士而言，个人形象就是品牌，就是效益，就是本企业最重要的无形资产。

5）每一个人的个人形象，在国际交往中还往往代表着其所属国家、民族的形象。

（2）维护个人形象的方法

根据常规，要维护好个人形象，重点是要注意以下六个环节。

1）仪容。要力争做到仪容美，并且为此进行必要的美化和修饰。

2）表情。在国际交往中，最适当的表情应当是亲切、热情、友好、自然。

3）举止。在涉外交往中，每个人都要有意识地对自己的举止行为多加注意。

4）服饰。一个人的服饰不仅体现着他个人的审美品位，也充分反映着其个人修养。

5）谈吐。与外国朋友进行交谈时，一定要遵照国际惯例，自觉地调低音量。同时，还应使用规范的尊称、谦辞、敬语与礼貌语。

6）待人接物。要善于运用常规的技巧，最重要的是要善于理解人、体谅人、关心人、尊重人。

2. 不卑不亢原则

不卑不亢是涉外礼仪的一项基本原则。它的主要要求是，每一个人在参与国际交往时，都必须意识到，自己代表着国家、民族、所在单位。因此，其言行应当从容得体。在外国人面前，既不应该表现得畏惧、自卑、低三下四，也不应该表现得狂傲自大。在涉外交往中坚持不卑不亢原则，是每一名涉外人员都必须给予高度重视的问题。

3. 求同存异原则

世界各国的礼仪与习俗是存在着一定程度的差异性的。在涉外交往中，对于类似的差异性尤其是我国与交往对象所在国之间的礼仪与习俗的差异性，重要的是要了解，而不是评判是非、鉴定优劣，要遵守求同存异原则。

简而言之，“求同”，就是要遵守有关礼仪的国际惯例，重视礼仪的“共性”。“存异”，则是要求对他国的礼俗不可一概否定，不可完全忽略礼仪的“个性”，并且在必要的时候，对交往对象所在国的礼仪与习俗有所了解，并表示尊重。

4. 入乡随俗原则

入乡随俗是涉外礼仪的基本原则之一。它的含义主要是，在涉外交往中，要真正做到尊重交往对象，首先就必须尊重对方所独有的风俗习惯。在前往其他国家或地区进行工作、学习、参观、访问、旅游的时候，尤其要对当地所特有的风俗习惯加以认真的了解和尊重。

5. 信守约定原则

作为涉外礼仪的基本原则之一，信守约定原则，是指在一切正式的国际交往中，必须认真而严格地遵守承诺，即说话务必要算数，许诺一定要兑现，约会必须要准时。在一切有关时间方面的正式约定中，尤其需要恪守不怠。

6. 热情适度原则

热情适度是涉外礼仪的基本原则之一。它要求人们在参与国际交往，直接同外国人打交道时，不仅待人要热情而友好，更为重要的是要把握好待人热情友好的具体分寸。否则就会事与愿违，过犹不及。

7. 谦虚适当原则

谦虚适当原则的基本含义是，在国际交往中涉及自我评价时，虽然不应该自吹自擂，但是也没有必要妄自菲薄，过度地对外国人谦虚。如果确有必要，在实事求是的前提下，要敢于并且善于对自己进行正面的评价或肯定。

8. 静观其变原则

静观其变原则的基本要求是，在涉外交往中，面对自己一时难以应付、举棋不定的情况时，如果有可能，最明智的做法是不要急于采取行动，尤其是不宜急于冒昧行事。也就是说，若有可能，面对这种情况时，不妨静观他人的所作所为，并与之采取一致的行动，不至于弄巧成拙。有鉴于此，静观其变原则在很多时候也被称为是模仿原则。

9. 尊重隐私原则

个人隐私，指的就是一个人出于个人尊严和其他某些方面的考虑，而不愿意公开，不希望外人了解或是打听的个人秘密、私人事宜。在国际交往中，人们普遍讲究尊重个人隐私，并且将尊重个人隐私与否，视作一个人在待人接物方面是否有教养，是否尊重和体谅交往对象的重要标志之一。

10. 女士优先原则

“女士优先”是国际社会公认的一条重要的礼仪原则，它主要适用于成年的异性进行社交活动。“女士优先”的含义是，在一切社交场合，每一名成年男子都有义务主动自觉地以自己的实际行动尊重、照顾、体谅、关心、保护女士，并且还要想方设法、尽心竭力地去为女士排忧解难。倘若因为男士的不慎，而使女士陷入尴尬、困难的处境，便意味着男士的失职。

11. 爱护环境原则

作为涉外礼仪的主要原则之一，“爱护环境”的主要含义是：在日常生活里，每一个人都有义务对人类赖以生存的环境自觉地加以爱惜和保护。“爱护环境”，严格地讲，属于社会公德的范畴。因此，它是不因国别不同而有所区别的。在国际交往中，能否以实际行动“爱护环境”，已被视为一个人是否有教养、是否讲社会公德的重要标志之一。

12. 以右为尊原则

在各种类型的国际交往中，大到政治磋商、商务往来、文化交流，小到私人接触、社交应酬，但凡有必要确定排列时的具体位置的主次尊卑，“以右为尊”都是普遍适用的。在操作、处理这类问题时，只要参照“以右为尊”原则，就肯定不会有失敬于人的事件发生。

在确定并排排列的位次时，我国的传统做法是“以左为尊”，也就是以左为上，以右为下。国内举行会议时的主席台排位就采用了这种做法。但是，在国际交往中应注意“内外有别”，坚持“以右为尊”。

5.1.2 接待外宾礼仪

接待外宾的细节

不仅拜访要讲究礼节、礼貌，接待客人同样也要讲究礼仪、技巧，只有热情、周到、礼貌待客，才能赢得朋友，获得尊重。

1. 家庭接待

家庭与其他正式场合上的人际交往相比更直接、轻松、随意，但家庭待客也要注意应有的礼节规范。

（1）准备迎客

为了让客人有一个良好的“第一印象”，平时就应将家里收拾干净、整洁，以免“不速之客”突然拜访时手忙脚乱，非常尴尬。

当有客人来访预约时，更应根据来访者的身份、性别、年龄、爱好等做一些适当的物质和精神准备。

从物质方面来说，第一，应提前“洒扫门庭，以迎嘉宾”。整理好房间或会客室，准备好座位，要洗刷干净茶杯烟具，并根据来客的特点准备糖果烟茶和娱乐用品等。第二，要搞好个人的仪容仪表。一般来说，在家里接待客人比在办公室、宾馆等正规场合接待客人要随意、朴实，男女主人虽不用着意梳妆打扮，但也要仪容整洁、自然大方。蓬头垢面或穿着睡衣短裤等会客是不礼貌的。第三，按约定准备好自己能为客人提供的所需有关资料。第四，如果邀请客人吃饭，事先要了解客人的民族习俗、爱好及嗜好、忌讳，以便备好饭菜原料。第五，如果事先获悉客人要留宿，要准备好住处。最好让客人单住，并把客人住的房间及床铺等用品收拾干净齐备。届时要注意：睡前为客人准备好洗澡水，并让客人熟悉卫生间的使用和灯的开关位置等。

从精神方面来说，首先，要调整好自己的心境，做好情绪准备，以满腔热情来接待客人。哪怕是家里刚刚发生不愉快的事，也不能怠慢客人。其次，要将有客人来访一事告诉家人，使家人也有足够的心理准备。再次，要根据来访者的目的，考虑如何交谈、接待，做到心中有数。最后，对来访者应一视同仁。

对于初次来访的贵客、长者、师长等，应事先将他们来访的时间了解清楚，以便届时出门远迎。如果是远道来客，特别是初次来访的客人，需乘汽车、火车、轮船或飞机方能抵达，必须事先准确掌握来客乘坐的交通工具抵达的时间，在抵达之前到车站、机场或码头等候迎接。

（2）接待客人

1）迎接问候。如果是长者、贵客来访，应让全家人都到门口微笑迎接。见到客人时应热情招呼，以示欢迎。如果与来访者是第一次见面，见面后双方都应作自我介绍。证明身份后，将客人引入家中，并一一介绍给家人，同时也要将家人介绍给客人。

接应客人时应说“欢迎，欢迎”“一路辛苦”“稀客，稀客”“请进”“这么远来，真难为您了”等的欢迎语和问候语，使客人有受到礼遇、获得尊重的感觉。如果客人随身携带物品，应帮助其放下，并放到适当的地方。

2）感谢礼物。如果客人带来礼物，主人应双手相接，并说“不好意思，让您破费了”“您的这件礼物正是我（或家里其他人）所喜欢的”之类的礼貌话，甚至还可以适当地赞赏、夸奖客人的欣赏水平和审美能力，使客人感到高兴。不能说“我们这种东西已经很多了，用不着了”之类的话，这是绝对失礼的。对于别人送的礼物，不要询问对方价格，假如对方主动告诉自己，自己绝对不能说“哦，这么便宜”之类的话，而应以“让您破费了”等话语作答。

3）热情招待。当许多客人同时来访时，不论关系亲疏、男女老幼，都应一视同仁、热情招待。

第一，客人进屋后，如果是冬天，应帮助客人接过衣帽并存放好；如果是夏天，应递毛巾给客人洗脸、擦面。

第二，请客人入座后，应给客人敬茶、递烟、上水果或其他茶点。招待客人茶点时，最好把茶点装在托盘里，再送到客人面前或旁边的茶几上。上茶时，应当着客人的面沏茶，每次倒茶要倒八分满，茶具要干净，不能有残缺或茶垢。敬茶时，应面带微笑双手奉上，并说“请喝茶”。如果客人不止一人时，第一杯茶应敬给客人中德高望重的长者或身份最高者。敬烟也是中国人待客的一种传统习俗。递烟时，应将烟盒的上部朝着客人，用手轻轻弹出几支让客人自己取，不能用手指直接抓烟的过滤嘴。敬烟、点烟也要讲究礼仪次序，应以身份高者、年长者在先，如果客人不吸烟也不能勉强。代客人削果皮，应以手指不碰到果肉为好。如果客人带有小孩，可找些玩具、书画、儿童食品招待小客人，不能忽视了小客人。

第三，陪客人交谈。如果客人带有孩子，可让自己的孩子或家人陪客人的孩子玩耍，或找些玩具、画册让孩子看，以免小孩哭闹，影响自己和客人交谈；如果来访者是长者，更要注意谈话态度要诚恳、谦逊，多听老人谈，多谈些老年人关心的话题；对熟悉的老朋友，谈话可以随意一些，但也不宜当着客人的面公开家庭内部矛盾，更不应在客人面前发生口角，让客人感到尴尬；如果客人有事要谈，又不太好意思启齿，或要求单独谈时，家中其他人应回避，与客人交谈时要态度亲切、面带微笑、心平气和，不能边谈边干别的事，或频频看表，或连打哈欠，以免客人误会自己在“下逐客令”。

第四，挽留用餐。久别的亲朋来访，应挽留其吃一顿便饭。通常客人来访，到了用餐时间也应邀请他们一起用餐。菜肴准备应视情况而定，一般应比平时略丰盛。进餐时可根据情况与客人交谈娱乐，创造热烈、欢乐、轻松的气氛。

第五，如果客人无意中弄脏或弄坏家里的东西，主人不要露出厌烦的神情，应对感到内疚的客人加以安慰“没关系”“不要紧”，以免让客人难堪。

如果来客不是自己的客人，而是家人的客人，也应主动招呼、接待，这既是对客人表示全家的欢迎，也显示了家庭的团结、和睦。如果客人来访时，家人恰好不在，应主动向客人说明情况，并询问有什么事需要转告或代办；如果来了“不速之客”，使自己毫无准备，也应将房间赶紧收拾一下，请客人进来、让座。不可将其拒之门外，或面带不悦之色，使客人陷入尴尬境地；如果有人在自己确实感到不便时来访，这时最好礼貌地向客人说明情况，并致以歉意，另约时间。

2. 办公室接待

办公室接待一般是因为双方工作、业务往来的需要，因此，应注意其应有的礼仪规范，以免损坏单位的形象，带来负面的影响。

（1）准备

1）办公场所要文明、整洁。办公场所既是工作的地方，也是社交的场所，应当文明、整洁。不能乱吐痰、乱丢烟蒂和纸屑。走道要经常打扫，玻璃、门窗、办公桌、沙发、茶具要擦洗干净明亮。桌面只放些必要的办公用品，且要摆放整齐。不要将杂志、报纸、餐具、小包等物品放在桌面上，应将废纸扔入纸篓里。应将文件及时分类按月归档并装订整理好，放入文件柜。桌椅、电话机、茶具、文件柜等物的摆设应以方便、高效、安全为原

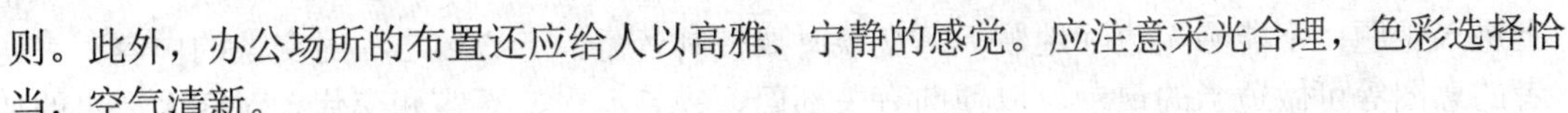

则。此外，办公场所的布置还应给人以高雅、宁静的感觉。应注意采光合理，色彩选择恰当，空气清新。

2）办公人员要注意自身的形象。办公人员的形象代表着单位的形象。首先，要注意仪表端庄、仪容整洁，加深客人对单位的第一印象。有些单位没有统一着装，但都对上班时的着装提出明确的要求。女士最好化淡妆上班，男士上班时也应进行适当的面容修饰。其次，要注意语言礼貌、举止优雅。这不仅显示出一个人良好的文化素养、较强的业务能力和工作责任心，也体现了企业的管理水平。具体体现在：一是真诚微笑，接人待物，向人道歉、致谢都应有真诚的微笑；二是语言谦和，不能在办公场所大声呼喊，讲话声音要轻，无论是对上级、同事还是来访者，应多使用敬语；三是举止优雅，办公人员的行为举止应庄重、自然、大方、有风度，给人留下正直、积极、自信的好印象。

3）准备材料。要按约定准备好自己能提供的、客人需要的书籍、报表、账目等其他咨询材料，或谈判、会谈所需要的材料。考虑好交谈的问题，要做到“心中有数”。即使是接待事先无约的来访者，也应迅速对此问题做出反应，以免被动，影响与客人交谈。

（2）接待客人

任何客人来访时都应热情欢迎。如果是上级、贵宾、外单位团队来访，应当组织适当规模的欢迎仪式。

1）迎接、问候。如果是事先有约的远方客人，应主动到车站、码头或机场迎接，并准备好写有“欢迎×××先生（女士）”字样的牌子，这样既方便接到客人，又显得礼貌。接到客人后，应致以问候、欢迎，初次见面时应作自我介绍，问候语要恰当得体，可说“一路辛苦了”“路上顺利吗”等，也可以说“见到您真高兴”“欢迎您到某市来”等。问候寒暄之后，应主动帮客人提取行李，但最好不要主动去拿客人的公文包或手提包，因为里面往往放置贵重物品或随身携带的必需品。回程途中，应主动向客人介绍当地风俗、民情、气候、物产、物价等方面的情况，并可询问客人在此逗留期间有无私人事情需要代办。将客人送往住处后，不宜久留，以便让客人尽快洗漱休息。如正值吃饭时间，应安排客人共同进餐。临走时应告诉客人与自己联系的方式及下次见面的时间和安排。

2）介绍。如果客人对前来欢迎的人不认识，应向客人一一进行介绍。被介绍的人应满面微笑地与客人握手，并说“您好”“欢迎您”“见到您真高兴”等。客人进屋入座后，其他欢迎者若要离开，应礼貌地对客人说“你们谈吧，我有点事，失陪了”“您先歇着，我等会儿再来看望您”之类的客气话，然后离开。

向领导引见客人时，应礼貌地向双方作介绍。介绍时应简洁、明了，如“王总，这位是××部门的刘科长”“刘科长，这位是我们公司的王总经理”。双方握手问候后，主人应让座。

3）上茶水。主客双方坐下后，接待员应按礼仪次序的要求为客人上茶水。安排妥善后，如自己没必要参加会谈，可避开，等候领导吩咐，或经领导同意后离开，回到自己的工作岗位。离开时应向客人礼貌致意，退出门外，轻轻把门关上。

4）交谈。在办公室与客人交谈，一般应是工作上的事。谈话要尽量简短，寒暄后要马上进入正题，不能漫无边际地聊天。交谈时要控制音量，专心致志。对交谈的内容、来访者的意图等可做适当的记录，以便向有关部门、领导汇报、落实和交代。对客人提出的要求要认真考虑，不能立即答复的，应诚恳地向客人说明，或向有关部门、领导汇报后再答复。如果不能满足对方的意见和要求，应委婉拒绝。总之，无论结果如何，都不能失礼和失态，要注意维护企业、单位的利益和尊严。

当领导与客人交谈时，其他人不要打扰。如果有事要请示，敲门进去后，应礼貌地说“对不起，打扰一下”。请示以后应马上退出，并向客人表示歉意，把门轻轻关上。

5.1.3　陪游与出游礼仪

涉外参观游览，是指外国客人在访问或旅游期间对风景名胜、单位设施等进行实地浏览、观看和欣赏。来访的外国人及我国出访人员，为了解去访国家情况，达到出访目的，都应组织一些参观游览活动，通过参观游览，可使其了解我国的历史文化、风土人情和经济发展情况，也是树立国家、部门、企业形象，扩大对外宣传和搞好开放工作的机会。

1. 涉外参观游览的程序

（1）选定项目

选择参观游览项目，应根据访问目的、性质，客人的意愿、兴趣、特点，以及己方当地实际条件来确定。对于外国政府官员、大财团、大企业家一般安排参观反映经济发展情况的部门单位和经济开发区，以及重点招商项目。对于一般的企业家、商人和有关专业人员可安排参观与其有关的部门、单位，同时安排一些有地方特色的游览项目。

（2）安排日程

当参观游览项目确定后，应制订详细活动计划和日程，包括参观线路、座谈内容、交通工具等，并及时通知有关接待单位和人员，以便于各方密切配合。

（3）陪同参观

按国际惯例，外宾前往参观时，一般安排相应身份的人员陪同。如有身份高的主人陪同，宜提前通知对方。接待单位要配备精干人员出面接待，并安排解说介绍人员，切忌前呼后拥。参观现场的在岗人员不要围观客人。遇客人问话，可有礼貌地回答。

（4）解说介绍

参观游览的重点是解说介绍。如参观单位部门，可先全面介绍其概况，相机宣传我国改革开放政策和投资环境。有条件的可播放一段有关情况录像，这样既可节省时间，又可事先让客人对情况略有所知，经过实地参观，效果会更好。陪同员、解说员和导游应对有关情况有所准备，介绍情况要实事求是，运用材料、数据要确切，不可一问三不知，也不可含糊其辞。无法回答的，可表示自己不清楚，待咨询有关人员后再答复。遇较大团级，宜用扩音话筒。另外，遇有保密部位的，则不能介绍，即使客人提出要求，也应予婉拒。

（5）乘车、用餐和摄影

在出发之前，要及时检查车况，分析行车路线，预先安排好用餐时间及地点。还要为路远客人预先安排好中途休息室，要把出发、集合和用餐的时间及地点及时通知客人和全体工作人员。

2. 在国外参观游览的礼节要求

出访人员、团组要求参观，可通过书面、电话或面谈方式向接待单位提出，经允许后方能成行。参观内容要符合访问目的和实际，要注意客随主便，不要强人所难。在商定之后，要核实时间、地点和路线。

参观过程中，应专心听取介绍，不可因介绍枯燥或不满意而显露出不耐烦和漫不经心的表情，这是极不礼貌的。同时应广泛接触、交谈，以增进了解，加强友谊。注意尊重对方的风俗和宗教习俗。如要拍照，事先向接待人员了解有无禁止摄影的规定。参观游览对服装要求不严格，不必穿礼服，穿西装可以不打领带，但应注意清洁整齐，仪容亦宜修整。参观毕，应向主人表示感谢，上车离开时，应在车上向主人挥手道别。

5.1.4 涉外交往衣、食、住、行、访礼仪

在涉外交往中，在日常生活之中的各个方面，都必须严格而认真地遵守有关的礼仪规范。在日常生活中的表现与作为，往往能够更加客观、准确地反映出每个人的品德与修养。参与国际交往时，对此点尤须切记。

日常生活的涉及面非常广泛。在涉外交往中，人们所遇到的，并且迫切需要了解和掌握的日常礼仪，主要集中在衣、食、住、行、访等几个人类日常生活的“关节点”上。在上述各个方面依照有关的礼仪规范行事，是每一名涉外人员均应自觉做到的。

1. 衣的礼仪

“衣者，人之服装是也。”在日常生活中，作为“人的第二肌肤”，每个人所选择、穿着的服装不仅会给人以深刻的印象，也被视为其身份、地位、修养与品位的客观体现。在涉外交往中，这一点表现得尤其突出。

在与外国人打交道时，对于每一名涉外人员衣着的基本礼仪要求是得体而应景。真正要做到如此，主要需要注意以下两个方面的问题。

（1）衣着的场合

1）公务场合。公务场合，指的就是涉外人员上班时间处理公务的场合。在公务场合，涉外人员的着装应当重点突出“庄重保守”的风格。

具体而言，男士最好是选择藏蓝色、灰色的西装套装或中山装套装，内穿白色衬衫，脚穿深色袜子、黑色皮鞋。穿西装套装时，务必打领带。

女士的最佳衣着则是，身着单一色彩的西服套裙，内穿白色衬衫，脚穿肉色长筒丝袜和黑色高跟皮鞋。有时，穿着单一色彩的连衣裙亦可，但是尽量不要选择以长裤为下装的套装。

2）社交场合。社交场合，通常是指人们在公务活动之外的场合，在公共场所里与他人

进行交际应酬活动的场合，如观看演出、出席宴会、参加舞会、登门拜访、参与聚会等，都是涉外交往中最常见的社交场合。

在西方国家里，最正规的礼服，男式的是黑色的燕尾服，女式的则是袒胸、露背、拖地的单色连衣裙式服装。

以前，我国没有正规的社交礼服。目前的做法是，在需要穿着礼服的场合，男士穿着黑色的中山装套装或西装套装，女士则穿着单色的旗袍或下摆长于膝部的连衣裙。其中，尤其以黑色中山装套装与单色旗袍最具有中国特色，并且应用最为广泛。

在社交场合，最好不要穿制服或便装。

3）休闲场合。休闲场合大都是指人们在公务活动之外用于个人休息的时间里，在公共场所与不相识者共处的场合。最常见的休闲场合包括居家休息、健身运动、游览观光、街市漫步、商场购物等。

在休闲场合，涉外人员的着装应当重点突出“舒适自然”的风格。最为规范的主要为牛仔装、运动装、夹克衫、T 恤衫、短袖衬衫、短裤等。尤其应当注意，不要穿套装或套裙，也不必穿制服。那样既没有任何必要，也与所处的具体环境不符。

（2）衣着的方法

涉外人员应当使自己的衣着得法。衣着得法，主要是指要掌握并且严格遵守穿衣之道，要在具体的方法、技巧上胸有成竹，不露怯，不贻笑大方。

在涉外交往中，要真正地做到衣着得法，总体上来说，需要系统地学习、掌握着装的艺术。具体而言，则要在下列两个方面加以注意。

1）了解并遵守着装的正确方法。在穿西装之前，务必将位于上衣左袖袖口之上的商标、纯羊毛标志等拆除。在一般情况下，坐着的时候，可将西装上衣衣扣解开；站起来之后，尤其是需要面对他人之时，则应当将西装上衣的衣扣系上。西装上衣的衣扣有一定的系法：双排扣西装上衣的衣扣，应当全部系上。单排两粒扣西装上衣的衣扣，应当只系上边的那粒衣扣。单排三粒扣西装上衣的衣扣，则应当系上边的两粒衣扣，或者单系中间的那粒衣扣。穿西装背心时，最下边的那粒衣扣，一般可以不系。如果要使一身西装穿得有品位，重要的是要使之大小合身。要想做到这一点，除了要“量体裁衣”，比照自己的身材选择外，还须切记，最好不要在它的里边再加上多件衣物。穿西装时，最好不要内穿羊毛衫。万一非穿不可时，则只允许穿一件单色薄型的“V”领羊毛衫。不要在西装里面穿开领的、花哨的羊毛衫，特别是不要同时穿多件羊毛衫。

穿长袖衬衫时需要注意的问题：下摆在正式场合一定要束在裤腰或裙腰之内。袖管不仅不可以挽起来，而且袖扣一定要系上。不穿西装上衣，或是穿西装上衣未打领带时，领扣则通常可以不系。

打领带时需要注意的问题：领带结的大小最好与衬衫衣领的大小成正比。领带打好之后，其下端应当正好抵达皮带扣的上端。这样，它就不会从西装上衣下面露出去。打领带时，并不是非要使用领带夹。若使用，应使之处于领带打好后自上而下看的“黄金分割点”上。其位置大致是在七粒扣衬衫自上而下数的第四、第五粒衣扣之间。将领带夹夹在那里之后，系上西装上衣的衣扣，它通常是应当“含而不露”的。

2）了解并遵守着装的搭配技巧。一位服装设计师曾说：“服装的效果是搭配出来的，而不是穿出来的。”这句话充分地说明了涉外人员掌握服装搭配技巧的必要性。例如，人们在评价一位男士的服饰品位时，往往要看其是否遵守“三一律”即要求男士在正式场合露面时，应当使自己的公文包与鞋、腰带的颜色相同。它所强调的实际上就是色彩搭配的问题。再如，对于男士在正式场合的着装必须遵守“三色原则”。“三色原则”是指全身上下的衣着应当保持在三种颜色之内。它所规范的依旧是色彩搭配问题。

对于女士在正式场合的着装的评价，人们往往关注于一个细节，即她是否了解不应使自己的袜口暴露在外。不仅在站立之时袜口外露不合适，而且在行走或就座时袜口外露也不合适。有鉴于此，常穿裙装的女士最好穿连裤袜或长筒袜。

2. 食的礼仪

在涉外交往中，用餐的问题尽管极其普通，但又十分重要。在宴请外宾时，如果对用餐的问题考虑不周，就会令对方产生不满。而在出席外国友人的宴请时，若是在用餐之时举止失当，也会见笑于人。

考虑到涉外人员的实际需要，以下将分别介绍涉外人员在设宴和赴宴时所应当注意的主要事项。

（1）设宴时注意的问题

在以东道主的身份设宴款待外国人士时，需要注意的问题主要有菜单的选定、就餐的方式、宴请的位次、用餐的环境等。

1）菜单的选定。无论宴请何人，一定要对菜单加以精心考虑。在宴请外国人士时，除了要注意节省开支、量力而行的问题之外，最重要的是要了解对方的喜好。

2）就餐的方式。就餐的方式，指的是用哪一种具体方法用餐的问题。目前，世界上主要存在三种就餐方式：一是用筷子就餐，二是用刀叉就餐，三是用右手直接就餐。

在宴请外国人时，一般选择以筷子就餐的方式。同时，亦应充分尊重对方的生活习惯，告诉对方既可以试一试筷子，也完全可以采用自己传统的就餐方式。考虑到这一点，在餐桌上不但要准备筷子，还要备有外宾习惯使用的刀叉或水盂。

3）宴请的位次。越是正式的宴请，往往就越是离不开宾主的座次安排问题。对于宴会的组织者来讲，宴会的座次问题又可以进一步地分为座次的排列与座次的通知等两个方面的具体问题。

在排定宴会的座次之后，应及时采用一切行之有效的方法向全体应邀赴宴者通告，防止届时令其坐错了座位而产生不快。

4）用餐的环境。在宴请外宾时，必须明确不是为吃而吃。更重要的是要创造出一种有利于宾主双方进行进一步交流的气氛。要做到这一点，首先就有必要对宴请现场的环境予以充分重视。安排涉外宴请的用餐环境，主要需要注意四点：第一，环境要幽静。第二，环境要雅致。第三，环境要整洁。第四，环境要卫生。

（2）赴宴时注意的问题

赴宴时要注意的问题大致上包括宴请的类型、付费的方法、点菜的规矩、用餐的餐序、就餐的举止、进餐的技巧等。

1）宴请的类型。在国际交往中。宴请往往具体划分为多种不同的类型。类型不同的宴请，在菜肴、人数、时间、着装等方面通常会有不同的要求。就目前而论，宴请主要分为以下三种类型：一是宴会。二是招待会，三是工作餐。

2）付费的方法。在应邀参加涉外宴请时，对于付费的具体方法最好事先有所了解。一般而论，国外宴请来宾的付费方法主要有下列三种。一是不必付费。在一般情况下，宴会，尤其是正式宴会大多采用此种付费方法。二是定额付费。参加便宴或招待会时，每个人往往需要支付一定数额的现金。三是各自付费。它是指用餐的全部费用，由全体用餐者平均分摊。

3）点菜的规矩。不管是出席便宴，还是参加工作餐，往往会被要求自行点菜。

赴宴时，如果主人要求自己点菜，一般有两条明智的办法。其一，告诉对方，自己完全“客随主便”，由主人全权决定即可，自己没有任何特殊的要求，只是建议对方少点一些菜，简单一些。事实上，主人肯定早已有所安排。其二，若主人非要求自己点菜，则可选点一道菜。

4）用餐的餐序。国外的各类宴请，对于用餐时取用每一道菜肴的具体的先后顺序往往有规定。一顿正规的西餐正餐，大体上应当依次包括开胃菜、汤、海鲜、主菜、甜品、水果、红茶或咖啡等几道菜式。它们通常缺一不可，而且先后顺序不容颠倒。

5）就餐的举止。在涉外宴请中，尤其是在较为正式的涉外宴请之中，人们在就餐时的举止是备受关注的。因此，每一位就餐者均须努力克服不文明、不礼貌、不规范的举止，同时尽力使自己的举止文明、礼貌、规范。

6）进餐的技巧。在参加涉外宴请时，有必要学习并掌握常用的进餐技巧，以防届时无从下手，或者弄巧成拙。使用餐巾时，只能将它对折之后平铺在大腿上，允许以之揩嘴或揩手。使用刀叉时，取用刀叉时，可依次从自己面前的餐盘两侧由外向内取。使用匙时，不可将其含在嘴里，可依次由外侧向内侧取用。使用筷子时，不可以之插取食物、相互敲击、将其插立于饭菜之中、代替牙签剔牙。

3. 住的礼仪

在涉外交往中，有关住宿方面的礼仪主要包括两个方面的基本内容。其一，是安排来宾的住宿。其二，是出访外国时的住宿。

（1）安排来宾的住宿

接待外国来宾时，安排其住宿问题主要有两种方法。一是由来宾自行解决住宿；二是由接待方以主人的身份为来宾安排住宿。在为外国来宾安排住宿的具体过程中，一般应当注意三个方面的问题：①必须充分了解外宾的生活习惯；②必须慎重选择外宾的住宿地点；③必须照顾外宾的生活需要。

（2）出访外国时的住宿

前往国外进行参观、访问、工作或学习时，大都会住宿在宾馆、饭店。在个别情况下，也有可能在外国人家里住宿。

一般而言，通行于世界的住宿饭店的礼仪主要包括下列四条：①应当讲究礼貌；②应当保持肃静；③应当注意卫生；④应当严守规定。

住外国人家里需要遵守的基本礼仪：①应当两相情愿；②应当支付费用。

4. 行的礼仪

与外国人进行交往应酬时，不能不涉及有关行的礼仪。在涉外场合，目前有关行的礼仪，具体上又可以分为步行的礼仪、乘车的礼仪、乘机的礼仪等三个主要方面。

5. 访的礼仪

有关拜访的涉外礼仪大体上包括两个部分，即从宏观上来进行规范的出访要则和从微观上来进行规范的走访须知。以下分别对这两个方面的内容进行介绍。

（1）出访要则

出访要则主要是指有关正式出国访问时，特别是在进行具体的准备工作时，所应遵守的惯例和规定。进行出国访问时通常必须做好下列八项工作。

1）要确定出访国与出访日期。

2）要经过报批并通报给东道主。

3）要办妥护照与签证。

4）要制定具体而详尽的访问日程。

5）要确定出访时乘坐的交通工具。

6）要准备必要的卫生检疫证明。

7）要认真做好安全保密工作。

8）要充分了解出访国的风土人情与主要交往对象的个人状况。

（2）走访须知

走访须知指的是在国内外，因公或因私，前往外国人的办公地点或者私人居所，进行正式拜访之时，所应当恪守的基本礼仪规范，主要涉及下述六条：①要有约在先；②要守时践约；③要进行通报；④要登门有礼；⑤要举止有方；⑥要适可而止。

5.1.5 涉外场合的仪容仪表

1. 仪容

仪容是指讲究容貌上的美化和修饰，包括美容与美发。在日常生活中，除了在办公室工作外，经常要外出走访，参加一些社交活动。因此，仪容的美化必须根据不同的场合、时间，做不同的装扮。

(1)舞会妆

舞会妆适合于灯光昏暗的舞会场合，因此应化浓妆。粉底要遮盖力强，保持持久。眉毛可浓一些、深一些。眼部化妆可略夸张一些；用色可大胆些，使用防水睫毛液。腮红可浓重一些，口红也可用明艳亮丽的，甚至是珠光的。

发型可比晚宴妆随意一些，可用彩色喷发剂喷洒在头发上以增加发型的华丽感，也可戴假发，这对职业女性是最简便易行的办法。

指甲油可选择艳丽的、闪光的颜色。

舞会妆应显得光彩夺目、热情奔放。参加舞会时难免出汗，要随身带好化妆盒，以随时补妆。

(2)晚宴妆

晚宴的化妆特点是粉底与皮肤的颜色相差不可太大，但要遮盖力好，可使用粉底，可上腮红与涂阴影以增加脸部立体效果。扑干粉定妆，扫去多余粉粒，如穿西式晚妆，在露出的肩、背等处也要扑上干粉，以免裸露的皮肤与脸部肤色不一致。眉毛要修剪细描。眼影色可多达三种。眼线可画得略粗，也可用眼线液来画。睫毛用防水睫毛液多刷几遍。唇膏可用明亮的，增加立体感。

晚宴的发型比较讲究，男性可吹发、定型，以显潇洒；女性可盘发、卷发，尽显妩媚动人。有条件的可到美容院做头发。

手要护理得柔细、滋润，可根据口红与服饰涂上指甲油。

(3)工作妆

工作妆应为淡妆，适合日常办理公务的场合。因而粉底颜色要接近肤色，薄施于脸部。眼影颜色要简单明快，一两种即可，看起来淡雅清楚。眼线可细一些、轻一些，睫毛膏可省去。腮红似有似无，犹如脸上的自然面色。口红接近自然唇色，不可太明艳。

发型以短发为佳，发型要简洁、整齐。前额的刘海不能挡住眼睛，因为透过刘海儿看别人是不礼貌的。长发也应留到肩部为止，而且最好将长发束紧固定，以免发丝垂下要时常去摆弄头发。

在办公室中不应涂艳丽的指甲油，可涂淡色或无色指甲油，这样即使指甲油剥落了也不明显。双手还是以清洁为最重要。另外，留长指甲也不妥，指甲太长，会影响打电话、操作电脑。

在社交场合中，我们应根据实际情况有意识地美化自我，才能做到“浓妆淡抹总相宜。”

2. 仪表

仪表指人的外表，包括人的服饰、体姿、手势、笑容等。

(1)服饰

在人与人的交流中，服饰给人留下的印象是深刻、鲜明的。商务人员的服饰是否得体，不仅反映了他的审美情趣和修养，也反映了对他人的态度，因此应谨慎对待。

男士礼服一般有三种，白天参加仪式、婚礼，可穿晨礼服；晚间参加晚宴、音乐会，可穿小礼服；极其郑重的场合则要求穿燕尾服一类的大礼服。目前，国际上正逐渐以黑色西装套服和灰色西装套服取代礼服，三件一套的黑色西装配以白色衬衫和黑色蝴蝶结，会给人以典雅高贵的印象，效果绝不亚于燕尾服。在正式场合穿西装，要精心选配衬衫和领带。白色衬衫使男士精神焕发，领带最好选用丝质的，而且要注意与西装的颜色相协调。除穿宝蓝色西服外，黑色领带几乎可以同任何颜色的西装搭配。交际场合中男士的衣着不应有过多的颜色变化，以不超过三色为首要原则。另外，穿西装套服最好配上西服背心，让他人看到自己衬衫与裤子的连接处是不礼貌的，也很不雅观。有时可不穿西装套服，但西装上衣和西裤的颜色要一致，既不要看上去“头重脚轻”，也不要看上去“头轻脚重”。

在西方的交际场合，一般要求女士穿礼服。女士的礼服也有三种：常礼服为质地、色泽一致的上衣和裙子；小礼服为长及脚背不拖地的露背式单色连衣裙式服装；大礼服为袒胸露背的拖地或不拖地的单色连衣裙式服装。

职业女性一般要穿灰色或蓝色的西装套裙，这样有助于提高自己的威信。选择色彩柔和一点的衣裙则会使职业女性显得平易近人，但是在社交、工作中穿着显得过于散漫的运动服式牛仔装或野味十足的服装则是不允许的。我国女士在涉外活动中，选择衣着的范围比较大，可以穿西装套裙、中式上衣配长裙或长裤、连衣裙、旗袍及其他民族服装。在比较正式的场合，我国的女士通常穿着西装套裙、连衣裙或旗袍作为礼服。旗袍是中国女性最佳礼服，它既能把中国女性的身姿最大限度地表现出来，又能使女性显得端庄典雅。在社交场合中，我国女士穿旗袍参加活动往往会受到外宾的赞美。

（2）体姿

体姿主要是指人的身体表现出来的姿势。人的生理结构、年龄、修养、学识、环境、经历不同，往往使人们在展示自己体姿上表现出自己的特点。

人的体姿在社会交际中起着十分重要的作用。人们往往通过体姿的变化反映动作主体的内在信息、表达情感，展示自己的内涵、修养。

（3）手势

手势是指表示某种意思时用手所做的动作，是一种表现力较强的“体态语言”。恰当地运用手势可以增强表情达意的效果，并给人以感染力，加深印象。

使用手势的总体要求是准确、规范、适度。

日常生活中某些手势会令人极其反感，严重影响交际形象，如当众搔头皮、掏耳朵、抠鼻孔、剔牙、咬指甲、挖眼屎、修指甲、揉衣角、搓泥垢及用手指在桌上乱画。为人指路时，切忌伸直一根指头；在社交场合，不能用手指指点，与人说话不要打响指；在任何情况下，不要用拇指指着自己的鼻尖和用手指点他人等。

（4）笑容

微笑应是发自内心的，要真诚、适度、适宜，符合礼仪规范。

1）微笑要真诚。微笑要亲切、自然、诚恳、发自内心，做到“诚于中而形于外”，切不可故作笑颜、假意奉承，发出“职业性的笑”。发自内心的微笑既是一个人自信、真诚、友善、愉快的心态反映，又能造就一种富有人情味的融洽气氛，它能温暖人心，化解冷漠，获得理解和支持。发自内心的真诚微笑应是笑到、口到、眼到、心到、意到、神到、情到。

2）微笑要适度。微笑的美在于文雅、适度，不能随心所欲。微笑的基本特征是不出声，不露齿，嘴角两端略提起，既不要故意掩盖笑意，压抑内心的喜悦以影响美感，也不要咧着嘴哈哈大笑。只有笑得得体、适度，才能充分表达友善、真诚、和蔼、融洽等美好情感。

3）微笑要适宜。微笑应注意场合、对象适宜。例如，在特别严肃的场合不宜笑；当别人做错事、说错话时不宜笑；当别人遭受重大的打击、心情悲痛时不宜笑。相反，当两人初次见面时，微笑可以拉近双方的距离；同事见面时点头微笑，显得亲切、融洽；商务人员对顾客微笑，表现出热情与主动；商务洽谈时微笑，显得潇洒大方、不卑不亢；当别人与自己发生争执时，微笑既能缓解对方的情绪，又能赢得主动的时间；当对方提出一些不好回答或不便回答的问题时，轻轻一笑不作回答，更显出它的特殊功能。

5.2 不同国家（地区）礼俗与禁忌

5.2.1 亚洲

1. 中国

（1）礼俗

中国传统民俗作为中国传统文化的一个组成部分，是在中华民族特有的自然环境、经济方式、社会结构、政治制度等因素的制约下孕育、产生并传承的，因而中国传统民俗既有人类民俗的共性，又有不同于其他国家和民族的独特个性。以下几个特点表现得十分明显。

1）原始信仰长期留存。原始信仰习俗在数千年的历史发展中长期传承和流行，是中国传统民俗的一大特点。

在物质生产活动中，春祈、秋报、求雨、禳灾、用占卜来预测气候和年成，以及围绕农事而形成一系列的禁忌等，长期以来一直是农业生产的传统习俗。在衣食住行中，原始信仰习俗也常有反映。中国的传统服饰，按礼制的规定，必须与一定的信仰活动相适应。从中国的传统节日看，也大多源于上古祭祀，尽管不少节日在后世的演变中或融合成多重内容的综合节日。

2）宗法观念影响深远。诚如学者所指出的，建立在农业经济基础上的以父家长为中心的宗法制度是中国传统文化所依托的社会结构。这种以宗法为特征的社会结构定势，对民间风俗产生了长期的、重大的影响。

从传统的社会心理看，人们对血缘关系的高度重视，明显地反映出宗法观念的影响。数千年来，“孝亲”情感一直在社会观念中占据着至高无上的地位。“孝亲”的另一个表现是对长辈的绝对顺从和孝敬。由尊祖孝亲又导出一个普遍的心理定式，即极端尊重传统，人们对待古已有之的传统惯制总是抱着谨慎恪守的态度。在礼制的约束下，人们塑成了循礼蹈规、安分守己的民族性格，形成了拘谨、守成、俭约、古朴的民俗风情。

3）民族和地区间存在明显差别。中国是一个统一的多民族国家，多样性、丰富性和民族间的差别性正是中国民俗的重要特征。

4）从文化上看，各民族有很大差别。我国大多数的民族都使用本民族的语言，宗教信仰也多种多样。各个方面都形成了差别明显、各具特色的民俗风情。

5）既一以贯之又不断变迁。在中国民俗的母体和核心一以贯之的情况下，其传统架构中的不少内容已发生了颇大变化。一些民俗的内容和形式以其原型或变种长期保留着：一些民俗保留了传统的形式，而原始内容则日趋淡化和消亡；一些民俗在后世的传承中仅保留了原有的名目，其内容和形式都发生了极大变化；一些民俗已消失；还有一些民俗是由于文化的变革或外来文化的影响而新出现的。上述状况表明，只有仔细分析和认真研究各类民俗事象的传承与演变，才能真正认识中国民俗。

（2）禁忌

人们迷信福祸，产生禁忌，迷信愈深，禁忌愈多。随着科学技术的发展和社会的进步，无端之禁明显减少，下列“禁忌”绝大多数为迷信。

1）儿童取名，忌与直系亲属同字同音，同者则认为是冒犯长辈。

2）出外赴宴，忌自坐上席或首席，自坐者会被认为“不懂礼”。

3）凡送喜庆贺礼，装潢都要采用红色。

4）摆饭于桌，忌把筷子横架于碗上或竖插于碗中。

5）与人环坐，忌把脚踩在别人凳子上。春节期间忌说不吉利词句。

6）长辈逝世忌说“死了”，应说“老了”等。

2. 日本

（1）礼俗

1）服饰礼仪。日本人平时很讲究礼节，尤其外出参加各种活动，男士一般着西装，女士必须穿和服。在商务活动或上班时男士大都着西装、打领带；女士基本穿西服套裙或连衣裙，化淡妆。

2）见面礼仪。日本人平时见面要互相问候，行鞠躬礼，15°是一般礼节，30°为普通礼节，45°是最尊重的礼节。如果是熟人或老朋友，可以主动握手或拥抱。初次见面要行90°鞠躬礼，男士双手垂下贴腿鞠躬，女士将左手压在右手放在小腹鞠躬，并口念“初次见面，请多关照”。在国际交往中，日本人也习惯使用握手礼。

在日本，名片的使用非常普遍，特别是商人，初次见面有互换名片的习惯。一般年轻的或身份低的先递上名片。递交名片时，要将正面正对着对方。如果没有名片，要自我介绍名字、工作单位和职务。

日本人习惯在会面采访时事前约定，并按约定的时间准时到达。他们的时间观念很强，比较忌讳迟到或突然到访。

3）馈赠礼仪。在日本很盛行送礼之风，同事荣升、结婚、生孩子、生日、过节等都会赠送礼物，在商务交往中这种情况更多。送日本人礼品要选择适当，中国的文房四宝、名人字画、工艺品等最受欢迎，但字画的尺寸不宜过大。所送礼品的包装不能草率，最好用花色包装纸包装礼物。另外，不要送日本人有动物形象的礼品。中国人送礼成双，日本人则避偶就奇。按日本习俗，向个人赠礼须在私下进行，不宜当众送出。

4）宴请礼仪。日本不流行家宴，商业宴会也很难得让妇女参加。商界人士没有携带夫人出席宴会的习惯。商界的宴会一般在大宾馆举行鸡尾酒会。日本人没有敬烟的习惯，在宴会上也不宜劝酒。

（2）禁忌

1）日本人不喜欢紫色，最忌讳绿色。

2）日本人忌讳荷花。在看望病人时忌用山茶花及淡黄色、白色的花，也不能把玫瑰和盆栽植物送给病人。日本人一般不接受菊花和有菊花图案的东西或礼品。

3）日本人忌讳“苦”和“死”，甚至连谐音的词也忌讳。另外，忌讳三人一起合影，认为中间人被左右两人夹着，是不幸的预兆。

4）忌讳赠送有狐狸图案的礼品，喜欢鸭子、乌龟、松、竹等图案。忌讳别人打听自己的工资。年轻女性忌讳别人询问她的姓名、年龄和婚否。

3. 泰国

（1）礼俗

1）服饰礼仪。泰国的各个民族都有自己的传统服饰。在正式场合，泰国人都讲究穿着自己本民族的传统服饰，并且以此为荣。在商务交往中，他们一般穿深色的套装或套裙。

2）见面礼仪。由于信仰佛教的缘故，泰国人在一般的交际应酬中所用最多的见面礼节是带有浓厚佛教色彩的合十礼。通常，合十的双手举得越高，越表示对对方的尊重。

在交际场合，泰国人习惯于称呼其名。例如，他们不会称自己为“庞先生”，而称“光华先生”。

3）馈送礼仪。作为客人，应对主人的家庭和住房表示感兴趣，但不要过分赞美某种东西，以免主人觉得客人想要。在一般情况下，小小的纪念品可作为礼物相赠。礼物通常应用纸包装好。鲜花也是合宜的礼物。

4）谈判礼仪。同泰国人打交道，不要夸耀自己国家的经济如何发达，否则他们会认为你太傲慢，在以后的交往中，有可能会有意地为难你。因此，在泰国商人面前，显得越谦虚越好，他们才能很好地与你配合。

5）宴请礼仪。泰国人是不喝热茶的，他们的做法是在茶里加上冰块，令其成为冻茶。在一般情况下，他们绝不喝开水，而惯于直接饮用冷水。在喝果汁的时候，他们还有在其中加入少许盐末的偏好。在口味方面，泰国人不爱吃过咸或过甜的食物，也不吃红烧的菜肴。从总体上讲，泰国人喜食辛辣、鲜嫩之物。在泰国，人们认为“左手不洁”，所以绝对不能以其取用食物。

（2）禁忌

尽管泰国实行言论自由，但是绝对不允许议论泰王和王室的其他成员。与泰国人进行交往时，不要非议佛教，或对佛门弟子有失敬意。在举止动作上，泰国人的禁忌很多：泰国人的头部，尤其是孩子的头部，一般绝对不允许触摸；他们不允许用脚指示方向，不允许将脚尖朝着别人，不允许用脚踏门槛。

4. 韩国

（1）礼俗

1）服饰礼仪。韩国人非常看重自己留给交往对象的印象，为了维护个人形象，他们对社交场合的穿着打扮十分在意。韩国人在交际应酬之中通常都穿着西式服装，讲究朴素整洁，并且较为庄重保守。在某些特定的场合，韩国人往往会穿本民族的传统服装。

2）见面礼仪。应安排由最年长的男同事介绍。在韩国，介绍完之后，呈上自己的名片，名片上应该清楚地写明自己的头衔和职务、学历和专业背景。在初步的谈话中，找机会提到自己的职位、头衔、经验和专业能力，当然在谈这些时，不能表现出傲慢或者夸耀。在韩国文化中，背景和经验会得到尊重。韩国人对对方的怠慢非常敏感。

3）馈送礼仪。如果自己刚从国外到达韩国，去当地合作伙伴的办公室会见他，那么应带上礼品。如果被邀请到韩国人的家中去做客，通常也要带礼物。合适的礼物应具有民族特色，如中国的字画、工艺品。

4）宴请礼仪。宴请和被宴请是和韩国商业伙伴建立亲密关系的必要部分。对男士而言，礼节性的饮酒是了解合作者的一个传统方法。有时饮很多酒甚至喝醉也是合适的。喝酒似乎可以使商业会议中正式性消失。对一个困难的谈判而言，酒是一个很好的润滑剂。

（2）禁忌

由于发音与“死”相同的缘故，韩国人对“4”这一数字十分厌恶。受习俗影响，也有不少韩国人不喜欢“13”这个数字。需要对其国家或民族进行称呼时，宜称之为“韩国”或“韩国人”。在韩国，不宜谈论的话题有政治腐败、经济危机、意识形态、南北分裂、韩美关系、韩日关系、日本之长等。韩国人的民族自尊心很强，他们强调所谓“身土不二”，反对崇洋媚外，倡导使用国货。

5.2.2 欧洲

1. 英国

（1）礼俗

1）席间礼节（manners at table）。在宴席（banquet）上，你的行为举止要得体，否则就是失礼(disrespect),会被人认为没有教养(breeding)。所以在宴席上,不可用餐巾(napkin)擦银器皿;不要把汤匙放在汤碗中。在餐桌上不要服用任何药品。口中食物太多时,不要和别人讲话。在众人面前,不得使用牙签(toothpick)等。

2)家庭成员介绍(family introduction)。介绍自己家庭成员时,通常直接说出妻子或丈夫的姓名。当介绍家庭的其他成员(member)时,一定要说清楚他们和自己的关系。如果把某一家人介绍给其他人,对已婚夫妇应作分别介绍,即使他们站在一起。

3)谈话距离(talking distance)。英美人谈话时,总要保持一定的礼节性距离。一般来说,英国人保持 1 米的距离,美国人则保持 0.5 米左右。他们认为,讲话距离过近或过远,会使人感到拘谨(reserved)或淡漠,令人不快。

4)晨礼服(morning coat)。一般的晨礼服包括一件灰、黑色的上装,一条带条纹的灰、黑色裤子。通常系(tie)灰色领带,穿黑皮鞋,戴黑色礼帽(现在几乎无人佩戴)。这种礼服是人们白天穿的正式礼服,适合参加典礼、去教堂做礼拜等场合。

5)在英国,受到款待一定要致谢,事后致函表示谢意更能引起注意,赠送小礼品能增加友谊。在英国经商,必须遵守信用。

6)丈夫通常要偕同妻子参加各种社交活动,而且总是习惯先将妻子介绍给贵宾认识。按英国商务礼俗,宜穿三件套式西装,打传统保守式的领带,但是勿打条纹领带,因为英国人会联想到旧“军团”或老学校的制服领带。英国人的时间观念很强,拜会或洽谈生意,访前必须预先约会,准时很重要,最好提前几分钟到达。他们的相处之道是严守时间、遵守诺言。

7)英国各民族还是遵循传统的习惯,因此宜避免用“English”一字来表示“英国的”。如遇到苏格兰人或威尔士人,说他是“英国人”,那么,他会纠正说,他是“苏格兰人”或“威尔士人”,建议对英国人使用“British”一词。英国人谈生意时态度保守、谨慎。初次见面或在特殊场合,或者是表示赞同与祝贺时,才相互握手。在英国,不流行邀请对方午餐时谈生意。一般说来,英国人的午餐比较简单,对晚餐比较重视,将其视为正餐。

8)将重大的宴请活动都放在晚餐时进行。去英国人家里作客,最好带点价值较低的礼品,因为花费不多就不会有行贿之嫌。礼品一般有高级巧克力、名酒、鲜花,特别是我国具有民族特色的民间工艺美术品,他们格外欣赏。而对有客人公司标记的纪念品不感兴趣。在英国,服饰、香皂之类的物品涉及个人的私生活,故一般不用来送人。菊花在任何欧洲国家都只用于万圣节或葬礼,一般不宜送人。白色的百合花在英国象征死亡,也不宜送人。其他的花都可送人。盆栽植物一般是宴会后派人送去。

9)若请自己到家里做客,需要注意,如果是一种社交场合,不是公事,早到是不礼貌的,因为女主人要做准备,去早了,她还没有准备好,会使她难堪。最好是晚到 10 分钟。在接受礼品方面,英国人和我国的习惯有很大的不同。他们常常当着客人的面打开礼品,无论礼品价值如何,或是否有用,主人都会给以热情的赞扬表示谢意。苏格兰威士忌是很通行的礼品,烈性威士忌则不然。

（2）禁忌

英国人忌谈个人私事、家事、婚丧、年龄、职业、收入、宗教问题。由于宗教的原因，他们非常忌讳“13”这个数字，认为这是一个不吉祥的数字。日常生活中应尽量避免“13”这个数字，用餐时，不准13人同桌，如果13日又是星期五，则认为这是双倍的不吉利。第一次见面时，一般以握手为礼，不像东欧人常拥抱。随便拍打客人被认为是非礼的行为，即使在公务完结之后也如此。英国人有些禁忌须注意，如他们不从梯子下走过，在屋里不撑伞，不把鞋子放在桌子上等。

2. 法国

（1）礼俗

1）社交礼仪。与英国人和德国人相比，法国人在待人接物上的表现是大不相同的，主要有以下特点：第一，爱好社交，善于交际。对于法国人来说社交是人生的重要内容，没有社交活动的生活是难以想象的。第二，诙谐幽默、天性浪漫。他们在人际交往中大都爽朗热情，喜欢浪漫的经历。第三，渴求自由，纪律较差。法国人是“自由主义者”。第四，自尊心强，偏爱“国货”。法国人拥有极强的民族自尊心和民族自豪感。第五，有骑士风度，尊重妇女。在人际交往中主要行握手礼、拥抱礼和吻面礼。

2）服饰礼仪。法国人对于衣饰的讲究在世界上是最为有名的。“巴黎式样”，即与时尚、流行含义相同。出席庆典仪式时一般要穿礼服。男士所穿的多为配以蝴蝶结的燕尾服，或是黑色西装套装；女士所穿的则多为连衣裙式的单色大礼服或小礼服。对于穿着打扮，法国人认为重在搭配是否得法。在选择发型、手袋、帽子、鞋子、手表、眼镜时，强调要使之与着装相协调。

3）餐饮礼仪。作为世界三大烹饪王国之一，法国人十分讲究饮食。在西餐中，法国菜可以说是最讲究的。法国人特别善饮，他们几乎餐餐必喝酒，而且讲究在餐桌上要以不同品种的酒水搭配不同的菜肴。法国人用餐时，允许两手放在餐桌上，但不能将两肘支在桌子上，在放下刀叉时，他们习惯于将其一半放在碟子上，一半放在餐桌上。

（2）禁忌

法国人所忌讳的数字是“13”与“星期五”。在人际交往中，法国人对礼物十分看重，但又有其特别的讲究。宜选具有艺术品位和纪念意义的物品，不宜以刀、剑、剪、餐具或是带有明显的广告标志的物品。男士向一般关系的女士赠送香水，也是不合适的。在接受礼品时若不当着送礼者的面打开其包装，则是一种无礼的表现。

3. 德国

（1）礼俗

1）社交礼仪。德国人在待人接物方面所表现出来的独特风格往往会给人以深刻的印象。第一，纪律严明，法制观念极强。第二，讲究信誉，重视时间观念。第三，极端自尊，非常重视传统。第四，待人热情，十分注重感情。必须指出的是，德国人在人际交往中对礼节非常重视。与德国人握手时，握手时务必要坦然地注视对方，握手的时间宜稍长，晃动的次数宜稍多，握手时所用的力量宜稍大。在德国，称“您”表示尊重，称“你”则表示地位平等、关系密切。

2）服饰礼仪。德国人在穿着打扮上的总体风格是庄重、朴素、整洁。在一般情况下，德国人的衣着较为简朴。男士大多爱穿西装、夹克，并喜欢戴呢帽。女士则大多爱穿翻领长衫和色彩、图案淡雅的长裙。德国人在正式场合露面时必须穿戴整齐，衣着一般多为深色。在商务交往中，他们讲究男士穿三件套西装，女士穿裙式服装。德国人对发型较为重视。在德国，男士不宜剃光头，避免被人当作“新纳粹”分子。德国少女的发式多为短发或披肩发，烫发的妇女大多是已婚者。

3）餐饮礼仪。德国人是十分讲究饮食的。在肉类方面，德国人最爱吃猪肉，其次是牛肉。以猪肉制成的各种香肠，令德国人百吃不厌。德国人一般胃口较大，喜食油腻之物。在饮料方面，德国人最爱喝啤酒。

（2）禁忌

在所有花卉之中，德国人对矢车菊最为推崇，并且选定其为国花。在德国，不宜随意以玫瑰或蔷薇送人，前者表示求爱，后者则专用于悼亡。对于“13”与“星期五”，德国人极度厌恶。他们对于四个人交叉握手，或在交际场合进行交叉谈话，也比较反感。因为这两种做法都被他们看作是不礼貌的。向德国人赠送礼品时，不宜选择刀、剑、剪刀、餐刀和餐叉。以褐色、白色、黑色的包装纸和彩带包装、捆扎礼品，也是不允许的。与德国人交谈时，不宜涉及纳粹、宗教与党派之争。在公共场合窃窃私语，德国人认为是十分无礼的。

4. 俄罗斯

（1）礼俗

1）社交礼仪。在人际交往中，俄罗斯人素来以热情、豪放、勇敢、耿直而著称于世。在交际场合，俄罗斯人惯于和初次会面的人行握手礼。但对于熟悉的人，尤其是在久别重逢时，他们则大多要与对方热情拥抱。在迎接贵宾时，俄罗斯人通常会向对方献上“面包和盐”。这是给予对方的一种极高的礼遇，来宾必须收下。在称呼方面，对有职务、学衔、军衔的人，最好以其职务、学衔、军衔相称。

2）服饰礼仪。俄罗斯大都讲究仪表，注重服饰。在俄罗斯民间，已婚妇女必须戴头巾，并以白色的为主；未婚姑娘则不戴头巾，但常戴帽子。在城市里，俄罗斯人目前多穿西装或套裙，俄罗斯妇女往往还要穿一条连衣裙。前去拜访俄罗斯人时，进门之后应立即脱下外套、手套和帽子，并且摘下墨镜。这是一种礼貌。

3）餐饮礼仪。在饮食习惯上，俄罗斯人讲究量大实惠、油大味厚。他们喜欢酸、辣、咸味，偏爱炸、煎、烤、炒的食物，尤其爱吃冷菜。他们很爱吃用黑麦烤制的黑面包。除黑面包之外，俄罗斯的特色食品还有鱼子酱、酸黄瓜、酸牛奶等。具有该国特色的烈酒伏特加是他们最爱喝的酒。此外，他们还喜欢喝“格瓦斯”饮料。参加俄罗斯人的宴请时，宜对其菜肴加以称道，并且尽量多吃。

（2）禁忌

在俄罗斯，被视为“光明象征”的向日葵最受人们喜爱，被称为“太阳花”，并被定为国花，拜访俄罗斯人时，送给女士的鲜花宜为单数。在数目方面，认为它是成功、美满的预兆。对于“13”与“星期五”，他们则十分忌讳。俄罗斯人主张“左主凶，右主吉”，因此，他们也不允许以左手接触别人，或以之递送物品。俄罗斯人忌讳的话题有政治矛盾、经济难题、宗教矛盾、民族纠纷、苏联解体、阿富汗战争，以及大国地位问题。

5.2.3 美洲及太平洋地区

1. 美国

（1）礼仪习俗

在美国社会必须“入境随俗”，必须了解并遵守美国社会中惯行的礼仪规则。在穿衣方面，虽然美国人给人以随和、不正式的印象，但在上班、赴宴会的场合仍很正规，穿衣的规矩极多，但以适合时宜为主。例如，参加葬礼时，则应着黑色或素色的衣服；女士在办公室应着裙装，避免穿牛仔长裤；乘车方面，车内座位的大小顺序要视主人开车或司机开车而有所不同；如是搭乘出租车，应该以后座右方的座位为最大座，后座的左位为次之，其次为中间，而司机旁的座位为最卑位；如开车的是友人，则他旁边的座位为最尊位，其次才是后座右、左及中间位；在饮食方面，要注意餐具应先由最外面的一副刀叉开始使用，食物要用叉子压紧，将其切成小块放入口中，吃食物及喝汤时不可出声，喝咖啡的小汤勺是用来搅拌奶品及糖的，切记不可用汤勺来喝咖啡，并避免在餐厅中喧哗。

（2）社交礼节

如接到请帖赴宴，要注意以下以几点：是否需要寄上回帖，告诉主人参加与否，有时也可用电话通知，如请帖上注明“regrets only”，则只有无法参加时才需通知，注明“rsvp”时就表示不论参加与否均应寄上回帖或电话通知。注意参加的宴会有无服装的规定；在参加酒会的时候，则可以在规定的时间内（如5～7时）前往，当然也不宜太晚才到。

如果邀宴宾客，则主人应注意以下几点。一是陪客：应邀请与主客关系良好的人作陪。二是食物：应先了解客人有无忌口的食物，如是否为素食者，是否为不食猪肉及鳞鱼类的犹太人。三是座位：主人应坐在背对门的位置，主客则在其对面，另外要注意阶级、尊卑，并以男女、夫妻、中外分坐为原则。进餐时饮酒种类应视当日主食而定，如吃鱼则饮用白酒，吃牛肉则喝红酒，红酒应与室温相同，不可强邀宾客“干杯”，至于威士忌及白兰地等烈性酒，则多于饭后或饭前饮用。

（3）禁忌

美国人对握手时目视其他地方很反感，认为这是傲慢和不礼貌的表现，忌讳向妇女赠送香水、衣物和化妆用品。美国妇女因有化妆的习惯，所以她们不欢迎服务人员送香巾擦脸。

在美国不要把黑色人种称作“negro”，最好用“black”一词，黑色人种对这个称呼会坦然接受。因为negro主要是指从非洲贩卖到美国为奴的黑色人种。与白色人种交谈如此，与黑色人种交谈更要如此。否则，黑色人种会感到你对他的蔑视。

美国人忌讳他人对他伸舌头，认为这种举止是污辱人的动作。他们讨厌蝙蝠，认为它是吸血鬼的象征。忌讳数字“13”“星期五”等日期。

美国人忌讳询问个人收入和财产情况，妇女婚否、年龄及服饰价格等私事；忌讳黑色，认为黑色是肃穆的象征，是丧葬用的色彩；特别忌讳赠礼带有自己公司标志的廉价礼物，因为这有义务做广告的嫌疑。

2. 加拿大

(1) 礼俗

1) 服饰礼仪。在加拿大，不同的场合有不同的装束。在教堂，男性着深色西装，女士则穿庄重的衣裙。在参加婚礼时，男子或穿着西装，或穿便装。加拿大青年人喜欢表现现代生活的节奏感，着装显得潇洒自在。

2) 仪态礼仪。加拿大人在社交场合一般姿态比较庄重，举止优雅，在交谈时，加拿大人会和颜悦色地看着对方。加拿大人常用两手手指交叉置于桌上等姿态来缓和紧张气氛或掩饰窘态。遇到他人遭遇不幸或心情不好的时候，他们一般会采用这种姿势，这说明他们对他人的处境表示理解和同情。

3) 相见礼仪。加拿大人在社交场合与客人相见时一般行握手礼，亲吻和拥抱礼仪适合熟人、亲友和情人之间。加拿大人的姓名同欧美人一样，名在前，姓在后，他们在作介绍时，一般遵循先少后长、先高后低的次序。

4) 餐饮礼仪。加拿大人在食俗上与英美人相似，由于气候寒冷的缘故，他们养成了爱吃烤制食品的习惯，这是他们的独特之处。加拿大人用刀叉进食，极爱食用烤牛排，尤其是八成熟的嫩牛排，习惯在用餐后喝咖啡和吃水果。

5) 喜丧礼仪。加拿大基督教徒的婚礼一般在教堂里举行。在结婚仪式上，牧师要为他们做祷告，新郎、新娘互换戒指。加拿大人去世后，一般要请牧师做弥撒，使死者的灵魂升入天堂。在葬礼上，亲友要在牧师的祷告声中向墓穴撒下鲜花。

(2) 禁忌

由于大部分加拿大人信奉基督教新教和天主教，因此他们忌讳“13”和“星期五”，认为它们是带厄运的数字。加拿大人民对自己的国家充满了自豪感，他们反感把加拿大同美国作比较，尤其忌讳拿美国的优点来与他们相比。

3. 阿根廷

(1) 礼俗

1) 商务礼仪。阿根廷的商务礼俗是必须穿保守式样的西装。若在餐厅吃晚餐，也要穿西装，系好领带。即使是外地来的观光客也绝不例外。

2）相见礼仪。阿根廷人久别相见，男士互相拥抱，女士则握住对方双手并亲面颊。送礼不要送衬衫、领带之类贴身用的物品，阿根廷人喜欢别人夸奖他们的孩子、家里的陈设和他们制作的菜肴。避免谈论有争议的宗教、政治问题。可以谈论体育，特别是足球以及当地的公园。

3）仪态礼仪。在阿根廷乘火车，若在特等厢或头等厢脱下上衣，随车的车长会马上提出警告。据载，当年庇隆当政的时代，他曾经喊出一个口号："脱下上衣，以更轻松的心情努力工作。"据说，不但效果全无，还引起了反感。在保持体面、重视礼节方面，阿根廷人的习惯已经根深蒂固。

4）餐饮礼仪。阿根廷人在饮食上习惯吃欧式西菜，以吃牛、羊和猪肉为主，尤以烤全牲为其传统的食品。阿根廷商人喜欢邀请客人至家中做客，餐桌上常备阿廷国正宗牛肉。到阿根廷人家里做客，可给女主人送上一束鲜花或糖果。翌日勿忘派人送花给主人致意。阿根廷人对其"牛仔"文化亦感骄傲，可对此称赞两句。注意一点，晚餐到晚上9～10点才开始，餐前会有尾酒会，7～8点才会开始。

（2）主要禁忌

阿根廷人大多信奉天主教，有少部分人信奉基督教新教、犹太教、东正教、万灵论。他们忌讳"13"和"星期五"，认为这是令人懊丧和不吉利的数字和日期。所以，人们都设法回避"13"和"星期五"。阿根廷人不喜欢灰颜色，因为一般人看不惯这种色彩。他们不喜欢别人送他们衬衫、领带之类的贴身物品。他们忌讳菊花，认为菊花是在丧礼上使用的，是令人悲伤的"妖花"。他们忌讳送礼时送手帕。因为送手帕会招致悲伤。

4. 巴西

（1）礼俗

1）社交礼仪。巴西人说话直接。在人际交往中大都活泼好动、幽默风趣。巴西人在社交场合通常都以拥抱或者亲吻作为见面礼节。只有在十分正式的活动中，他们才相互握手。除此之外，巴西人还有一些独特的见面礼，如握拳礼、贴面礼、沐浴礼。

2）服饰礼仪。在重要的政务、商务活动中，巴西人主张一定要穿西装或套裙。在一般的公共场合，男士至少要穿短衬衫、长西裤，女士则最好穿高领带袖的长裙。

3）餐饮礼仪。巴西人平常主要吃欧式西餐。因为畜牧业发达，巴西人所吃食物之中肉类所占的比例较大。在巴西人的主食中，巴西特产黑豆占有一席之地。巴西人喜欢饮咖啡、红茶和葡萄酒。

（2）禁忌

与巴西人打交道时，不宜向其赠送手帕或刀。

英美人所采用的表示"OK"的手势，在巴西看来是非常"下流"的。巴西人崇尚有秩序的社会，反对在公共场所排队加塞，禁止在大街上乱丢垃圾和在公共场所吸烟，蔑视偷盗、抢劫。注意在公共场所的谈吐举止，避免高谈阔论、大声喧哗，不乱丢垃圾、随地吐痰。

5.2.4 非洲地区

1. 埃及

埃及人见面时行握手礼，有的也行亲吻礼，往往还要双方互致问候，人们最广泛使用的问候语是“祝你平安”“真主保佑你”。

在埃及，进入清真寺之前要记住脱掉鞋。

在埃及，老年人称年轻人为“儿子”“女儿”，学生称老师为“爸爸”“妈妈”，穆斯林教徒互称“兄弟”，这并不表示具有血缘关系，而只是表示尊敬和亲切。

与埃及人打交道时，如果能使用阿拉伯语的尊称，通常会令他们更加开心。去埃及人家做客时，应事先预约，不要打听或问候穆斯林家的女性。和埃及人谈论的话题，应该是他们感兴趣的话题，如埃及古老的文明等。

（1）衣食风俗

总体上说，埃及人的穿着主要是长衣、长裤和长裙。埃及城市里的下层贫民，以及乡村里的农民，平时主要穿阿拉伯大袍。同时还要头缠长巾，或是罩上面纱。乡村妇女喜爱佩戴首饰，尤其讲究佩戴脚镯。埃及人忌穿绘有星星、猪、狗、猫及熊猫图案的衣服。

在餐饮方面，埃及人对礼仪极为讲究。埃及人主食为面饼，副食爱吃羊肉、鸡肉、豌豆、洋葱、萝卜、土豆、西红柿等。口味较淡，不喜油腻，喜吃甜食，宴会或家庭正餐的最后一道菜都是甜食。在饮品上，埃及人喜欢喝酸奶、红茶和咖啡。

（2）禁忌

埃及人忌蓝色和黄色，认为蓝色是恶魔，黄色是不幸的象征，遇丧事都穿黄衣服。埃及人还忌针，因为针在埃及是贬义词，每日下午3～5时是严禁买针和卖针的时间，以避“贫苦”“灾祸”。

2. 南非

（1）社交礼节

南非的社交礼仪“黑白”分明，指的是南非的黑色人种和白色人种所遵从的礼仪差别很大。

以目前而论，在社交场合采用的见面礼节主要是握手礼，称呼“先生”“小姐“夫人”。绅士风度、女士优先、守时践约等基本礼仪，南非人早已身体力行。

南非黑色人种有着自己的个性与尊严，出访时要对南非黑色人种的特殊礼仪表示认同和尊重。例如，在行见面礼时，有些黑色人种会行拥抱礼，有些黑色人种会行亲吻礼；在迎送客人时，许多地方的黑色人种往往列队相迎、载歌载舞，习惯以鸵鸟毛或孔雀毛赠以贵宾，客人要高兴地将这些珍贵的羽毛插在自己的帽子上或头发上。

（2）衣食风俗

在正式场合，南非人都讲究着装端庄、严谨。在日常生活中，南非人大多爱穿休闲装。南非黑色人种穿这类服装，不分男女老幼，往往偏爱色彩艳丽的，尤其爱穿花衬衫。黑色人种通常还有穿本民族服装的习惯。在南非，白色人种的饮食习惯与英国人相似，他们吃牛肉、鸡肉、鸡蛋、面包和青菜，爱喝咖啡和红茶。另外，意大利式的烤馅饼也很流行。大多数黑色人种由于收入低，主要以玉米和大米为食，喜欢牛、羊肉，不吃猪肉，爱吃熟食。南非著名的饮料是被称为“南非国饮”的如宝茶。

（3）禁忌

与南非人打交道，首先要了解交往对象的宗教信仰，然后予以尊重。信仰基督教的南非人忌讳“13“和“星期五”。南非的黑色人种忌讳他人对其长辈和祖先在言行举止上失敬。在黑色人种部族里，妇女的地位比较低下，神圣的地方是禁止妇女接近的。与南非黑色人种交谈时，忌谈黑色人种部族或派别之间的关系及其矛盾；不要为白色人种邀功；不要非议黑色人种的古老习俗。

案例分析

案例 1

加拿大某商人应邀到广东考察，广东某外贸公司派出业务员小李到机场接他。加拿大商人刚下飞机，小李就热情地接待了他，并对他说：“你的体形可真丰满。”小李把加拿大商人接到旅馆安顿后，又请他到湖南特色菜馆用餐，点了有湖南特色的臭豆腐、酸辣凤爪、油爆肚尖等菜肴。用完餐后，小李又代表公司送上一大盒公司生产的工艺品。但是，第二天小李到旅馆来接加拿大商人时，原本计划在广东考察一周的加拿大商人已离开。

问题：加拿大商人是否没有修养？为什么？

案例 2

江西一家食品进出口公司近日派业务员黄先生赴泰国进行商务考察，并进行一批食品买卖的合同的签约。泰国某食品公司在一家高级餐馆设宴招待黄先生，并派出当地一名年轻的男业务员进行谈判。由于天气炎热，黄先生身穿短袖衬衫和西装短裤前去赴约。见面后，泰方业务员对黄先生行合十礼，而黄先生猛拍其肩膀，大声说道：“哈哈！兄弟，你真是年轻有为啊!”坐下之后，黄先生叉开双腿，脚尖正对着泰方业务员。用餐时，黄先生用左手抓取食物。用餐完毕，泰方业务员对黄先生说：“很抱歉，请恕我公司不能与你们签约。”

问题：为什么黄先生与泰方的签约无法完成？

本章小结

本章主要介绍了涉外交往的基本礼仪规范，以及不同地区和国家的传统习俗与禁忌。

随着我国对外开放的进一步扩大，国际交流的日益频繁，尤其是国际会议、国际赛事在中国的大量举办，使我们有更多的机会、更近距离地感知世界。因此，掌握这些涉外礼仪知识有助于开展对外商务交往。

练习与思考

在线同步测试及参考答案

一、单选题

1．涉外人员在公务场合的着装应当重点突出的风格是（　　）。

A．时尚开放　　B．时髦前卫
C．庄重保守　　D．端庄时尚

2．一般而言，通行于世界的住宿饭店的礼仪不包括（　　）。

A．应当讲究礼貌　　B．应当保持肃静
C．应当注意卫生　　D．应当一厢情愿

3．日本人平时很讲究礼节，尤其外出参加各种活动，男士一般是西服革新，女士必须穿（　　）。

A．西装　　B．连衣裙　　C．旗袍　　D．和服

4．日本人平时见面要互相问候，行鞠躬礼，初次见面要行（　　）的鞠躬礼。

A．90°　　B．15°　　C．30°　　D．45°

5．泰国人信仰佛教，在一般的交际应酬中所用最多的见面礼节是带有浓厚佛教色彩的（　　）。

A．合十礼　　B．拱手礼　　C．贴面礼　　D．握手礼

二、多选题

1．随着我国国际交往的不断增多，我国各类人员参与各种外事活动的机会愈来愈多。那么，在复杂纷繁的涉外礼仪中应遵守的基本原则是（　　）。

A．女士优先　　B．以右为尊
C．维护个人隐私　　D．不得纠正

2．在西方国家，最正规的大礼服，男式的是黑色的燕尾服，不属于女式的则是（　　）。

A．西装套裙
B．连衣裙
C．旗袍
D．袒胸、露背、拖地的单色连衣裙式服装

3．安排涉外宴请的用餐环境，主要需要注意（　　）。

A．环境要卫生　　B．环境要整洁　　C．环境要热闹　　D．环境要雅致

4．手势是指表示某种意思时用手所做的动作，是一种表现力较强的“体态语言”。恰当地运用手势可以增强表情达意的效果，并给人以感染力，加深印象。使用手势的总体要求是（　　）。

A．准确　　B．夸张　　C．适度　　D．规范

5．法国人拥有极强的民族自尊心和民族自豪感，在人际交往中主要使用的见面礼有（　　）。

A．握手礼　　B．拥抱礼　　C．吻面礼　　D．合十礼

三、简答题

1．在国际交往中，男士在衣着方面有哪些讲究？

2．在韩国，赠送礼物应注意哪些礼仪要求？

3．西餐用餐时，应注意的礼仪有哪些？

四、技能训练

学生分组扮演角色，分别表演到日本、法国、美国、埃及等不同国家朋友家做客的情景，中方代表1～2人，外国友人为一对夫妇（对中国的了解程度可以由各小组自定）。

第6章

公共关系概述

在20世纪80年代初期形成了一种对公共关系的误解，认为公关就是钻空子，请客吃饭。实际上，公共关系是一门真正的管理科学与艺术，是指社会组织为树立自身的良好形象，为组织的发展创造最佳的内外环境，运用科学的传播和沟通手段，在组织和公众之间建立一种相互理解和相互依存关系的管理活动。它是科学与艺术的统一，既是一种新兴的职业，又是一门新兴的学科。本章重点介绍公共关系的定义、产生与发展及构成要素，使学生更清楚地了解公共关系。

知识目标

✧ 了解公共关系产生的条件与发展，了解公共关系与相关学科的关系。
✧ 理解公共关系的概念及其内容，理解公共关系的一般特征、基本原则与功能。
✧ 掌握公共关系构成要素的主体和对象。

能力目标

✧ 能运用掌握的公共关系基础知识正确界定社会上的公关活动。
✧ 能借鉴与运用传播的方式和媒介解决日常生活中遇到的公关问题。
✧ 会运用1~2种传播媒介进行简单的信息传播活动。

情感目标

✧ 正确看待公关在社会发展中的积极作用。

✧ 有意识地培养个人的公关能力、专业素养。

✧ 培养良好的公关职业道德。

职业资格考核要点

公共关系　公共关系的主体　公关的原则　公关的功能　公关的对象　公众的分类　公关的传播与媒介

6.1 公共关系与公共关系学

6.1.1 公共关系概述

1. 公共关系的基本概念

“公共关系”一词来自英文 public relations（PR）。public 既可译为“公共的”，又可译为“公众的”。relations 则译为关系、交往等。综合两个英语词汇的内涵和特点进行分析，将 public relations 译为“公众关系”更为确切。由于目前使用“公共关系”的译法已约定俗成，这里也延续这种称法。

公共关系就是社会组织为了促进与相关的内外公众的理解、信任、支持与合作，创造自身发展的最佳社会环境，树立良好的公众形象，利用信息的传播、沟通等手段而采取的各种行动，以及由此而产生的各种关系。

这一概念包含公共关系的五个基本内容。

1）公共关系的行为主体是组织机构及其组织人员。任何组织在其生存、发展过程中必然会与各类公众形成一定的关系，处理和协调这种关系的行为便是组织的公共关系活动，将这种活动纳入管理的轨道，有计划、有组织地进行便构成组织的经营管理职能。

2）公共关系的沟通对象是相关公众，既包括组织外部的公众，又包括组织内部的公众。公众构成了组织的特定环境，组织也需要得到公众的认可和支持。公共关系便是协调各种公众关系，争取公众舆论支持，创造良好的公众环境的一种工作。

3）公共关系的工作手段是传播沟通媒介。公共关系作为组织的一种经营管理方法，主要运用各种信息传播媒介去建立和维持组织与公众之间的有效沟通。广泛应用各种形式的人际沟通媒介和大众传播媒介，了解和影响公众的意见、态度和行为，成为公共关系活动的主要特色。这一特色使公共关系活动与生产活动、销售活动、财务活动、行政人事活动等其他的组织管理活动区别开，它既不能代替这些活动，也不能被这些活动所取代。

4）公共关系的本质是双向的信息交流。公共关系有别于各种具体的政治关系、经济关系、行政关系、法律关系等，它特指组织与公众之间的信息交流关系。这种关系渗透在组织的各种具体关系之中，因此任何性质的活动都存在公共关系的问题。但是对于公共关系的理解不能过于宽泛，它不是某种具体关系本身（如有别于具体的市场销售关系等），而只是在实现某种具体关系的时候相伴随的传播沟通关系。即通过双向的信息传播与沟通，去促成组织与具体关系对象（如消费者、顾客）之间的相互了解、理解、信任与合作，以使具体关系（如销售关系）顺利发展。

5）公共关系的目的是创造自身发展的最佳社会环境，为组织机构树立良好的公众形象。公共关系与具体的人、财、事、物的管理不同，它的经济管理内容是组织的声誉和形象，可以视为一种形象管理的职能或艺术。形象和声誉作为一种无形财富、无形资产不同于有形的产品、设备、资金和人力，不能单纯用经济的、技术的、行政的方法来处理；组织的形象和声誉也不是由组织自己主观认定的，而是由公众来认可和评价的。

2. 公共关系的一般特征

特征就是一种事物区别于其他事物的特别显著的征象、标志。由公共关系的概念和关系的一般属性，可概括出公共关系的基本特征。

1）客观性。公共关系是客观存在的，其历史与人类相互交往的历史一样悠久。尽管公共关系直到1882年才正式提出，20世纪初才广泛应用，但自从有了人类，产生了语言，有了相互交往，也就产生了实践意义上的公共关系。

2）普遍性。其普遍性是由客观性所决定的。社会中的每个组织、个人都处于一定的公共关系之中，都不自觉地创造和保持了一定的公共关系。

3）长期性。长期性是指公共关系的形成与改变是一个漫长的过程。公共关系的形成过程实质上是一定的社会公众对有关组织的认可过程；社会认识是公共关系形成的前提，而认识需要经历一个过程，并非短时间内所能完成的。

4）动态性。社会组织与社会公众之间的公共关系是通过日积月累而形成的，并不是一成不变的。从整个发展过程来看，任何组织的公共关系都始终处于变动之中。

3. 公共关系的社会特征

1）以建立美好形象、享有良好信誉为目标。公共关系强调的是成功的人际关系、和谐的人事环境、最佳的社会舆论，以赢得社会各界的理解、支持和合作。良好的形象是企业的一种无形资产，将使企业受益。

2）真诚合作、互惠互利是公共关系的基本原则。公共关系的生命就在于诚实、讲求信用，永远真诚地履行自己对社会的承诺，不失信于公众，而对隐瞒事实、欺骗公众、见利忘义的行为，必将为公众所不容，最终害人害己。

3）内求团结、外求和谐发展是公共关系的宗旨。没有内部的精诚合作和融洽的人际关系，没有优质的产品和服务，建立良好的信誉和形象就是一句空话。而仅有内部的团结和和谐，没有外求发展，企业的目标也就难以实现。

4）着眼于长远、着眼于平时努力是公共关系的方针。“平时不烧香，临时抱佛脚”，乃公共关系之大忌。不要拘泥于一时一地、一城一池的利弊得失，更不要忽视公共关系中细小的环节。

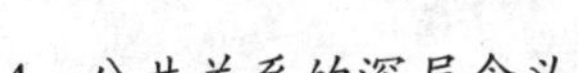

4. 公共关系的深层含义

从公共关系的概念和特征可以看出，它还包括几层不同的含义。从静态看，公共关系是一种状态；从动态看，它是一种活动；从观念角度看，它是一种意识。

（1）公共关系状态

公共关系状态指的就是组织在公众环境之中特定的情形和状况，具体包括组织的社会关系状态和公众舆论状态两个方面。

社会关系状态指组织机构与其相关的公众对象之间相互交往和共处的情形与状况，如密切还是疏远，融洽还是紧张，合作还是竞争，友好还是敌对等。

公众舆论状态指公众舆论对组织机构的反映和评价的情形与状况，如对组织的政策、行为或产品的评价和态度热烈还是冷淡，赞扬还是批评，喜欢还是讨厌等。

（2）公共关系活动和实务

公共关系活动，即运用信息媒介和传播沟通等手段，协调组织的社会关系，影响组织的公众舆论，塑造组织的良好形象，优化组织的公众环境的一系列公共关系实务工作。

公共关系活动也可以指自发的、日常的沟通与传播行为，如日常交往中如何礼貌待人、友好相处等。但现代公共关系活动已经形成一系列比较规范和专业化的管理实务，包括公关调查、公关咨询、公关策划、公关宣传、公关交际、公关服务等。在实际生活中，当人们有意识地、自觉地采取行动去改善自己的公共关系状态的时候，就是在从事公共关系活动。

公共关系实务是广结人缘的工作艺术。它注重情感交流、心灵沟通，以此取得公众对组织的了解和信任，建立组织与公众和谐的合作关系，使组织赢得公众、占领市场、创造市场；公共关系实务也是塑造组织形象的重要手段。它运用各种传播手段，主要是现代大众传播媒介广泛宣传组织形象，扩大组织的知名度和美誉度，加大信誉投资的力度，使组织在竞争中立于不败之地；公共关系实务还是增进组织效益的有效途径。它立足于长远效益，形成和谐的公众关系和组织形象，增强组织的实力，促进组织的蓬勃发展。

（3）公共关系意识

公共关系意识即客观的公共关系状态和能动的公共关系活动在人们思维中的反映，并以观念和文化的形式，构成经营管理中的一种价值观念、行为准则和道德规范。它影响和指导着个人或组织决策与行为的选择取向，从而反作用于人们的公关活动，并间接影响着实际的公关状态。

当人们意识到公共关系状态的客观性和公共关系活动的重要性时，便会形成一定的公关意识或公关观念，包括形象意识、公众意识、传播意识、协调意识等。

形象意识指在决策和行为中高度重视声誉和形象，将良好的形象视作珍贵的无形财富，重视形象投资、形象管理、形象塑造和形象竞争，将树立和维护良好的形象作为重要的战略目标。

公众意识即认为没有公众的支持就不可能生存和发展，事业就不可能成功，因此自觉地将公众的意愿和利益作为决策和行动的依据，将了解公众、顺应公众、满足公众、服务公众作为重要的经营管理原则。

传播意识表现为重视信息的双向沟通，主动地运用各种传播媒介和沟通方式去建立相互之间的了解、理解、信任与好感，不放弃任何传播的机会去影响公众、引导公众和争取公众，为事业的发展创造“人和”的舆论气氛。

协调意识即主张统一于调配矛盾的双方或各个要素，使它们之间达到平衡、一致、融洽与和谐的状态，如追求组织目标与公众需求的一致，营利性与社会性的平衡，眼前效果与长远利益的统一，内部关系与外部关系的和谐等。

除此之外，公共关系观念还包括团队意识、整体意识、创新意识、服务意识等。具备公共关系的观念意识不仅是对专业公关人员的要求，而且是对所有管理者及工作人员的要求。一个政府上至首脑下至一般的公务人员，一个企业上至总经理下至每一位职工，一所学校上至校长下至每一位教师、学生，总之任何一个组织的全体人员，都需要具备现代的公共关系观念意识，能适应现代日益开放、日益多元化、日益信息化的社会环境。特别是组织的决策者和管理者，是否具备良好的公共关系意识，将决定着组织公共关系工作的成败。

由于公共关系学主要研究组织的传播沟通行为，因此与经营管理学和传播学有着密切的联系，可以说是现代组织经营管理学与传播学相结合的一个学科范畴。公共关系学的形成和发展说明，现代经营管理论不仅要研究人、财、物等有形资源的管理，也要研究形象和声誉等无形财富的管理；不仅涉及技术、经济、行政等硬手段的研究，也涉及传播、沟通等软方法的研究。这是经济、政治管理进入全球时代、信息时代的一个特征。

6.1.2 公共关系学与相关学科

1. 公共关系学

公共关系学是以公共关系的客观现象和活动规律为研究对象的一门综合性的应用学科。或者说，公共关系学是研究组织与公众之间传播与沟通的行为、规律和方法的一门学科。其研究内容主要包括公共关系的基本概念与含义、公共关系产生和发展的历史、公共关系的行为主体及其功能、公共关系的对象、公共关系的媒介、公共关系的管理程序、公共关系的实务活动，以及公共关系的职业道德和法律制约等。

公共关系学是一门新兴的管理学科，目前它在整个世界范围内受到了极为广泛的重视。我国改革开放以后引进了公共关系学。作为一种现代文明的思想观念和市场竞争的形象战略，它体现出以下四种特性。

（1）应用性

公共关系学是一门技术多于理论，操作性、应用性很强的学科。公共关系学发展之快、传播之广，从某种意义上说，这和学科本身有很强的应用性是分不开的。公共关系具有多种功能，其中主要的是管理功能、传播沟通功能、社会交往功能等，这些都是社会活动的表现。另外，公共关系是社会组织参加社会竞争的一门艺术、一种手段。

（2）边缘性

公共关系学科的外延很广，公共关系的本体知识内涵并不多，但与之相关的交叉学科非常多。基础理论相互渗透，说明实际进行公共关系操作时，需要交叉运用各种学科的知识和手段。

（3）多维性

公共关系的多维性首先表现在功能上的多维性。公共关系有许多功能，如沟通功能、管理功能、社交功能。这就要求学科本身的构架要涉及几个方面。其次，由于公共关系的层次不同，具体从事公关工作的人员所在组织的类别、性质也不同，对公关人员的要求不同，表现在学科上就出现多维性，另外，公共关系学的多维性还表现在研究方向及方法上，不同的研究者根据自身的经验与见解，有着不同的切入口，用自己认为正确完善的体系来构建公共关系学。

（4）综合性

公共关系学是在经营管理学、市场营销学、大众传播学、社会心理学等其他有关学科的基础上，综合广告、交际、传播等技术手段所形成的一门综合性较强的学科。

2. 公共关系学与相关学科

公共关系学的边缘性、综合性及多维性，决定了与之相关的学科既多又杂，为理顺它们与公共关系学的关系，我们把这一多而杂的学科划分为四大部分，即背景学科、基础学科、交叉学科和技术学科。

（1）背景学科

公共关系学的背景学科指的是哲学、经济学、政治学、文化学、文学、历史学、法学、社会学、心理学等学科。它们为公共关系学提供整个文化理论背景。没有这些学科，公关也就没有了理论的起点、方法指导和科学假设，甚至无从产生。在整个背景学科中，对公关影响最深刻的是哲学，因为哲学是关于世界观的学问，为人们提供了观察问题和解决问题的总的办法。

（2）基础学科

公共关系的基础学科包括管理学、传播学，以及与管理学相关的市场学、企业文化等，与传播学相关的人际传播、大众传播、组织传播、舆论学等，公共关系学是在传播学和管理学基础上，并且综合了两方面的有关理论而形成的一门学科。

（3）交叉学科

交叉学科指有一部分内容与公共关系学彼此重叠的学科，如广告学、营销学、创造学、竞争学、人际关系学等。

广告学是通过广告的宣传、鼓动、劝说、诱导等来完成商品的促销目的的，公共关系在一定意义上也可以说是一种促销手段。相比之下，广告推销的是商品，公共关系推销的是组织，一个是直接促销，另一个是间接促销，二者都有一个共同目的，所以内容上的交叉是很自然的。

公共关系学与创造学也有一定的交叉。这主要表现在公关活动的创造策划上。公共关系活动要求“新”“奇”“特”，因为这样能产生轰动的效果，对公众产生较强的吸引力，作为公关活动若没有创造、新意，就不能取得良好的公关效果。

（4）技术学科

公共关系是一门操作性很强的学科，对具体的公关人员来说，要求“站起来能说，坐下来能写，走出去能干”，所以与“说”“写”“干”相关的知识也便成了公共关系学研究的内容之一，如演讲学、口才学、写作学等有关知识便成了公关人员必备的知识。

公关活动离不开写作，如从写新闻稿、总结报告、司法文书到慰问信、贺信等，因此，作为公关人员来说，掌握有关写作知识，便成了一种基本功。

演讲能力同样为公关人员所不可缺少，无论是宣传性的公关游说，还是出现形象危机，用演讲来稳定公众、解决危机，都需要公关人员具有一定的演讲能力。

另外，作为技术学科，不但包括以上传统的学科门类，而且更应包括打字、电脑操作、美术设计等更新更适用的学科门类。

6.2 公共关系的产生与发展

6.2.1 公共关系的产生及其社会历史条件

1. 公共关系的产生

公共关系最早产生于美国。19 世纪中叶至 20 世纪初“报刊宣传活动”的酝酿、“揭丑运动”（又称“扒粪运动”和“清垃圾运动”）的催化，使公共关系在美国逐渐形成。

19 世纪上半叶，随着民主政治的发展，商品经济的繁荣，科学技术的进步，美国的大众传播事业迅速发展。其中一个重要标志就是 30 年代出现的“便士报纸运动”，即报纸以低廉的价格（用 1 便士可以买到一份报纸）和通俗的、大众关心的内容去争取大量的读者，使报纸迅速进入千家万户，并成为政府部门和工商企业均不敢忽视、竞相去影响大众舆论的有力的工具。

这样，廉价媒介便引发了一场“报刊宣传活动”，即组织机构为达到自身的目的而雇用报刊宣传员、新闻代理人，在报刊上为本组织进行有利的宣传，以此扩大社会影响。可以说，美国的公共关系职业是从新闻界中分化出来的，直到今天，许多专业的公关人员都具有大众传播工作的经历。新闻传播界是造就专业公关人员的摇篮。但这需要有两个前提：一是大众媒介的充分发展，二是工商企业等组织机构有这方面的社会需要。这两个方面相结合，便促使公共关系行业应运而生。

美国工商企业对公众传播的需要，也是由当时美国社会现实矛盾发展造成的。19 世纪末，美国资本主义发展到高度垄断阶段。垄断资本家强取豪夺，激化劳资矛盾，损害社会公益，引起了公众舆论的强烈不满。为此，大众传播界发动了一场“揭丑运动”，发表了大量严厉谴责企业丑行和暴行的文章或漫画，对工商企业造成了巨大的公众舆论压力，严重影响了企业形象，恶化了企业的社会关系，阻碍了企业的发展。这种情况迫使工商业不得不重视公众舆论和社会关系，纷纷求助于传播界，加强与公众的联络，改善自己的形象。由此，公共关系作为争取大众理解、支持的一种组织传播行为日益职能化，成为企业的一种新型的经营管理功能；同时，一种专门向社会各界提供专业性的传播沟通服务，为客户设计形象、矫正失误、缓和矛盾、提高声誉的新型职业便开始形成。

2. 公共关系产生的历史条件

公共关系的产生基于一定社会历史条件。从历史的角度分析，公共关系这种活动产生于以下三个基本条件。

大众汽车公共关系的活动：购物车

（1）商品经济的繁荣是公共关系产生的经济基础

当人类完成了从自然经济向市场经济过渡，并逐渐进入商品经济的发达阶段，人与人之间的关系也发生了根本的变化，传统社会中具有强烈人身依附色彩的人际关系逐渐让位于开放的、可变的、广泛的人际关系。在市场经济社会里，除了传统意义上的家庭关系、地域关系，人与人之间更多的则是由于商品交换而形成的利益关系，公共关系的思想与实践也随之发展起来。

公共关系适应了商品经济分工协作、社会化大生产的需要，是物质生产供过于求，市场重心从卖方向买方过渡的产物。同时证券民主化运动也推动了公共关系的深化发展，民众的巨大压力迫使企业家放弃唯利是图的经营方针，采取盈利与公关并重的经营战略。

在资本主义工商业时代，社会化的大生产取代了一家一户的小生产，市场经济取代了自然经济。社会化的分工协作、大规模的商品交换，冲破了狭窄的地域和家庭关系，造成了一张全新的社会关系网络，从而促使生产者和经营者的行为方式发生根本的改变。随着“卖方市场”逐步向“买方市场”过渡，市场竞争日益激烈；随着消费水平的提高，公众的需求多样化，选择性越来越强。面临着竞争和公众选择的压力，企业及相关组织必须在改进质量和品种的基础上，注意公众关系，不断提高自身的声誉和形象，努力争取人心，争取公众的支持。商品经济越发达，市场竞争越激烈，公共关系作为一种“无形竞争”的手段就越重要。

（2）民主政治的发展是公共关系产生的政治前提

从封建制度向民主制度过渡，是一场深刻的社会变革，也是公共关系产生的重要政治前提，民众社会地位提高，公民社会形成，人们有了维护自己合法权利的可能。民主政治制度的建立提高了民众的参与意识，而民主政治的每一步都需要公共关系活动的配合，言论自由、出版自由是民主制度的重要支柱，也是公共关系运行的重要保证。

公共关系在历史上的兴起和发展，与民主政治代替专制政治的社会条件相关。在专制的高压手段下，广大民众只能绝对地服从，公众舆论不可能对社会进程产生重要影响，在这种社会政治条件下毫无公共关系可言。

资本主义民主政治代替封建专制是历史上的一大进步，在民主政治条件下，政府官员需由选举产生，任何人要在政治上取得地位，都必须设法与社会各界人士维持良好的关系，必须设法争取公众舆论的支持。同时，民主政治要求政府必须了解民意、顺从民意，把民意作为决策的重要根据，并且努力通过传播让民众了解和支持政府的施政纲领和方针、政策。

此外，民主政治有赖于公众舆论进行社会监督，因此需要比较完善的社会沟通渠道和比较独立的大众传播媒介，以保证社会信息交流的畅通。虽然资本主义民主政治存在着历史的局限性，但在历史进程中，它促使社会的政治生活从专制转向民主，为公共关系的兴起和发展创造了不可缺少的社会条件。

（3）现代管理理论的发展

公共关系是组织的一项重要管理职能，它的发展与管理学的发展密切相关。20 世纪以来，西方管理学领域中的两种思潮对公共关系的发展影响极大，一是科学管理理论，二是人际关系理论。

科学管理理论以美国福特汽车公司的工程师泰勒为代表。1911 年，泰勒系统总结了他的管理学说，出版了《科学管理原理》一书。在这本书中，他提出了生产作业标准化、工时利用科学化、管理权利层次化、劳动分配合理等原则。泰勒的“科学管理原理”比传统的经验管理有了重大的发展，起到了促进生产发展的作用。泰勒在书中虽然强调了要在管理人员和工人之间建立一种和谐的关系，但由于时代的限制，其理论的核心仍然是如何控制机器的附属品工人，以便最大限度地提高劳动生产率。他把工人看成受金钱驱使的“经济人”（经济动物），把物质刺激成调动工人生产积极性的唯一手段。他主张把人与人的关系简单化为纯粹的金钱关系，用对钱和物的管理代替对人的管理，在这种理论指导下，当然没有内部公关工作可言。所以在公共关系发展的早期，公关活动都是面对外部公众的。

（4）大众传播技术的发展是公共关系得以发展的物质条件

20 世纪以来，大众传播事业获得了长足的发展，为公共关系的发展提供了必要的技术手段。进入工业社会以后，生产的社会化使人们之间有了进行交往的迫切需求，只有占有充分的信息资源，企业才能在激烈的市场竞争中永远立于不败之地。近代有了公路、邮政、报纸，才有了报刊宣传运动。进入 20 世纪，由于电报、电话、广播、电视、电传、电脑互联网络等电子媒体的发展，信息可以迅速地被传送到每个人手中，公共关系从而也获得了飞速的发展。社会组织可以运用各种传播工具与公众进行沟通，从公众中采集信息，又把组织的信息传达到公众中间，最终达到为组织树立形象的目的，特别是电脑互联网络的发展，在互联网络中传播信息，迅速、广泛、自由，已经引起了人们的普遍关注。

在落后的自然经济社会中，传播沟通的媒介和技术也非常落后，缺乏有效的传播手段去进行大范围、全方位和远距离的沟通。因此公共关系也无法有效地实施和推广。

而现代大众传播及其他学科的传播技术，带来了一个全新的信息时代，更新了社会联系和交往的观念和方式。借助于大众传播等现代化的传播技术和方法，人们相互之间的交流突破了传统的时空限制，可以在极端的时间内，将某个信息传送到遥远的地方和广阔的领域，实现大范围的、远距离的信息沟通。此外，由大众传播媒介构成的全方位信息覆盖网络，使得公众舆论变得非常敏感，从而使形象管理的问题日益突出。在当今这个大众传播时代，人们处于高度敏感的公众舆论环境中，必须注意运用公共关系传播手段去影响舆论环境，而大众媒介的发展提供了这种可能性。

6.2.2 公共关系的发展

1. *公共关系在西方的发展*

大众汽车公共关系的活动：钢琴楼梯

1920 年至第二次世界大战，随着世界科技进步，商品经济的发展，发达国家“市场中心论”取代“生产中心论”，“卖方市场”转向“买方市场”，以消费者为导向的市场观念日益为企业的经营管理者所重视。在这种情况下，公共关系作为一种现代经营思想迅速传播。

公共关系起源于美国，并在美国取得了突破性发展，其发展经历了以下四个重要的历史阶段。

（1）古代时期——公共关系思想的萌芽

考古学家发现，远在公元前 1800 年古巴比伦的一种农业公告，很像现代社会某些农业组织公共关系部的宣传资料。它告诉了农民如何播种、灌溉，如何对付危害庄稼的老鼠，如何收获庄稼等。

在古希腊，社会对于沟通技术非常重视，并对从事这门技术的人给予很高的评价和奖酬，有些深谙沟通学问的第一流演说家常常被推为首领。

在我国古代政治活动、外交活动和军事活动中，亦有许多类似于公共关系活动的成功范例。例如，合纵家苏秦运用游说手段来影响公众和社会舆论，以对付秦国的吞并；连横家张仪则四处交游，离间各国，以社会手段来实现自己的政治理想；卧薪尝胆、报仇复国的越王勾践，运用“激励的理论”来搞好内部公共关系，使全军上下产生了强大的凝聚力，从而达到了同仇敌忾、克敌制胜的目的。

无论在中国，还是在外国的历史上，都可以找到大量类似现代公共关系的思想和活动。这里需要强调指出的是，这些仅仅是“类似”而已，公共关系作为一种新的社会思想和活动，其源头并不在古代，而在美国 19 世纪中叶风行的报刊宣传活动，可以说是公共关系的开端时期，其代表人物是巴纳姆。

（2）巴纳姆时期——现代公共关系的开端

19 世纪中叶在美国风行的报刊宣传活动，被认为是现代公共关系业的“前身”。巴纳姆是当时最有名的代表人物，故将公共关系发展史的这一段时期称为巴纳姆时期。“报刊宣传活动”，是指某公司、某组织所雇佣的人员为了本公司、本组织的利益在报刊上进行的宣传活动。

19 世纪 30 年代，美国报界掀起了一场便士报运动。由于这种报纸售价低，一般劳动大众买得起，因此报纸发行量大增，随即广告费也迅速上涨。有些公司、组织为了节省广告费，便雇佣专门的人员来制造煽动性新闻，以此来扩大影响。报纸则为了迎合下层读者的阅读心理，也乐于发表，这样互相配合，就出现了美国历史上有名的报刊宣传活动。

当时最有代表性的是美国最善于创新和最受人赞赏的游艺节目演出经理人巴纳姆。他的信条是“凡宣传皆好事”。为了使自己和公司扬名，置公众利益于不顾，任意编造谎言和神话，利用新闻媒介“愚弄公众”，这也是该时期的显著特点。当时，这种或把新闻媒介视为异己或利用新闻媒介“愚弄公众”的现象，引起了新闻媒介的不满，报纸杂志率先刊载揭露实业界 “强盗大王”的恶劣丑闻，形成了美国近代史上的“揭丑运动”。

“揭丑运动”的冲击，使工商企业意识到取悦舆论的重要性。许多企业开始聘请专业人员专门从事改善与新闻界关系的工作，这种人被称为“新闻代理人”，他们为其委托人进行宣传，在新闻媒介之间进行游说，经常与报界联系，邀请记者到企业参观采访或为公司的政策作解释和辩护等。

从此，企业和外界的隔绝消除了，企业的透明度也大大增加。不过，早期的新闻代理活动仍然无法避免存在大吹大擂、混淆视听和隐瞒欺骗的弊端。在这种情况下，被后人誉为公共关系之父的艾维·李开始致力于改变这种状况。

（3）艾维·李时期——现代公共关系职业化的开始

艾维·李曾是《纽约世界报》的记者。1903 年，他开办了第一家宣传顾问事务所，成为向客户提供劳务而收取费用的第一个职业公共关系人。现代公共关系职业化由此发端。1906 年，他向新闻界发表了具有里程碑性质的《原则宣言》，全面阐明了他的事务所的宗旨：“我们的计划，是代表企业单位及公众组织，对与公众有影响且为公众乐闻的课题，向报界和公众提供迅速而准确的消息。”这就是企业管理的“门户开放原则”。这反映了他的信条——“公众必须被告知”。

艾维·李作为“公共关系之父”，不仅首创了“公共关系”这一专门职业，而且，他提出的“说真话”“公众必须被告知”的命题将“公共利益与诚实”带进了公共关系的领域，使公共关系这门学科从对一些简单问题的探讨上升为探求带有某些规律性的原则和方法，大大推动了这门学科的发展。但由于时代的局限，艾维·李的咨询指导主要还是凭经验和直觉而进行的，缺乏对公众舆论的严密、大量的科学调查。因此，有人批评艾维·李的公关咨询只有艺术性而无科学性。

（4）爱德华·伯尼斯时期——现代公共关系学科化的成熟

公共关系职业化的发展，促进了公共关系由简单零碎的活动上升为规律性的较系统的原则与方法的探索，使公共关系自立于学科之林、成为一门独立的学科的条件已经成熟。美国学者爱德华·伯尼斯就是公共关系学科化的代表。

1923 年，伯尼斯以教授的身份首次在纽约大学讲授公共关系课程，同年出版了被称为公共关系理论发展史的“第一个里程碑”的专著——《公众舆论的形成》。在书中，伯尼斯首先详尽阐述了“公共关系咨询”这一概念，而且提出了公共关系的原则、实务方法和职业道德守则等。1928年，他写出《舆论》一书；1952年，他又写出了《公共关系学》教科书。

伯尼斯的主要贡献就在于，他把公共关系学理论从新闻传播领域中分离出来，并对公共关系的原理与方法进行较系统的研究，使之系统化、完整化，最终成为一门独立完整的新兴学科。伯尼斯在理论上做出的贡献，对于公共关系学科的形成和进一步发展具有划时代的意义。

1952年，美国的卡特利普和森特出版了权威的公共关系专著，论述了“双向对称”的公共关系模式，在公关的目标上将组织和公众的利益置于同等重要的位置上，在方法上坚持组织与公众之间的双向传播与沟通。此书不断再版，成为畅销书，被誉为“公共关系的圣经”。至此，公共关系正式进入学科化阶段。

2. 公共关系在中国的发展

公共关系作为一种全新的思想理论和社会职业，是伴随着我国的对外开放而传入中国的。在此之前，20世纪60年代之后，随着我国台湾和香港地区经济的迅速发展，现代公共关系也开始传入台湾、香港地区，并得到较快的发展。

20世纪80年代初，公共关系首先作为一种新的经营管理方法和技术，由南向北，从东到西，在中国迅速传播。80年代中期以后，不仅一大批大型企业先后设立了公共关系部，而且一些较先进的中小企业也设立了自己的公共关系机构，开展了卓有成效的公共关系工作，为中国公共关系实务活动开展积累了宝贵的经验。

广州白云山制药总厂则是国有企业中最早设立公关部的。1984年，世界第二大公关公司“希尔-诺顿公司”在中国设立办事处。1985年8月，世界第一大公关公司博雅公司与中国新闻发展公司达成协议，共同开展公关业务，并成立了中国第一家独立的公共关系公司——中国环球公共关系公司。

1987年5月，经国家有关部门批准，中国公共关系协会在北京成立。此后，各省及各大中城市也相继成立了公共关系学术团体。

1991年4月，中国国际公共关系协会在北京成立。到目前为止，从事公关工作的实体已遍及全国，其从业人员已达10万人以上，省市级公关协会也已有上百家，加上在高等院校从事公关教学和研究的人员，中国的公关事业呈现出一派欣欣向荣的景象，而且这一发展势头还将随着我国市场经济的发展而日益增强。

1997年11月15日，我国成立了全国公共关系职业审定委员会。1999年年初，经国家劳动和社会保障部正式批示，成立了国家职业资格工作委员会公关专业委员会。1999年12月26日上午，在广州举行了“1999年公关员职业资格全国统一鉴定广东分考场”试点统考。

2000年，我国在全国范围内开始推广公共关系人员上岗资格考试，公关员与律师、会计师，医师一样，走上了职业化和专业化的道路。

2003年，中国国际公关协会宣布把每年的12月20日定为“中国公关节”。

6.3 公共关系的基本原则与功能、特点及趋势

6.3.1 公共关系的基本原则

开展公共关系工作必须遵循的四项基本原则是真实性原则、平等互利原则、持之以恒原则、全员公关原则。

1. 真实性原则

（1）真实性原则的内涵

公共关系真实性是指社会组织的公关工作要以事实为基础，据实、客观、公正、全面地传递信息。公共关系是组织与社会之间的联系，它的职能之一是通过信息的传播和交流来树立良好的组织形象，因此，信息的准确性就成了公共关系工作获得成功的基本前提。

据实就是尊重事实，不掩饰、不夸大、不缩小。客观就是在调查研究的基础上，客观地反映现实，不以主观理想代替客观事实。公证就是为公众和其他组织提供同等说话的机会，同时对事实采取公众可接受的立场，不袒护、不推诿。全面就是观察问题要全面，减少片面性，不要只看到问题的一个方面，而要看到问题的各个方面，即相互联系。

（2）坚持真实性原则的要求

1）必须致力于培养组织的信誉观念。信誉是组织团体积极意识的结晶，充分认识到组织的信誉是无价之宝，以真实的实践树立良好的公共关系形象，对公众以诚相待是取得美誉的法宝。

2）公共关系必须以事实为基础。公共关系人员在策划公共关系活动中，要坚持以客观事实为依据，没有事实便没有公关策划。公关策划者须以公共关系状态的科学评价和调查研究中对事实的掌握为基本条件，进行真实性的策划。

3）坚持真实的传播信息。要注重调查研究，现实生活中没有的事物就不能作为公关传播的内容，公关的决策、计划、传播、反馈等都必须在掌握大量第一手材料的基础上进行，不能以主观想象代替客观事实。社会组织信息的传播，要向内外公众据实报道，公开事实真相，不能仅强调对自己有利的一面，而忽略其他方面的事实。公众方面的信息，要以公众利益为出发点，以职业道德为准则，发扬对公众、社会负责的精神，排除来自各种因素的干扰，这也是对组织的一种保护。

2. 平等互利原则

（1）平等互利原则的内涵

平等互利原则是指社会组织与公众平等相处、共同发展、利益兼顾。公共关系是为组

织的既定目标和任务服务的，但这种服务要以一定的道德责任为前提，以利他的方式利己，既要对组织负责，又要对公众负责，只有利他，才能利己。公共关系强调主体与客体的平等权利和义务，尊重双方的共同利益和各自的独立利益，信守组织与公众共同发展、平等互利的坚定信念。如果在相互交往中损人利己，为满足组织眼前利益而损害公众利益，不顾形象，就毫无公共关系可言。

（2）坚持平等互利原则的要求

1）尊重公众的独立自主的人格。人们在社会交往中都希望受到他人的尊重，在待人处世时往往表现出明显的独立性、自主性、主动性等。人们的这种需求会表现在社会交往的具体细节中。因此，公共关系人员及组织的其他代表成员在同公众的接触中，要十分注重公众的人格，满足公众独立的人格需求，真心实意地对待公众，设身处地地为公众着想，以公正平等的态度为人处事。对公众一视同仁，虚心征求、听取公众意见，不挖苦与奚落公众，不盛气凌人。只有尊重公众的独立人格，才称得上平等对待公众，公众才能理解组织，也才愿意与组织合作。

2）满足公众的利益需求。社会组织不仅要考虑自身的利益，更重要的还要满足公众的利益，把能满足公众利益作为第一因素考虑，这就是平等互利的基点。要满足公众的利益需求，首先要对公众负责，即对组织行为引起的相互公众负责，实际解决由组织行为引起的问题，同公众一起承担社会问题的责任；其次，把组织生存、运行、发展建立在满足公众利益需求的前提下；最后，必要时牺牲组织的眼前利益，为公众排忧解难，全心全意为公众服务。

3. 持之以恒原则

（1）持之以恒原则的内涵

开展公共关系工作，树立良好的组织形象是一项长期艰苦的工作，需要公共关系人员、组织管理者和全体员工坚持不懈地努力工作，需要组织同时兼顾眼前利益和长远利益。

组织与公众之间的良好关系，不是一朝一夕就可以建立的，即使建立起来，也还需要时时加以维护、调整和发展。因此，需要长期不懈地努力，为了长远的利益，要舍得付出眼前的代价，通过平时点点滴滴的努力，去建立一定的关系，才可能在需要时得到对方真诚的支持与合作。

（2）坚持持之以恒原则的要求

1）公共关系工作须有长期规划。组织良好形象的树立是天长地久、日积月累的大工程，因此，组织的公共关系工作必须有一个长远规划，须确定一个在今后相当长的一段时期内所要争取达到的目标，这是组织的长远利益所在，组织眼前的具体工作都应围绕并服务于这个目标。

2）必须从点滴入手。长远规划应当是具体的，具体表现在长远规划的分解上。长远规划应建立在短、中期规划的基础上，只有短、中期规划落实好，长远规划才有客观的可能，这就要求公共关系人员眼光要远、工作要实，认真、细致地做好眼下的点滴工作。

3）要着眼于长远。在组织与公众利益发生矛盾时，组织要主动放弃自己的眼前利益，以取得公众的谅解，赢得长远利益。在决定组织对公众所持态度时，不仅要看公共关系的今天，还要看明天，从明天的高度，考虑今天对其应报的态度，组织看待自己时同样需要有长远的发展观点。世间一切都在变动，组织自身也在变，用动态的观点考察组织，可使形象差的组织奋起直追，也会使形象好的组织产生危机感、紧迫感，甩掉包袱，继续前进。

4. 全员公关原则

（1）全员公关原则的内涵

全员公关是指组织的公共关系工作，不仅要依靠公共关系专门机构和专职人员的努力，还有赖于组织各种部门的密切配合和全体员工的共同关系与参与。这就必须强调全员公关原则，要求组织的全体成员都要树立公共关系意识，共同关注并参与公共关系工作，做出贡献，共同推动组织公共关系目标的实现。

树立组织形象不是哪一个具体个人的事，也不是单一部门能够完成的工作。组织形象是通过组织所有人员的集体行为表现出来的，是组织内个人形象的总和。每一个成员在对外交往时都是组织形象的宣传载体，他们的活动都体现了组织的整体形象和风貌。因此，组织的每一位成员在对外交往时都必须注意自己的形象，从而维护组织形象。

（2）坚持全员公关原则的要求

1）要想使公共关系工作获得真正的动力和效果，就必须得到组织最高决策层的支持。最高层的决策者必须有强烈的公关意识，把公共关系工作列入领导工作议事日程，并使组织的方针、政策、主要行为、活动都体现出公共关系意识，有计划、有措施地支持公共关系活动。在日常的管理工作中，要提出公共关系方面的要求，把公共关系工作与组织的战略方针、计划结合起来，经常在实际工作中督促、检查、支持、指导公共关系部门和公共关系人员工作，没有领导层的关系和支持，公共关系工作就难以成功。

2）成功的公共关系工作必须是组织内全员参与的整体配合。公共关系工作是为实现塑造整体形象目标服务的，组织形象的建立离不开组织全体员工的配合和支持。因此，公共关系部门要经常对组织内部员工有意识、有目的地进行公共关系教育、训练和考核，吸引员工对公共关系工作的注意力，提高员工做好公共关系工作的热情，培育员工的公共关系意识，促使组织员工自觉地支持和关心公共关系工作，争取全员配合，更好地开展公共关系工作。

3）在组织内部形成浓厚的公共关系风气和公共关系文化。要使全体组织成员认识到组织形象的重要性，塑造、维护组织形象是全体员工义不容辞的责任，要在组织内部营造一种人人讲公共关系、人人做公共关系大师的良好氛围。

6.3.2 公共关系的职能

公共关系有以下五个职能。

1. 收集信息

收集信息不仅仅局限于收集与组织直接相关的业务信息，还包括社会的政治、经济、文化、科技、军事、民情等全方位的社会信息资料。

1）收集与组织有关的信息。这些信息涉及公众对组织的行为、政策、产品、人员等方面的影响、态度和意见。

2）收集产品形象信息。产品形象是组织形象的客观基础，产品质量直接影响组织形象，只有产品受欢迎，被公众接受，企业的价值才能得到社会的认可，企业也才可能有收益。公众对产品的评价和意见是来自各个方面的，如质量、质地、性能、功能、价格、款式、包装、售后服务等。

3）收集组织形象信息。

① 公众对组织机构的评价。即组织的方针政策是否正确，办事制度是否完善，办事程序是否合理，办事效率是否令公众满意。

② 公众对组织管理水平的评价。即这个组织的经营管理水平是否井然有序，组织发展目标是否正确，市场预测是否合理，市场宣传是否到位，用人是否得当。

③ 公众对组织人员素质的评价。即组织的技术、财政、管理、人才方面的实力是否强大。

④ 公众对组织服务素质的评价。即组织的服务质量和水准如何，文化和精神文明等方面的建设是否完善。

2. 参与决策

参与决策可使公共利益贯穿于组织决策过程的始终，以弥补组织决策的不足之处。

1）为组织相关部门确定决策目标，提供咨询建议。公共关系从社会角度评价决策目标的社会制约因素和社会影响效果，尽可能地使决策目标与公众利益和环境等各方面的因素相兼容，尤其是现代组织决策日益专门化，整体的决策目标体系就要分解为各个职能部门的专业决策目标，如技术开发决策目标、人事改革目标、市场营销决策目标等。各个职能部门的专家和管理人员将决策的中心放在本职能部门，往往很容易忽视从全局和社会角度考虑决策所可能导致的社会影响。所以就需要公共关系部门站在公众和社会的立场上，综合评价各部门的决策目标可能引起的社会问题。从公众利益的角度查找企业的不足，敦促有关部门或决策当局，根据公众需求和社会价值及时修正可能导致不良后果的决策目标，提高组织决策的科学性、准确性，促进组织决策的民主化，完善组织形象。

2）帮助组织决策信息。公共关系的参与政策还表现在为决策者提供各种社会信息，完善各种信息渠道，建立广大的信息来源，并且根据决策目标和整体效果，将各种信息分类概括，为决策者的决策提供依据。

3）协助组织拟定决策方案和实施评估决策方案。方针政策是否体现组织与公众的共同利益，两者是否和谐统一，企业的利益如产值、利润、社会影响同目标之间有多大差异，公众利益如质量、价格、公正、售后服务的满意程度如何等，这些都需要公共关系通过公关手段，广泛征求各类公众的意见，以促进决策方案的顺利实施。

4）协助组织处理和调节决策偏差方面的善后工作。公共关系要运用各种公关渠道，对付诸实施的决策方案进行跟踪和反馈，如有偏差要及时了解情况，根据偏差大小适时调整决策目标，完善决策方案。

3. 传播推广

传播推广是公共关系活动的主要方式和关键环节。公共关系通过各种传播媒介，将组织的有关信息及时、准确、有效地传播出去，提高组织的知名度、美誉度，增强组织的凝聚力，塑造良好的组织形象。

1）创造舆论，告知公众。公关传播最基本的职责就是告知公众，即向公众说明和解释组织的有关政策、行为和宗旨，争取得到公众的理解和支持，促使公众接受和认可组织。当公众对组织缺乏了解的时候，组织就需要运用公关手段主动地介绍、宣传自己，让公众认知和了解组织；当组织的政策和行为与公众相联系的时候，就需要满足公众的知情权，主动做出说明和解释，消除公众的疑虑，避免产生误解。

2）强化舆论，扩大影响。运用各种现代化传播媒介加深公众对组织的印象，促进公众对组织的了解，提高组织的知名度、美誉度，为组织及其产品树立良好形象，扩大它的影响力，这是公共关系传播最重要的任务。当公众对组织及产品做出良好的评价时，公共关系还需要运用传播功能来坚持不懈地宣传组织，以增强这个组织的长期性，不断维持组织已有的知名度和美誉度，深化组织在公众中的良好形象，才能使组织的收益不断提高，否则就会使组织损失惨重。

3）引导舆论，控制形象。公共关系的职责在于调节组织的信息流量和方向，引导公众舆论向积极有利的方向发展，并根据舆论反馈适当地调整组织的行为，控制组织的形象。当公众对组织的评价毁誉参半时，公共关系传播就要引导公众向有利于舆论的方向发展，缩小不利于舆论的影响；当组织的形象不佳时，公共关系应根据具体情况，或者诚恳地向公众道歉和解释，争取得到公众的谅解，或者澄清事实真相，纠正舆论误解，扭转被动的局面，恢复组织的声誉。

4. 协调沟通

协调沟通是公共关系的根本职责，是公共关系运用各种协调、沟通的手段，为组织疏通渠道、发展关系，广交朋友、减少摩擦、调解冲突、化敌为友，是组织与公关交往的桥梁，为组织的生存发展创造美好的环境。

1）协调内部关系，增强组织凝聚力。公共关系要重视内部协调、沟通的任务，即通过建立和完善组织内部的各种传播沟通渠道和协调机制，促进组织内部的信息交流。管理阶层与全体员工之间、组织内部各个职能部门之间要在充分的信息交流与分享的基础上保持和谐的状态，以促进思想上的认同和行为上的一致，提高组织的凝聚力。内求团结是外求发展的前提和保证，公共关系要为创造良好的内部人事气氛而努力。

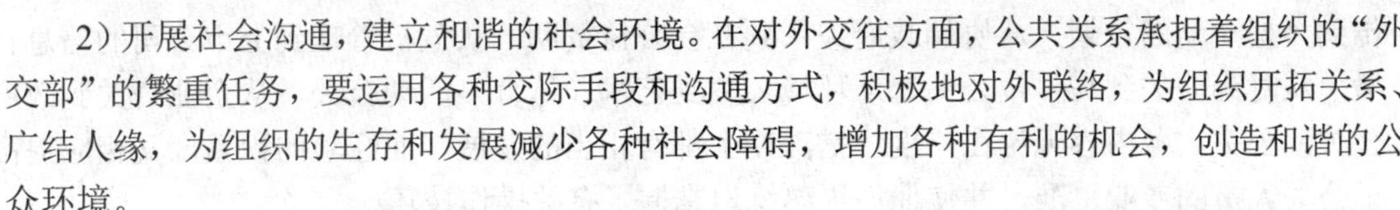

2）开展社会沟通，建立和谐的社会环境。在对外交往方面，公共关系承担着组织的“外交部”的繁重任务，要运用各种交际手段和沟通方式，积极地对外联络，为组织开拓关系、广结人缘，为组织的生存和发展减少各种社会障碍，增加各种有利的机会，创造和谐的公众环境。

任何组织的发展都离不开社会各方面的配合和支持。组织从自身的利益出发，首先要处理好各类直接的业务来往关系，诸如与顾客和用户的关系，产品的销售网络关系，运输部门的关系，银行信贷及投资人的关系，生产经营的协作者的关系，教育、科技部门关系等，以保证组织日常人、财、物与技术的经营运转。

其次，要妥善处理好组织与各种权力制约部门之间的关系，包括政府各职能管理部门，如工商管理局、税务局、审计局、物价局、公安局、司法部门及海关，还有目前体制下存在的各业务主管部门，争取这些职能管理部门的理解和支持。

最后，还要主动建立和发展各种非专业性的社会关系，如社区关系、社会团结关系等，尽可能扩大组织的公共关系网络，广结善缘。公共关系的一项重要任务就是努力和社会各个方面保持友好的交往，联络感情，发展友谊。

5. 提供服务

公共关系通过信息性、传播性、协调性、支持性、辅助性的服务使组织内部运转得更加顺畅、协调，使组织外部环境更加和谐、美好。

1）在组织内部为各个业务部门和职能部门服务。公共关系在组织内部不直接参与人、财、物等资源的管理，不直接生产和销售产品，而是运用各类传播手段为各个部门服务，协调处理需要各方面介入和配合的繁杂事务，提供信息性、事务性的帮助和支持，使各个职能部门之间的配合更加融洽，使整个组织机体工作更加协调，使组织的专业职能发挥出更好的效果。

2）在组织外部提供社会服务。公共关系应以良好的服务树立形象，争取人心。例如，企业组织为消费者提供各种良好的售前、售中、售后服务，为投资者提供各种投资分析和投资服务，为社区提供各种公益性、环保性的服务等，使社会公众从企业的服务行为中实际地感受企业对社会的爱心和信任，产生对企业的尊敬和好感，使企业组织及产品的形象深入人心。

6.3.3 公共关系发展的特点及趋势

1. 公共关系发展的新特点

当代公共关系作为一门实践性很强的学科，在人类政治经济活动已进入全球化传播时代的今天，它的发展更具有新特点。

1）公关实务专业化。公关实务的内涵更深，操作技巧日趋成熟。从新闻发布、新闻宣传到大型活动的策划，从协调政府关系到社会公益赞助，从危机管理到上市公司的信息传播，从时尚公关到高科技公关，从环境公关到艺术（体育）活动公关，从企业公关到政府公关，公关实务内容无论在广度还是深度上都有相当的发展。而经验的积累，又相应提高了公关人员的专业水准，并使他们更熟练地掌握了有关操作技巧。

与专业公关公司的合作更加普遍，专业化智力劳动的价值得到尊重。市场经济体制的发展，使我国各类组织都相应改变了大而全的组织管理架构，在开展公关活动时，加强与专业化程度高、经验丰富的职业公关公司密切合作，以有效使用组织有限的传播资源。组织与专业公关公司的合作关系更加协调、稳定和长远。

2）公关手段现代化。现代公共关系活动所涉及的传播手段和传播媒介越来越讲究，除了文字媒介、印刷媒介、口语传播等外，电子媒介以大众传播媒介的方式赢得现代公关活动的青睐，随着国际互联网络、多媒体时代的到来，电脑新技术的应用，使公关传播更为现代化。

目前，公关传播已经得到多种电脑技术的服务性支持，如电子函件、编辑传送员工通讯、对外介绍企业、推出新产品和服务、标识技术、市场调查、监测媒介报道、制作发送年度报告、召开网上记者招待会、举办网上展览等，而网络和电子报刊作为一种主流媒体的影响也日益加大。

3）公关教育层次化。20 世纪 90 年代，中国的公关专业教育和人才培训已经形成了多层次的、相对完整的体系。目前公关教育和培训已经从量的扩张走向质的提升，并开始与国际接轨。

4）公关地位战略化。随着全球化时代的到来，中国公关的战略地位也必将逐步确立。而这种地位的确立，将成为中国公关产业化的先决条件。在未来众多的知识产业中，公关业将同信息业、咨询业、文化业等一起构成新兴知识产业的支柱性产业和主导性产业。

2. 公共关系应用发展的新趋势

随着市场经济在全球范围的蓬勃发展，公共关系作为一种重要的市场传播手段也因此得到了充分的应用和发展。

1）市场公共关系的热潮。现代的市场竞争日益体现为企业和企业、品牌和品牌之间的形象竞争、信誉竞争。这种竞争已不局限于新产品和技术，而是发展到企业经营的各种要素。例如，企业识别系统、企业整体形象设计日益成为市场公共关系的热点。

面对市场的“信息整体传播”或“信息战略组合传播”，企业的形象策划和传播呈现立体性和国际性的趋势，开始流行 IMC（integrated marketing communications，整合性市场传播）。随着我国加入世界贸易组织（World Trade Organization，WTO），许多企业将受到前所未有的冲击，市场公共关系的作用也将更为凸显。

2）金融公共关系的动态。第二次世界大战以来，股份制的发展浪潮使企业的投资日益多元化、社会化、公众化，资本经营成为企业更高层次的经营，这给企业构成新的公众压力，金融市场形势的严峻促使企业为增加和维护企业的资金投入而大力开展公共关系工作，通过公共关系来维系企业与广大股东的良好关系，并争取国内外潜在的投资者。

3）政府公共关系的焦点。由于民主化的世界潮流和多元化世界格局的出现，政府公共关系将越来越成为世界公共关系发展的热点。政府对内对外都需要重视公共关系。通过政府公共关系，对内争取民众的支持，使不同的公众意见能够在畅通的表达中逐渐趋同存异，使各种社会摩擦与冲突的能量能够在“微调”的状态中得到释放和缓解，从而形成稳定、和谐的政治局面。

在当代国际事务中，政府需要在多元化的国际政治形势中取得适当的平衡与协调，就必须善于利用一切共同点去联络和争取国际舞台上的大多数，运用对话和沟通的方式去处理客观上存在的矛盾和分歧，以促进和平与发展的国际环境，建立广泛的国际统一战线或国际联盟。

4）全球性问题带来的全球性沟通与合作的大趋势。世界政治经济日新月异的变化，既为公共关系的发展带来了严峻的挑战，也为公共关系的发展提供了广阔的天地。

现代人类发展面临着一些全球性的问题，诸如环境保护，人口膨胀，战争与和平，国际恐怖主义，跨国贩毒和走私，原子、化学和生物武器的扩散与控制，人权与主权，区域性经济合作与发展，以及人类新的生存空间与资源的研究开发等。

这些问题的存在与解决对人类生存条件的影响和意义已远远超出某个国家、民族、阶级的范围。在这方面，公共关系的应用实践将涉及迄今为止最为广阔的一个领域。各国的公关专家将面临一个共同的任务：通过全球性、跨文化的传播沟通形成全球性的共同意识，促成国际协调与合作，推动全球性问题的研究与解决。

可以预见，公共关系的咨询预测、论题处理（issue management）、危机处理（crisis management）的功能将会得到越来越广泛的重视和发挥。这是一种最具宏观意义的公共关系发展趋势。

6.4 公共关系的构成要素

6.4.1 公共关系主体

1. 社会组织及其公共行为

社会组织是人们根据社会分工的需要有计划、有组织地建立起来的一种社会机构，它具有一定的组织形象。组织形象是指公众对于社会组织的总体评价和印象，是社会组织在公众心目中的反映。它本身是一个中性概念，一般由组织内在精神和组织外在风格构成。对于它的评价采用知名度和美誉度这两个指标，但是这两个指标之间不存在任何的比例关系。社会组织是在一定的环境中运行的。公共关系作为社会组织运行过程中的一个方面的工作，主要面对的是公众环境。

在人类社会生活中，人与人之间会发生各种各样的联系和交往，在这些交往活动中，人们发现单个人的活动往往会受到种种限制，因而逐渐产生了各种社会组织。社会之所以会丰富多彩、不断发展，就是因为各种组织之间在不停地相互影响和作用，新的组织不断地产生并努力壮大，已有的组织竭力维护自己的利益以实现扩张。

公共关系是一种组织活动，而不是个人行为，因此，组织是公共关系活动的主体，是公共关系的实施者、承担者。在理解公共关系时，特别要注意不要把一些个人的行为说成是公共关系。例如，某公司总裁以个人名义向野生动物基金会捐款，这是个人行为，而不是公共关系；但当他以公司的名义捐这笔钱款时，我们便可把这种行为理解为一种旨在提高组织（公司）的知名度和美誉度、扩大组织影响的公共关系行为。

为了使公共关系活动的针对性更强，在公共关系学中，一般把组织分为以下四种类型。

1）营利性组织。这些组织以营利为目的，追求经济利益的最大化，如工商企业、旅游服务业、保险公司、金融机构等。

2）服务性组织。这类组织不以营利为目的，而以服务对象的利益为目标，包括学校、医院、慈善机构、社会公用事业机构等。例如，学校的首要公众是学生，其目的则是教书育人；慈善基金会的宗旨就是更好地为社会弱势群体或需要帮助的特定公众提供服务。

3）公共性组织。通常是指为整个社会和一般公众服务的组织，如政府、军队、消防部门、治安机关等。这类组织的目标是保证社会安定，不受内部不良因素的影响和外来干涉。

4）互利性组织。这是以组织内部成员间互获利益为目标的组织，这类组织追求的是组织内部成员之间的互惠互利，如政党、工会组织、职业团体（学会、协会、研究会等）、宗教团体。

2. 公关职能部门

（1）公关机构在组织中的性质和地位

1）性质。公关机构是一个专门职能机构，统筹管理传播沟通的业务，使传播沟通的目标和手段更加专业化，工作具有更高的效率和效益，传播资源投入更加合理，产出更加理想。

2）地位。从管理地位看，公共关系职能部门在组织总体中是“中间人”，基础和决策部门与其他专业职能部门之间，组织与外部环境之间，担负着建立联系、沟通信息、咨询建议、辅助服务、策划组织、协调行为等责任。

（2）公共关系部门的类型及特点

总体上了解了公关的性质和地位之后，可根据具体情况设计与安排组织的有关机构。

1）直接隶属型。即公关部直接隶属于最高层领导，直接向最高决策层和管理层负责。这种类型具有较大的沟通权限，可以直接与最高行政长官沟通，并代表最高行政长官与其他部门沟通，直接介入决策。

2）部门隶属型。即公关机构隶属于某个职能部门。具体隶属于哪个部门，可根据具体情况决定。

① 隶属于销售部门。由市场部门负责人主管公关工作，侧重于公共关系在市场营销中的促销功能。

② 隶属于广告宣传部门。在已有的广告宣传部门的情况下，增加公关宣传功能，可以加深和扩大产品的宣传。

③ 隶属于接待部门。可侧重公关的对内和对外交往功能。

④ 隶属于办公室。例如，在董事长办公室、经理办公室设置公关部门，由行政办公室负责人主管公关工作，便于上下左右、内外的协调与综合服务。

3）职能分散型。即把公关职能分散给各个部门，相互协调，共同负责。

4）部门并列型。即公关机构与组织的其他职能部门平行排列，处于同一层次。这种类型在组织中的地位和权力比较高，反映了公关业务在组织中的独立性和重要性。

5）公共关系委员会。即由组织的主管领导牵头，各职能部门负责人共同组织的公关工作协调委员会，统一指导和协调全局的公共关系活动，下设公共关系办公室，负责日常工作。

3. 公共关系公司

公共关系咨询公司简称公共关系公司，即由职业公共关系专家和各类公关专业人员组成，专门为客户提供公共关系服务的信息型、智力型、传播型的专门机构。

（1）公共关系公司的类型

1）专项业务服务公司。这种公关公司可以分为两类：一类是专门为特定行业或特定客户服务的公关公司，如专门为企业提供税务公共关系咨询的公关公司；另一类是专门为客户提供某一方面的公共关系技术服务的公关公司，如专门为客户进行民主测验、形象调查的公司等。

2）综合性咨询服务公司。这种公司既能为客户提供各类公共关系的专家顾问，又能为客户提供参谋，还能为客户提供各种技术服务，如广告、门面的设计，资料的编辑，宣传品的编写、制作印刷等。

3）合作型公关广告公司。这种公司是公关公司与广告公司相合并，基本上都是广告公司的分公司。许多广告公司都设置了公关业务部门，而许多公关公司也兼做广告业务。

4）独立型公关公司。这种公关公司坚持自身的独特性，不论经营单向、专项还是多项综合性业务，都不与广告公司或其他部门合作。

（2）公共关系公司的优势

公共关系公司与其他形式的公司相比有自己独特的优势，它提供的信息情报灵通全面；做出的趋势判断准确可行；经营业务广泛灵活；专业知识、职业水平略高一筹；处理问题公正客观；业务经验丰富和经济实力雄厚。

（3）公共关系公司的工作程序

公共关系公司接受客户委托后，先要调查了解客户的信誉，审查其委托项目的可行性，然后同客户签订协议，再按照协议的要求为客户开展公共关系工作。

（4）公共关系工作人员的基本条件

1）具备实事求是、遵纪守法、诚实可信的职业道德。公共关系的实施是一种积极的、有目的的、持久的过程，以期建立及维护机构与公众之间的相互了解，才能使组织在公关行为中获得良好的信任度、支持度。相反，唯利是图、以欺诈及贿赂手段追求工作业绩积累的行为，只能使所代表的企业在公众心目中的信誉扫地。

2）有良好的协调、表达能力。公共关系行业是需要沟通的行业，包括向政府、媒体、公众宣传企业的目标、方针、政策、产品形象等。

3）要有一定的相关专业知识。宣传产品时，介绍企业时要有丰富的知识素养，也就一定要有相关的专业知识做配合，同时面对不同国籍、不同文化背景的公关对象，又需要对诸如民俗、礼仪、外交政策等社会学知识有一定的掌握，才能形成比较全面的智力结构和能力结构，从而满足“行销适路”的公关需要。

4）强烈的公关意识。一个合格的公关人员必须具备强烈的责任心和主动的公关意识，“行动即公关”，一方面强调言行的自控，它代表所在企业的文化和形象，影响公众对企业的态度、印象和评价。另一方面，要时刻有职业的敏感度，把握每一个可以公关的时机和对象，是公关生活中不可或缺的内容。

5）百折不挠的坚持和耐力。公关人员需要具有持久的激情，面对可能出现的挫折百折不挠，坚持下去，同时面对不断推陈出新的产品、信息，要保持热情和创新。

6.4.2 公共关系的对象

简单地说，公众就是公共关系的对象。公共关系是一种特定关系，而当我们谈到关系时，必然要涉及双方。对于公共关系而言，相互影响、相互作用的双方便是组织与公众。因此，从这个角度说，公共关系就是公众与组织的关系。

1. 公众的概念和特点及其分类

（1）公众的概念和特点

公众特指公共关系对象，即与公共关系主体发生联系及相互作用的个人、群体或组织。它具有以下五个方面的特点。

1）整体性。任何组织的生存和发展都离不开一定的公众环境。公众环境与自然环境、地理环境不同，是指组织运行过程中必须面对的社会关系和社会舆论的总和。

2）共同性。当某一群人、某一社会阶层、某些社会团体因为某种共同性而发生内在的联系时，这种共同性即相互之间的某种共同点，使一群人或团体和组织具有相同或类似的态度和行为，构成组织所面临的一类公众。

3）相关性。一群人之所以成为某一组织的公众，是因为他们面临的共同点与该组织具有一定的相关性、互动性。即他们的意见、观点、态度和行为对该组织的目标和发展具有实际或潜在的影响力、制约力，甚至决定组织的成败。

4）多样性。“公众”仅是一个统称，具体的公众形式可以是个人、群体、团体或组织。日常的公共关系工作对象包括个人关系、群体关系、团体关系、组织关系等。

5）变化性。公众环境的变化，必将导致公共关系工作目标、方针、策略、手段的变化。反过来，组织自身的变化也会导致公众环境的变化，这种变化的结果又可能反过来对组织产生影响、制约作用。因此，必须以发展的、动态的眼光来认识和把握自己的公众。

（2）公众的分类

1）按组织的内外对象划分，公众可分为内部公众和外部公众。内部公众就是组织内部的成员群体，如管理人员、销售人员、股东公众等。外部公众就是组织的外部沟通对象群体，如消费者、记者、政府官员、社区居民等。

2）按关系的重要性划分，公众可分为首要公众和次要公众。首要公众就是关系到组织生死存亡，决定组织成败的部分公众对象。次要公众就是对组织的生存和发展有一定影响，但没有决定性意义的公众对象。当然也不能完全放弃次要公众，因为它在一定条件下也是可以转化为首要公众的。

3）按公众对组织的态度划分，公众可分为顺意公众、边缘公众、逆向公众。顺义公众就是对组织的政策、行为和产品持赞成意向和支持态度的公众对象。逆意公众就是对组织的政策、行为和产品持否定意向和反对态度的公众对象。边缘公众就是对组织持中间态度、观点和意向不明朗的公众对象。

4）按公众发展过程划分，公众可分为非公众、潜在公众、知晓公众、行动公众。非公众指与组织无关，其观点、态度和行为不受组织的影响，也不对组织产生作用的公众群体。潜在公众指由于潜在的公共关系问题而形成的潜伏公众、隐患公众、隐蔽公众或未来公众。知晓公众指已经知晓自已的处境，明确意识到自己面临的问题与特定组织有关，迫切需要进一步了解与该问题有关的所有信息，并开始向组织提出有关的权益要求。行动公众指已采取实际行动，对组织构成压力，并迫使组织相应采取行动的公众群体。

5）按组织的价值取向划分，公众可以划分为受欢迎的公众、不受欢迎的公众和被追求的公众。受欢迎的公众指完全迎合组织的需要并主动对组织表示兴趣和沟通意向的公众对象。不受欢迎的公众指违背组织的利益和意愿，对组织构成潜在或现实威胁的公众。被追求的公众是指符合组织的利益和需要，但对组织不感兴趣、缺乏交往意愿的公众，如记者等。

2. 公众心理分析

公众心理是公关在组织及社会的相互作用中所表现出来的心理活动和心理特征，支配着公众的行为，公共关系工作是和公关相互交往、相互影响的动态过程。为了成功地开展公共关系工作，最大限度地影响公众，就必须懂得公众的心理。常见的心理有以下几种。

（1）流行心理

流行，是指社会相当多人在较短时间内，对某种行为方式的遵从和追求，是在整个社会中到处可见的。

1）流行的形式。流行常表现为以下两种形式。

① 时髦。一般指人们对新奇事务的追求，包括新颖的服装、式样、款式等。

② 时尚。是指一种崇尚的行为方式。如“读书热”“电视剧热”等。一般来说，时髦属于物质方面的流行，人们只是简单地模仿；而时尚则属于人们在精神生活方面的流行，参与者投入程度比较高。

2）流行的特征。流行作为一种社会心理现象，具有以下几个方面的特征。

① 迅速性。流行是一种短暂爆发、涉及面广、影响力大的大众心理现象，“风靡一时”就反映了这一特点。

② 下行性。流行的发生往往是自上而下的，时尚的倡导者多半是社会上有地位、有影响的人物。时尚的发源地也往往是政治、经济及文化较为发达的城市。

③ 时代性。流行这种公众心理现象总是伴随着社会文明的发展，在不同的时代，社会的物质和精神生活的水平不同，就会导致流行的东西不同，一般来讲，流行更替速度越快，说明人们的思想越开放，生活越充实。

3）流行的策略。流行作为现代公众的一种普遍心理现象，对公众行为及其产生的后果影响很大，为此，我们应该顺应公众这种心理需求，因势利导，根据流行的特点及形成原因，有针对性地开展公关工作，有以下几种策略可供选用。

① 根据流行迅速的特点，有意识地对社会组织的形象和产品进行集中性的公关宣传，使组织的形象与产品能在短时间内风靡起来，为公众所崇尚。例如，孔府家酒曾是中国白酒行业中的名酒，随着电视连续剧《北京人在纽约》的走红，王姬所说的广告词“孔府家酒，让人想家”使人们皆知，孔府家酒也就异常火爆，连创销售佳绩，山东曲阜酒厂的知名度也大大增加。

② 根据流行性下行性的特点，社会组织在一定时期内设计和生产或推出符合时代潮流的时尚产品和服务，并首先在政治、经济和文化比较发达的地区，或在有一定的地位和有影响力的社会公众中进行试点，往往容易燃起众人的追逐热情，这就是“引导消费”。例如，英国前王妃戴安娜因自己与查尔斯王子的身高差距不大，为了不影响王储的形象，在公众场合不穿高跟鞋，这一举动引起了平底鞋在英国的流行，众多女性纷纷抛弃高跟鞋，而改穿平底鞋。戴安娜王妃也是众多时装公司争夺的对象，她从进入王室到去世，始终领导了英国、法国、意大利的服装与服饰新潮流。

③ 根据流行时代性的特点，由社会发展趋势预测流行，并通过有效的公关手段来制造流行，领导流行。

（2）流言心理

流言是提不出任何可信的确切根据，人们却相互传播的消息，它能使人们对本来关心的问题更加关心，使原来不关心的问题成为关心的问题，所以它具有很强的煽动性。

流言传播的速度和广度都是惊人的，而且越传播越离奇，甚至可以被传播得“面目全非”。

流言是建立在缺乏事实根据基础上的信息传播，当出现了对组织的声誉和形象不利的流言时，要及时采取措施，向公众提供确切的真实情况，使留言不攻自破。留言的兴起有时也来源于社会组织的某种失误，在这种情况下，如实地向公众讲明实际情况，取得公众的谅解，并告知公众组织改正错误和弥补损失的办法，是非常重要的。

（3）定式心理

定式就是心理上的“定向思维”，它是由一定的心理活动所形成的准备状态，为以后的心理活动起着正面或反面的准备作用，会使人们不自觉地沿着特定的方向去感知、记忆事物，去思考、解决问题。

研究分析公众的心理定式，就要充分利用心理定式效应，成功地开展公共关系工作。常见的心理定式效应有以下几个。

1）首因效应。指公众对某事物的第一印象非常深刻，又叫第一印象效应。事物给人最先留下的印象往往有强烈的作用，左右着人们对事物的整体判断，影响着人们对事物以后发展的长期看法。第一印象一旦形成就难以消除，因此在公共关系工作中要十分注意传播中的首因效应。无论是人、产品、环境还是组织行为，都要尽可能给公众留下良好的第一印象，避免因为不良的第一印象而造成比较惨重的损失。

2）近因效应。指公众对某事物最后形成的印象非常深刻。在近因效应的影响下，公众容易忘却历史上良好的印象，形成新的不良印象，因为公众对组织形成影响所依据的信息资料往往在时间上有一定的间隔性，组织信息出现的次序对公众形成和改变印象的作用也不尽相同。公众往往根据最近的信息形成对组织的印象，这就是近因效应的作用。虽然组织在总体上有着较好的声誉，但是在近因效应的影响下，最近一次的失误就会使公众很容易把最近出现的不良时间无限扩大，直至最终否定全面印象，从而造成组织公关危机的出现。近因效应的作用，要求组织时刻注意公众对组织信息的敏感程度，尽量避免组织工作的失误，维持公众对组织良好的第一印象。

3）晕轮效应。也叫光环效应，指公众从认识对象的某些特征推及它的总体特征，从而产生美化或丑恶对象的印象。晕轮效应非常普遍，我们走进礼品店，往往会被包装精美、价格较高的商品所吸引，因为精美的包装、偏高的价格容易使人产生晕轮效应，认为商品会像其精美的包装一样，与偏高的价格相一致。

在晕轮效应的作用下，当公众对组织的某些方面有了不佳的体验，形成了不良的印象，如认为组织缺乏热情，没有创新开拓意识，就会得出该组织一切方面都存在严重问题的结论，从而掩盖了其他特征或品质，形成某种以偏概全的错误印象。对此，我们应该全面掌握工作对象的详细信息，加强公共关系的宣传、沟通和推广，一方面要极力避免晕轮效应带来的不良影响，另一方面也可适当地利用晕轮效应及时地把组织的各方面的信息传播给公众，让公众感到和看到组织的整体优秀性，以此来扩大企业或产品的影响。

4）刻板印象。人们往往不自觉地凭借以往形成的印象判断或评价某人某事，如认为教师的形象是文质彬彬的，商人唯利是图，大型卖场的商品质量一定可靠，街头小贩所卖物品经常缺斤短两，这种看法一旦在人们的头脑中定型，造成先入为主的成见，就容易在新的认知中产生偏差，妨碍人与人之间的正常交往或对事物的正常判断。

公共关系工作一方面要研究和顺应公众的某些刻板内容，使自己的形象与公众的经验相吻合；另一方面，也要努力传播新观点、新知识、新经验，以改变公众某些狭隘的成见或偏见。

公共关系人员一定要了解公众的思维习惯及心理定式，在进行公关宣传时，尽量减少负面效应的影响，以免造成恶劣影响和不可挽回的损失。

5）移情效应。指公众容易把对特定对象的情感和兴趣转移到与该对象相关的人或事物上的心理。

在公共关系实践中，人们经常利用公众所具有的移情效应的心理定式来扩大组织的影响。例如，邀请名人参与组织的各种活动，就是设法利用移情效应把公众对名人的关注及情感迁移到本组织中，从而提高组织的知名度和公众的认知度。

3. 吸引公众的方法

近年来，随着商品经济的发展，“皇帝女儿不愁嫁”的卖方市场逐渐变成了“持币待购，货比三家”的买方市场。顾客曾是“受气包”，而如今成了“上帝”。那么在现在商品竞争如此激烈的社会，怎样才能吸引住公众的目光呢？具体来说有以下几种方法。

（1）利益吸引

公共关系就是以利益为支点的网状社会关系结构，任何一个组织都应把公众利益放在第一位从而吸引公众，这就是利益吸引的方法。

公众都有着共同的利益。员工的共同利益是良好的工作条件和生活待遇，股东的共同利益是收回投资，消费者的共同利益是获得物美价廉的商品等，尽管公众是由不同的人组成的，但共同利益使他们团结在一起，从而使队伍的力量强大起来。所以，组织要想获得好的收益首先想到的就必须是公众的利益，不但想到而且要做到，并使公众得到最好的利益。

（2）新奇吸引

公众有一个共同的心理就是对新奇的东西很偏爱，对陈旧的东西很反感。“出奇制胜”在公关界也普遍实用。“奇”就是“意料之外”，“奇”要奇得合理有利。不新奇不足以有吸引力，吸引力的丧失也就意味着影响力的丧失，意味着公关活动的失败。所以每位公关人员在公关策划活动时都要力求创新。例如，有家小餐馆的门前挂着“不收费餐馆“的招牌，来这家餐馆就餐的人很多却没有人来收费，客人根据饭菜的质量随意付款，结果不收费餐馆比收费餐馆的盈利还高。而另外一家小吃店门前也有一则广告“请到这里用餐吧！否则你我都要挨饿了”。它引发了人们进去吃一顿“饱饭”的好奇心。这两则意义相反的广告同样新奇，对顾客也都各具吸引力。

（3）信息吸引

在这个信息化时代，很多组织都是依靠迅速传播自己的信息来吸引公众并且提高名声的。在传播过程中，人们总是愿意接受与自己固有观念一致的或自己关心、需要的信息，回避与自己固有观念相抵触或不感兴趣的信息。例如，在炎热的夏季，如果想买一台空调，就会非常留意对比各种空调广告。公关人员就应该及时地搜集有关公众的信息，分析公众的心理，使自己传播出的信息为更多的公众所接受。

（4）形象吸引

组织形象，是组织内外公众对组织的全部看法和评价、整套要求和标准。它直接关系到组织的生存与发展。作为企业，如果它在社会公众中信誉好、形象佳，那样将会受益无穷。它不像产品和广告那样带来利润和市场，但可以招揽到优秀人才，增强职工的向心力和归属感，得到政府、社会团体的支持等，从而使自己有条件吸引更多的公众，产生良性循环。

有人说，如果可口可乐遍及世界各地的工厂在一夜之间被大火烧完，那么第二天的头条新闻将是各国银行巨头争先恐后向它贷款。这是因为人们相信可口可乐不会轻易放弃“第一饮料”的地位，这个品牌已经得到世界的接纳，成了一种美好享受的象征。

（5）示范吸引

示范吸引就是用直观地、可学习的行为来吸引消费者。例如，卖菜刀的商人正用自制的菜刀切铁，地面上有一堆铁屑，而他手握的菜刀完好无损，可见其菜刀的质量；宣传洗碗机的广告是大家在一起欢聚而洗碗机在工作；清凉饮料的广告是有人正畅饮并带有享受后的余欢等。示范吸引方法可以说是吸引公众最实用的方法。

（6）目标吸引

组织的目标是组织未来所要达到的状态或事实。公关人员应利用各种传播手段，在组织与公众之间建立起相互理解、相互信赖的关系，在社会公众中树立起良好的信誉和形象，以取得理解、支持和合作，从而促进组织目标的实现。

组织的目标是抽象的，只有把目标与具体实施联系起来才能吸引公众。同时，公关人员在工作过程中，还可把组织目标贴附在与社会时尚、公众热点有关的事件上，借助重大事件的吸引力来吸引公众。例如，在每一次的体育盛会如奥运会、亚运会、世界杯足球赛等的进行过程中，都能看到可口可乐宣传。可口可乐公司借助盛会的吸引力吸引了世界各地的公众。

4. 目标公众分析

目标公众就是指大多数组织和机构共有的，决定组织成败，与组织公共关系有直接关联的公众，是公共关系工作的主要对象。每一个公关主体的每一项公关目标都有其特定的性质和内容，所选择的目标公众也必然与之相吻合。现就一般公众主体经常面临的几类目标公众进行分析。

（1）内部公众

内部公众（员工公众）是所有组织共有的公共关系对象，主要指组织的全体员工。内部公众既是组织内部公共关系的对象，又是组织外部公共关系工作的主体。组织的存在价值和整体形象在取得社会公众认可之前，首先要获得员工的认可，赢得员工的配合和支持。

协调好组织与内部公众的关系，目的就是培养组织员工的认同感和归属感，形成向心力和凝聚力，这是组织最宝贵的财富，也是组织生存与发展的源泉和动力。

1）融洽的员工关系。在内部公众关系的协调中要切实做到尊重员工、理解员工，更要尊重员工的人格、劳动成果、个人价值的体现等。在尊重员工的同时也要把组织的真实情况告知员工。知情，才能尽责，才能激发主人翁的认同感，才能为组织的成就而感到自豪，才能为组织遭受挫折而感到着急，才能营造全员公关的文化氛围；反之，若员工对组织决策一无所知，则会产生被愚弄，受欺骗的感觉，其向心力、归属感会受到致命损害，组织将失去员工信任，其政策和行为就会因得不到员工认同和支持而落空。

2）激发员工的创造性，增强组织生命力。组织公关工作成败的重要标志之一是组织内部是否形成竞争态势。只有竞争才能使组织充满活力、人才辈出，才能使组织充满能量和驱动力。引进竞争机制的先决条件是在全组织内树立正确的人才价值观，任人唯贤，唯才是用，才能有效激发员工能动性。当员工认识到是在实现自身价值的时候，才会最大限度发挥潜能，其聪明才智和创造力也才会被充分激发，组织的生命力也因此强大起来。

3）沟通信息，交流感情。组织的公关部门可以建立接待员工制度，召开座谈会和民主大会、设置意见箱等，使领导了解民情民意，宣传政策，又为员工提供了发表意见和建议的机会；还可以通过工作午餐、节日茶话会、郊游、体育比赛等多种形式，创造生动活泼的人际交往机会，使组织的领导与员工之间、员工与员工之间通过直接接触，增进相互了解与信任，增强组织的凝聚力。

（2）顾客公众

狭义的顾客指商业、服务业、企业组织的顾客和产品及服务的购买者。广义的顾客是各类组织有形或无形劳动成果的服务对象，顾客关系也泛指各类组织与自己的服务对象之间的关系。

顾客关系决定着组织的兴衰与成败。只有建立和维持良好的顾客关系，组织才能拥有更多的服务对象或市场，组织的劳动成果才能得到社会的承认和接受，组织的事业才能兴旺发达，组织的任务和目标才能完成，组织的发展和成功也才能变为现实。

建立良好顾客关系的目的，是促使顾客形成对组织及其产品的良好印象和评价，提高组织及其产品的知名度和美誉度，增加对市场的影响力和吸引力，为实现组织和顾客公众的共同利益服务。

首先，必须端正服务思想，强化服务意识，为顾客提供满意的产品和服务。组织的存在价值，很大程度上在于其产品或服务能够得到顾客的接受和欢迎。组织的经济效益需要在市场上实现，而顾客就是市场，有了顾客才有市场。“顾客至上”，“顾客就是上帝”，“顾客永远是正确的”。组织全心全意为顾客服务，时刻为顾客着想，把顾客的需要和利益放在首位，为顾客提供质量优良、价格合理、计量准确的适销产品，坚决杜绝假冒伪劣、随意涨价、缺斤短两，要热情地为顾客服务并提供周到的服务项目。

其次，对顾客要以诚相待，以组织的信誉赢得顾客。企业组织要将顾客的利益和需求摆在首位。通过建立顾客的需求和权力来换取组织的利益。公共关系的经营思想认为，利润不应该是企业的追求，而应该是顾客接受、赞赏和欢迎企业的产品和服务所投的信任票。只有赢得顾客的心、获得顾客的信任与好感的企业，才可能较好地获得利润。

再次，加强与顾客的信息交流与沟通，协调好组织与顾客的关系。通过妥善处理顾客投诉，及时诚恳地为顾客排忧解难，维护顾客的利益。处理好顾客投诉是企业组织的一项重要的对外公共关系工作，因为投诉的顾客具有义务宣传员作用，对处理结果不满意的投诉者，其造成的结果必然是有损组织的形象；对处理结果满意的投诉者，其造成的结果是增加组织的美誉度，所以，最好的广告就是满意的顾客。

最后，要积极地开展消费教育。消费教育也是目前组织与公众沟通消息的一种最佳方式，其目的在于引导消费，使消费者具有现代消费意识、消费行为和健康科学知识，能够购买自己需要的优质商品而拒绝劣质商品，能够自觉维护自身的合法权益。

（3）媒介公众

媒介公众指新闻传播机构及其工作人员，如广播电台、电视台、报社及其编辑、记者等。媒介公众是公共关系工作对象中最敏感、最重要的一部分。媒介既是组织与公众之间联系的终结，又是公共关系工作的重要公众。与新闻媒介建立良好关系的目的是争取新闻传播界对本组织的了解、理解和支持，以便形成对本组织有利的舆论气氛，并通过新闻媒介实现与大众的沟通，增强组织对整个社会的影响力。

新闻媒体客观、真实、公正的报道，将受到广大社会公众的普遍信赖，并具有广泛的社会影响，组织通过新闻媒体加强与其他公众的信息沟通，借助新闻媒体的可信度和影响力，容易赢得各类公众的理解、信任、支持与合作。

社会组织要协调好与媒体公众之间的关系。首先，社会组织要尊重新闻媒体及其有关人士的意见，同他们友好相处，新闻传播机构及其人士决定着社会信息的取舍、流量和流向，确定着公众舆论的中心议题，能够赋予被传播者特殊的、重要的社会地位。某个组织、人物、产品或时间如果成为新闻界报道的热点，便会成为具有公众影响力的舆论话题，获得较高的社会知名度；而且，一个信息通过新闻界进行客观的报道，容易获得公众的信任，有利于美誉度的提高。公共关系的一项重要任务，就是为组织创造良好的公众舆论，争取舆论的理解和支持。因此，无论出现何种情况都要以真诚、友善的态度同他们交往，这是赢得新闻媒体信任和好感的前提。同时也有助于争取媒介报道的机会，使组织的有关信息比较顺利地通过传播过程中的层层关口，形成良好的公众舆论环境。

其次，要全力支持新闻媒体的工作，支持新闻媒体实际上也就是支持组织。现代企业的生存、发展之道是一要“做得好”，二要“说得好”。“做得好”即产品质量硬，企业形象好；“说得好”即善于利用大众媒介使企业和产品被大多数公众所了解、认可。通常有两种利用方式：一种是购买报纸的版面或广播、电视的时段做广告宣传；另一种方式是由媒体出面进行报道宣传。因此，与新闻界人士建立良好的公共关系，运用大众媒介，争取媒介宣传机会，组织有关信息的报道质量就越好，也就能产生良好的经济价值。

最后，应当充分理解，由于组织和新闻媒体在立场和动机等方面可能存在差异，如组织倾向于提供好有利消息，新闻界人士可能喜欢寻找问题等，因此组织对新闻媒体应当充分理解，对有利于组织的报道要谦虚谨慎、不骄不躁，对某些不利于组织的报道更要冷静对待，不可以吹毛求疵。此时应当正视舆论并主动将组织积极的反应提供给新闻媒体。

（4）政府公众

政府公众对象指政府各行政机构及其官员和工作人员，即组织与政府沟通的具体对象，包括工商、人事、财政、税务、治安、法院、环保等政府部门及其工作人员，是所有传播沟通对象中最具有社会权威的对象。与政府保持良好沟通的目的，是争取政府及各项职能部门对本组织的了解、信任、支持，从而为组织的生存和发展争取良好的政策环境、法律保障、行政支持和社会政治条件。

社会组织要协调好与政府公众之间的关系。首先，社会组织要做政府的模范公民，就要把国家的利益放在首位。协调与政府的关系，实际上是处理与国家的关系，政府代表国家的整体利益和最高利益，组织一般着眼于自身利益，所以政府与组织不可避免地会存在差异和矛盾。当政府利益和组织利益发生矛盾时，应以国家利益为重，这样才能赢得政府的信任和支持。

其次，社会组织还应当替政府着想，为政府分忧。由于经济和社会发展水平不平衡，社会前进中会不可避免地出现各种矛盾，政府工作也会有不尽如人意之处，因此组织应当从社会利益和社会需要出发，尽其所能，急政府之所急，帮政府之所需。例如，在赞助希望工程、抗灾赈灾、解决下岗职工再就业等方面切实做出贡献，无疑可以充分显示组织的社会责任感，并受到社会公众的理解和欢迎，同时也会由于协助政府而博得政府的好感。

最后，应该主动建立和加强组织与政府有关部门之间的双向沟通。一方面，组织的公关部门应该详尽地分析研究方针、政策、法令，提供给本组织领导及各部门参考，使组织的一切活动都保持在政策和法令许可的范围内，并随时按照政策和法令的变动来修正本组织的政策和活动。另一方面，组织的公关部门应随时将实际工作部门的具体情况上传至政府有关部门，并根据本地区、本行业、本部门的特殊情况，主动地提出新的政策设想和方案，并通过适当的渠道进行说服型的工作，协助发现及纠正政策执行中出现的偏差或失误。

（5）社区公众

社区公众是指组织所在地的区域关系对象，包括当地的管理部门、地方团体组织、居民。发展良好的社区关系是为了争取社区公众对组织的了解、理解、支持，为组织创造一个稳定的生存环境，同时体现组织对社区的责任和义务，通过社区关系扩大组织的区域性影响。

（6）名流公众

名流公众指对公众舆论和社会生活具有较大的影响力和号召力的有名望人士，如政界、工商界的首脑人物，科学界、教育界的权威人士，文化、艺术、影视等方面的明星等。建立良好的名流关系的目的就是借助名流的知名度扩大组织的公共关系网络、公众影响力，丰满组织的社会形象。

6.4.3 公共关系传播与媒介

1. 公共关系传播

传播特指人与人、人与群体或社会之间的信息传递、接受、交流、分享过程。在公共关系中，传播是一种有着独特的规范的信息传播活动，它不仅包括信息传递、接受、交流、分享一系列过程，还包括信息的收集与处理，并且综合地运用各种传播方式和传播媒介。其目的是通过双向的交流和沟通，促进公共关系的主体和客体（组织和公众）之间的了解、共识、好感和合作。

（1）传播的概念及其基本要素

公共关系传播是指社会组织利用传播媒介，有计划地将信息与公众进行沟通，以达到争取公众、信息共享的目的。公共关系传播要素有以下五个方面。

1）公共关系传播者，是组织信息的采集、发布者，代表组织行使传播职能。

2）公共关系公众，是组织传播信息的接收者。

3）公共关系传播内容。公共关系传播内容是指传播者发出的有关组织的所有信息。它大体上可以分为以下两类：一类是告知性内容，即向公众介绍有关组织的情况，如目标、宗旨、方针、经营思想、产品和服务质量等；另一类是劝导性的内容，即号召公众响应一项决议，呼吁公众参与一项社会公益活动，或者劝说人们购买某一种品牌的商品。

4）公共关系传播渠道。传播渠道，是指信息流通的载体，也称媒介或工具。人们通常把用于传播的工具统称为传播媒介，而把公共关系活动中使用的传播媒介称为公共关系媒介。可供公关人员利用的传播媒介有两种：一种是大众传播媒介，另一种是人际传播手段。

5）公共关系传播效果。公共关系传播效果，是指目标公众对信息传播的反应，也是公共关系人员对传播对象的影响程度。

以电视为例，这个传播过程的五个要素十分清晰可辨：信息发布者，即电视台的编导及主持人；公众，即接受电视的各类公众；传播内容，即播出的节目内容；传播渠道，即电视信号发射、接收装置，电磁波；传播效果，即公众中产生的影响及发生的行为变化，如打电话、发短信向电视台进行反馈、咨询等。

（2）传播的基本方式

公共关系的基本传播方式有以下几个。

1）人际传播，是发生在人与人之间的个人传播行为。其表现形式有两种，一种是亲身传播，另一种是媒介传播。

2）组织传播，是通过一定的组织形式进行的传播活动，其表现形式有小组传播、群体传播和组织媒介传播。

3）大众传播，是专业性的信息传播组织和机构通过媒介向为数众多、范围广大、互不联系的社会公众传播信息的过程。大众传播媒介一般有报纸、杂志、广播、电视、书籍等。

2. 公共关系传播媒介

媒介作为沟通传播主体与传播对象的桥梁，在传播过程中是非常重要的环节，使用媒介不同是区分传播方式的主要依据，人际传播运用的是个人媒介，大众传播运用的是大众媒介。在传播媒介日益丰富的现代社会，选择哪种媒介，什么地方的媒介，在什么时候使用媒介，对于最终形成的传播效果起关键作用。

公共关系作为组织的传播活动综合了各种传播方式，组织在公关活动中对媒介的使用是宽泛而频繁的，因而公共关系特别重视对媒介的研究。

（1）人际传播媒介

以个体对个体信息交流为主要特征的人际传播是公关传播中最常见、最广泛的一种传播模式，而且其他的传播活动中也渗透着人际传播的内容。人际传播的具体形式分为面对面传播和非面对面传播两种，前者一般通过语言媒介的动作、表情、辅助语言等非语言媒介进行交流，后者则通常运用电话、信函等小媒介进行交流。

1）语言媒介。语言（口头语言）是面对面人际传播的主要信息载体，是人类信息、情感交流、实现交际目标的最基本工具。正因为如此，口头表达能力是职业公关人员必备的能力素质之一，凡是具备说话能力的人都能运用口语开口讲话，但能说不等于会说，能够熟练地运用口语传播来说服人、打动人，不是一件容易的事。

在人际传播中，要实现交际目标，与公众沟通，除了注意发音、遣词造句，正确使用语言工具之外，还要讲究说话的艺术方法和技巧，特别是根据不同的谈话对象的特点灵活运用。

2）非语言媒介。虽然有声语言是人际传播的最主要形式，但不是唯一的形式，非语言传播在人际交往中也占有十分重要的地位，在一些特殊的场合，非语言媒介在信息的传播中更真实、更可靠、更具表现力和感染力及吸引力，在具体的公关活动中，一切非语言媒介都可作为沟通的手段，最常见的有以下几种。

① 体语。体语是靠人的动作、姿势、体态、表情等来传递信息的一种无声语言。例如，服饰不能离开穿着者而单独成为传播媒介，因为同一件服饰，不同的人在不同场合穿着往往能传递出不同的信息，如休闲装在旅游、运动时穿着显得精干、活力，而在典礼上穿着就显得不庄重。因此，服饰的款式、质地、工艺、品牌及搭配，能反映出一个人的气质、修养和社会地位。

② 辅助语言和类语言。辅助语言是指说话过程中的音质、声调、语速等要素，是语言表达的一部分，对语言表达起辅助作用。类语言是指有声无义的功能性发声，如哭声、笑声、叹息等。对它们的巧妙运用和正确读解，对于增强表达效果，准确获取信息，实现双向沟通，有着非常重要的意义。

③ 空间距离语言。这是一种通过人在交往时所处的距离、位置来传递信息的一种无声语言。公关人员应根据交往的场合和交往对象的特点，正确地选择自己的位置和把握恰当

的人际距离，保证交际的成功。

（2）个体媒介

个体媒介是指用于非面对面人际传播中的各种个体媒介，也叫小媒介，如电话、书信、传真、贺卡、礼仪电报、名片等。个体媒介是与公众特别是重点公关联络感情，加深印象，密切联系的媒介手段。

（3）群体传播媒介

演讲会、报告会、新闻发布会、展览、大型文体活动等群体传播是组织普遍开展的专题公关传播活动，综合运用了各种传播媒介，主要包括以下几种。

1）语言媒介。在群体传播中有许多场合需要传播者具有良好的口头表述能力，如演讲会、报告会、新闻发布会就需要传播者充分发挥语言艺术的魅力，在准确传达组织信息的同时，充分展现自身形象和组织的精神风貌。

① 演讲、报告。演讲和报告属于公众传播方式，通过演讲或报告者逻辑严密、情绪激昂的表现、感染，说服和影响听众。

② 会见、谈判。会见属于礼节性沟通，一般是互致问候和祝愿，或产生分歧时双方各自表达自己的原则立场，不争论。谈判是指就具体问题进行磋商，通过双方的妥协，寻求达成一致。

③ 座谈。座谈是一种小范围的组织传播活动，由主持人代表组织与会者意见，发表组织观点，参与者有较多的、平等的发表观点的机会，特别适合于双方进行信息沟通、情感交流和达成谅解。

2）文字媒介。文字媒介主要指群体传播中运用的各类印刷品，如用于新闻发布会上散发的新闻稿和新闻背景材料，用于展览会、展销会上的产品介绍，文字说明及其他宣传材料等。

① 公共关系报刊。这是有条件地组织自主出版，定期不公开发行，免费赠送的内部报纸和刊物。由于此类报刊不作公开发行，一般不向信息接受者收取费用，不得承揽广告业务，因而不属于大众传播媒体。

② 宣传手册。这往往用于组织的对外宣传。

③ 宣传材料。是指组织为宣传企业形象而印制的宣传品，如产品简介、产品报价单、促销宣传品、邮寄广告等。

④ 海报。是指购买现场宣传品，配合某一活动主题制作的横幅、彩旗等。

3）视听类媒介。指用于展览、展销、会议等传播活动中的视听类传播媒介，主要包括以下几种。

① 图片资料。多用于展览中的宣传图片和附图的宣传资料上。

② 幻灯片。它主要用于会议或演讲中的文字、图表显示，展览会上有关内容的重点介绍和连续展示等。

③ 录像片。是传播信息较理想的一种方式，它多用于展览、餐馆、会议、产品介绍和

服务说明中，能使这些宣传活动更富有生机，更具有吸引力和感染力，有利于增强传播效果等。

4）实物媒介。主要指用于展览、赠送的产品样品、产品或企业建筑微缩模型等，这些用于特殊场合的样品、模型、象征物上凝聚着组织的各类信息，展现着产品和组织的形象，它们实际上充当了组织对外传递信息、沟通与联系公众的特殊媒介。

① 产品和模型。在企业公关或营销活动中，产品本身就构成一种可信度较高的信息载体，通过质量、性能、外观、商标、包装等全面地、直观地传递出产品真实可靠的信息。

② 公关礼品。指用于加强组织与公众情感交流的实物宣传品。

③ 组织形象标示系列。组织形象标示由标准字、标准色及特殊图形或吉祥物构成，如可口可乐飘逸洒脱的红底白字（图 6-1），主要用于增强对公众的视觉冲击，便于形成统一的、特色鲜明的视觉形象。

图 6-1　可口可乐公司组织形象标示

（4）大众传播媒介

大众传播媒介是公关传播最主要的传播途径，也是公关传播中运用频率最高的媒介。大众传播中的报纸、杂志、广播、电视以新闻传播见长，因此也叫新闻媒介，按其运用的技术特点，一般把新闻媒介划分为印刷媒介和电子媒介两大类。

1）印刷媒介。印刷媒介是指借助印刷技术，以文字、图片等形式将信息印刷在纸张上进行传播的报纸、杂志和书籍。

① 印刷媒介的优点：

a．印刷媒介的信息容量大，可不受时间、版面的限制，充分容纳和处理信息内容，增强报道的广度和深度，公关传播中需要公众详细了解的信息选择报纸比较恰当；b．印刷媒介能使公众有充分的选择自由，因此，读者可根据需要和兴趣掌握阅读的顺序和速度，而且便于读者保存、检索和重复使用；c．印刷媒介相对成本较低，无须使用专门的接收设备，普及性强，影响力大。

② 印刷媒介的缺点：a.传播速度相对较慢，时效性低；b.缺乏形象性；c.不像广播电视那样浅显易懂。

③ 报纸和杂志的区别：

a．报纸阅读速度比较快，属于泛读，但版面略显凌乱；杂志版面较小，装订成册，栏目清楚，版面整洁，阅读时可使读者的情绪稳定从容，速度较慢，属于精读。

b．报纸的内容一般是大众化的、综合性的，读者范围广泛；杂志内容比较有针对性，读者面较窄。运用报纸进行声势宣传比杂志更具影响力。

c．报纸内容多为公布性、报道性的，信息面窄，读者重复率低；杂志内容多为分析性、资料性的，信息面窄但处理信息深刻，读者重复阅读率高。

d．报纸的发行周期短，如日报、晚报、周报，大多使用新闻纸印刷，制作成本低，一般读者保存时间短；杂志出版周期长，如半月刊、月刊、季刊，大多使用胶版纸甚至铜版纸印刷，装帧精美，制作成本高，但读者保存时间长。

2）电子媒介。电子媒介主要指依靠电子技术，以电波或电缆、光缆来传播声音、文字、图像、色彩，运用专门的电器设备发送和接收信息的广播、电视等媒介。

① 广播的特点。

a. 传播迅速，面广。广播节目制作较电视和印刷媒体简单，传播速度快，其短波频率可进行远距离的无限传播，因而信号覆盖面广。

b. 适应面广，公众不受文化水平限制。

c. 接受方便灵活，无独占性。广播接收设备（收音机）体积小巧，利用无限传播，接收信息不受空间环境限制。

d. 成本低廉，与公众的交流性强。广播的运作成本比电视低得多，这为广播能够与听众交流沟通提供了可能性。

e. 传播受广播电台编排的节目次序限制，听众只能按顺序接收，不能自由选择接收。

f. 信息稍纵即逝，不能重复，不便保存。

g. 广播传播采用的符号只有语言和音响，没有文字和图画，这就限制了广播信息的表现力，使其不适宜表现复杂的、难以理解的信息内容。

② 电视的特点。

a. 电视综合了语言、文字、音响、图像、色彩符号，是视听结合的新媒介，形象生动，丰富多彩，信息的表现力和现场感极强。信息接收不受文化程度的影响，最能引起公众的兴趣，具有极强的普及性。

b. 信息传播迅速，尤其是现场直播形式，做到了与事件的发生同步与传播。

c. 电视的娱乐性强，在娱乐性方面具有其他媒介无可比拟的优势，成为现代家庭最主要的娱乐形式，在公众中的影响最大。

d. 和广播一样，观众只能按照电视台编排好的节目顺序依次接受，缺乏主动性。其所传信息稍纵即逝，不便保存和重复接收，电视节目制作耗费巨大，制作、播放和接收成本较高，电视观众构成复杂，不宜做公众针对性的宣传。

大众传播除新闻传媒之外，还包括电影和书籍，在特定的公关传播中也可选择运用，如北京申办2008年奥运会的宣传活动中，邀请我国著名导演拍摄的电影宣传片，最后陈述报告起到了画龙点睛的良好效果，为申办成功做出了贡献。

（5）网络传播媒介

互联网的出现和日益普及，标志着人类传播史上又一次面临重大的媒体革命，这场革命在改变着人们的思维方式、工作方式和生活方式的同时，也为现代公共关系提供了策划思路和公关传播媒介。网络媒介的传输工具主要有以下几种。

1）万维网。万维网是互联网上的一种服务，各种社会组织都可以通过它在网上发布信息，独有的超文本链接方式把互联网上不同地点的相关数据信息有机地编织在一起，用户只要单击相关单词、图片或图标，就可以迅速地从一个网站进入另一个网站，这一方式为公关人员在网上发布信息和采集信息提供了极大的方便。

2）域名设置。域名是接入互联网的用户在网上的名称，是企业或组织在互联网上的标示，在网上人们通过域名来查找入网单位的网络地址，因此选取的域名要与自己的单位名称、注册商标相一致，一方面便于用户查找访问，另一方面也可与平时在其他媒介的宣传统一起来，有利于组织完整形象的塑造。

3）主页浏览。主页浏览也称网页，它是上网企业或组织为自己在网络上建立的一个窗口，通过这个开放的窗口，可以向全世界发布自己的信息，树立自己的形象。

4）电子邮件。这是互联网上使用最广泛的沟通方式。通过它，用户之间可以进行快捷、简便、安全、可靠、低成本的通信联络，也为公关传播提供了一个新的途径。

5）电子广告栏。电子公告栏是互联网上大众化的信息服务方式，它可以接收很多用户参加，进行多向交流，分享有益的经验。电子公告栏将大量的信息存储于站点的服务器中，用户可以从那里获取信息，也可以向那里传送信息，它比电视之类由组织形式的交流系统更加迅速、更加有效。

6）聊天室。这是一个动态、交互式交流信息的手段，可使遍布世界各个角落的成千上万的人同时交流。这种传播沟通的规模效率超出常规媒体，使公关传播沟通观念发生革命性变化。

7）网络媒体。网络传播以其先进性和迅猛发展之势，冲击着传统大众媒体。近年来，许多报纸在网上出版了电子报纸，而许多广播、电视机也走上了与电脑公司合作的路线，将自己的节目在互联网上传播，这些网络广播、网络电视刊登新媒体，就是上网媒体。

案例分析

案例 1

一家钢铁公司出台《关于鼓励员工学习文化技术和钻研业务的若干规定》，指出：职工通过非全日制普通学校学习并取得证书，岗位专业对口的，根据学历高低，每月将获得 100～500 元的岗位津贴。据报道，此规定出台后，企业的教育经费支出较大，公司已决定将这笔开支列入工资总成本，并成为企业的一项长效措施。公司的领导表示：资金再紧张，也一定要确保职工的教育经费。

案例 2

江苏一家集团的100多名销售员全部学习了MBA(master of business administration，工商管理硕士）课程。同时，集团举办的文化升级培训、机电一体化培训全面展开，计算机软件设计班也在筹办之中。“三年之内，操作工要达到大专以上水平，管理人员要达到本科以上水平”，这是该集团的近期培训目标。

问题：

1）通过阅读这两则案例你受到什么启发？

2）如果你是企业的员工应该怎样去做？

3）以上案例体现了公共关系的哪些理念？

本章小结

本章介绍了公共关系的概念、特征、构成要素，以及公共关系传播方面的知识，这是公共关系理论的重要内容。掌握这些内容，是继续学习公共关系、开展公共关系活动必须具备的基础知识。

练习与思考

在线同步测试及参考答案

一、单选题

1. 公共关系的主体是（　　）。

A. 个人　　B. 团体

C. 公众　　D. 组织

2. 公共关系的本质是（　　）的信息交流。

A. 单向　　B. 双向　　C. 多方　　D. 其他

3. 公共关系最早产生于（　　）。

A. 美国　　B. 日本　　C. 英国　　D. 中国

4. 在公共关系实践中，邀请名人参与组织的各种活动来提高组织的知名度和公众的认知度，这种心理定式效应是（　　）。

A. 首因效应　　B. 近因效应　　C. 晕轮效应　　D. 移情效应

二、多选题

1. 公共关系的一般特征有（　　）。

A. 客观性　　B. 普遍性　　C. 长期性　　D. 动态性

2. 根据企业的性质、条件、要求不同，部门隶属的公关部可以归属于（　　）。

A. 经营管理部门　　B. 广告宣传部门

C. 外事接待部门　　D. 销售部门

E. 办公室

3．吸引公众的方法有（　　）。

A．利益吸引　　B．新奇吸引　　C．形象吸引　　D．内容吸引

4．公共关系传播内容大体上可以分为以下两类：一类是（　　），另一类是（　　）。

A．告知性内容　　B．劝导性内容　　C．组织性内容　　D．号召性内容

三、简答题

1．公共关系的概念及内容是什么？

2．简述公共关系产生和发展的条件。

3．公共关系的基本传播方式有哪些？

四、技能训练

职业教育活动周是国家在教育领域设立的第一个国家层面的活动周，自2015年起，每年5月的第二周为职业教育活动周，全国各个职业院校都要在此期间向社会各界展示职业技能活动。2016年职业教育活动周的主题是“弘扬工匠精神，打造技能强国”，促进职业教育产教融合、校企合作，培养合格技术技能人才，支撑中国经济转型升级，促进大众创业、万众创新。

以此新闻为内容，运用两三种传播媒介（如人际传播媒介、个体传播媒介等）对本校的职业教育活动周进行对外公关宣传。

第7章

公共关系的工作程序

在公共关系发展史中被誉为“公共关系教父”的斯科特·卡特利普在他的著作《有效公共关系》(被誉为“公关圣经”)中提出了两大理论：一是公共关系的“双向平衡”理论，说明组织与公众之间沟通的双向性；二是公共关系的“四步工作法”，说明公共关系运作的程序，即公共关系调查、公共关系策划、公共关系实施、公共关系效果评估。在实际工作中，并非所有的公共关系工作都必须经过这几个步骤，但是一项完整的公共关系活动，或者一项战略性的公共关系工作都必须严格地按照这四个步骤进行，这是公共关系活动取得预期效果的基础。

知识目标

- ✧ 了解公共策划的含义，公关评估的程序、内容和方法。
- ✧ 理解公关调研的内容、公关实施的传播媒体、公关评估的内涵。
- ✧ 掌握公关调研的方法、公关策划的程序、公关活动时机的选择。

能力目标

- ✧ 能够撰写初步的公关调查报告。
- ✧ 能够创造性地进行公关活动的策划并能写出简单的策划方案。
- ✧ 能够写作简单的公关评估报告。

情感目标

- ✧ 培养学生务实和深入研究的精神。

✧ 培养学生的创造性思维和创新意识。

✧ 培养学生的团队协作精神和严谨、公正的工作态度。

职业资格考核要点

公关调查　调查报告　公关策划　传播媒体　公关实施障碍　公关活动时机　公关评估

7.1 公共关系调查

公关调查是公关策划的基础，关系到未来公关实践活动的质量，在调研中不仅要求做到点面结合，还应把握差异，防止“一刀切”。一旦正确地认识了目标市场的需求，就能以适销对路的商品，扭转疲软的市场，创造可观的效益。

7.1.1 公共关系调查的内容

公共关系调查内容取决于公共关系调查目的，它既可能是日常公共关系工作调查，即常规调查，也可能是专项公共关系活动调查，即专项调查。虽然这两类调查所涉及的内容有所不同，但仍存在共性的问题。一般的公共关系调查包括组织形象调查、社会环境调查、公共关系活动效果调查。

1．组织形象调查

组织形象，就是社会公众对一个组织机构的全部看法和评价。塑造组织形象是公共关系工作的重要职能，是组织日常公共关系工作和专项公共关系工作的一个重要主题。公共关系工作者只有充分地认识组织的形象目标，通过对公众态度的调查，了解到组织的实际形象，才能寻找到组织形象差距。

（1）组织的形象目标

组织的形象目标是组织开展公共关系活动的内在动力和方向，它对组织公共关系工作成败起到至关重要的作用。了解组织的形象目标可从以下三个方面入手。

1）了解组织决策层对形象目标的期望。组织的决策者和领导者往往从企业发展战略的高度来确定组织的形象目标，公共关系工作的调查研究必须详尽研究决策者和领导者对组织形象目标的思考，领会他们的意图，并以此作为设计组织形象的重要依据。

2）调查组织内员工的态度。组织的目标和政策应得到员工的认同和支持，才有可能实现。通过调查，了解员工对组织形象的看法，吸取他们合理的建议，使组织形象建设更具有群众基础。

3）分析组织形象的现状和基本条件。组织对自我形象的设计不能脱离组织自身条件，为此应该全面、完整地掌握组织的各方面的情况，如企业文化、经营方针、人力资源、企业的财务状况等。

（2）组织实际形象调查

组织实际形象是指组织的客观形象，社会公众对组织的实际评价。了解组织实际形象，就需要进行以下相关调查。

1）公众分析。组织所面临的公众是处于变化之中的，为了找到正确的调查对象，获取相应的信息，必须对本组织的公众范围、类别、目标公众等进行调查分析。如果调查对象不能够准确地确认，将直接影响调查结果。

2）公关“三度”分析。公关“三度”是指组织的知名度、美誉度、信誉度，这是反映组织公共关系形象的具体指标。知名度表示公众对社会组织的知晓程度，美誉度表示公众对社会组织的赞誉程度，信誉度表示公众对社会组织的信任程度。这“三度”综合反映了社会公众对组织的总体态度和评价。其中美誉度与信任度之间虽然有差别，但是二者之间具有一定的联动性。一般说来，具有良好美誉度的组织，都有良好的信誉度。因此在组织形象分析中，我们采用两度分析，利用“组织形象地位分析图”确定组织的形象地位，找出存在的问题。

3）形象因素分析。组织形象所包含的内容十分广泛。对企业单位而言，具体涉及经营方针、产品质量、服务态度、办事效率、业务水平等。要全面评价组织的实际形象，需要对涉及的诸因素进行分析研究，找到影响组织形象的具体原因，以便更有针对性地策划改善形象的公共关系活动。

（3）寻找组织形象差距

通过公共关系调查，既了解组织形象目标，又考察组织形象的实际状况。下一步的工作就是进行分析与比较，找出两者的“形象差距”，为策划和开展公共关系活动提供依据。

2. 社会环境调查

任何一个组织都将面临影响组织生存和发展的社会环境。公共关系中的社会环境是指与组织有关的各类公众和各种社会条件的总和。

公共关系环境可以分为具体环境和抽象环境。具体环境是指与组织有关的各类公众。抽象环境是指能够影响组织的各种社会条件和社会发展趋势。由于社会环境对组织的生存与发展影响很大，因此必须对公共关系环境进行调查，协调组织与社会环境的关系，使组织适应社会环境的变化，从而获得发展。

对社会环境的调查，主要调查分析与本组织有关的政治、经济、技术、社会、文化等方面的发展变化，与本组织有关的政府机构、法律部门的方针政策，以及政策、法律制订和实施的情况。2005 年以来，政府制定了一系列抑制商品房房价过高的政策。房地产开发企业就要密切关注这一政策的导向作用，调整好自身的经营战略，使其既能符合国家的房地产新政策的要求，又能够很好地满足消费者的需求，从而可以塑造更好的房地产企业形象。

注意调查社会新近发生的重大事件，并研究事件有可能会对组织产生何种影响。要经常关注社情民意的变化、社会价值观念的变化、社会对企业评价标准的变化。掌握这些变化，组织才能够有针对性地策划公共关系活动，使组织在变化中获得发展。

7.1.2 公共关系调查的方法

公共关系调查研究方法，是保证公共关系调查研究目的得以顺利实现的途径、方式、手段、措施等。公关调研方法对于公关调研任务的顺利完成具有极其重要的作用。公关调研的方法是多种多样的，可以从多角度、多方面进行分类。基本的分类主要有两种，即基于调研对象范围的分类和基于资料搜集方式的分类。

1. 基于调研对象范围的分类

（1）普遍调查

普遍调查简称普查，它是对一类调研对象的全部个体进行无一遗漏的调查，以搜集调研对象总体情况的一种方法。普查是一种重要的调查方法，它能够取得调研对象总体全面的原始资料和可靠数据，全面而准确地反映客观事物。因此，当某一组织需要全面而准确地了解某一现象的基本情况，进行重大决策的时候，就可以进行普查。例如，一个企业产品有几个或几十个定点大用户时，企业要了解用户对产品的意见，可以组织普查。但普查需要大量的人力、物力、财力和时间，在公关调研中一般适用于调研对象总体数量不大的情况。

（2）典型调查

典型调查，就是在调研对象总体中有意识地选择具有代表性的个体作为典型进行调研。它的目的是通过对少数有代表性单位的调查，揭示调研总体的特征和发展变化规律。如可按调研对象工作的好坏将典型单位划为先进、一般和后进典型，各选出几个样本进行深入研究，探究事物发展的方向和规律。典型调查所选取的单位较少，能够用较少的人力、物力和财力进行深入了解，因此，典型调查是一种比较科学又比较省时、省力、省钱的非全面调查方法，它在公关调查中得到广泛运用。其缺点是，选择典型时难以避免主观随意性，典型的代表性和结论的适用性难以用科学的手段准确测定。

（3）重点调查

重点调查，就是从调研对象总体中选出少数重点单位进行调查。重点单位，是指在总体中处于十分重要地位的单位，或者在总体某项标志总量中占较大比例的单位。例如，要调查全国的钢铁产量，应主要调查鞍钢、首钢、宝钢、攀钢等重点企业，因为它们的钢铁产量占了全国钢铁产量的 50%以上。重点调查的主要优点是，比较容易确定调查对象；调查单位少，能够用较少的人力、物力、财力进行深入调查，从而能够较快地掌握调查对象的基本情况。

（4）个案调查

个案调查也称个别调查，是指对特定的调研对象进行的深入调查。个案调查即通过“解剖麻雀”的办法了解或解决某一特定的问题。个案调查一般按确定个案、登记立案、访问案主、搜集资料、分析诊断五个步骤进行。通常通过现场观察或深入访谈来搜集调研资料。个案调查方式灵活多样，可以做到详尽、深入，能够全面、完整、系统地搜集个案资料，可以灵活地安排时间，调查与研究结合进行，可对个案得出具体结论。但应特别注意的是，个案调查的具体对象可能具备某些个别属性，对其进行调研的结论可能只能反映个案的具体情况，而不能用于推论其他个案和一般公众的情况。

（5）抽样调查

抽样调查，是遵循一定的原则从调研对象总体中抽取一部分样本进行调查，并根据样本具有的属性来推断总体属性的一种调查方法，是一种解决向谁调查问题的科学方法。抽样的方式主要有以下两种。

1）随机抽样。在随机抽样中，样本的确定不受人们主观意志支配。采取一定的统计方法抽取，调研对象总体中每个个体被抽样选中的机会都是等同的。

2）非随机抽样。由于客观条件的限制，不可能在一切抽样中都依据随机抽样原则进行，而往往采取非随机抽样或两种类型抽样相结合的方法。非随机抽样又叫非概率抽样，它不是根据概率论的原则，而是根据调研人员的主观判断或取样的便利，从调研对象总体中抽取一部分单位进行调查。抽样调查与其他调查相比具有明显的优点：一是准确性较高，二是节省时间和费用，三是灵活性较大。所以，抽样调查尤其是随机抽样调查，已成为公关调研中广泛运用的主要调查方法。进行公关民意测验更离不开抽样调查。

2. 基于资料搜集方式的分类

（1）访谈法

访谈法也称访问法，是公关调研人员同被调查者直接接触，通过有目的的谈话来收集资料的一种调查方法。一般适用于接待来访者、平时服务时交谈和上门专访三种情境。谈话方式既可采取个别访问的形式，也可以采用召开公众代表座谈会的形式，还可以采用电话采访的形式。交谈时，既可以用登记式谈话形式，即按照调查者事先拟好的调查表的具体项目让被调查者一一作答，也可以采用自由谈话形式，即让被调查者自由谈话。一般说，登记式谈话，内容明确，调查者易于掌握；自由交谈，使被调查者有充分发表意见的机会，还可以了解到未列入调查提纲的某些重要情况；个别访谈灵活方便，彼此容易沟通，情况了解深入，可多方面收集资料；集体访谈（座谈会）能集思广益，访谈法所获得的信息详细、具体，问题讨论透彻，但费时费力，如样本不够典型，还会导致结果的片面性。访谈法更适合于进行典型调查。

（2）问卷调查法

问卷调查法是目前国内外社会调查中使用较为广泛的一种方法。问卷是指为统计和调查所用的、以设问的方式表述问题的表格。问卷调查法就是调查者用这种可控制测量的问卷对被调查者进行征答，从而搜集到可靠的信息资料的方法。问卷调查法的主要优点是标准化和成本低。问卷的设计是该方法能否成功的关键。因为问卷调查法是以设计好的问卷为工具进行调查，故问卷的设计要求规范化并可计量。一般来说，问卷回收由于受诸多条件的限制，难以保证回收率。为提高问卷回收率，最好采用和访谈法相结合的方法进行调查，还可以采取抽奖等措施进行激励。

（3）实地观察法

实地观察法，是调研人员深入工作现场、生活场所、公众场所、事件发生地等环境场所，以观察为主要手段搜集信息资料的一种调查方法。通过此法获得的信息可信度高。例如，党和国家领导人经常深入工厂、农村、商场、学校、家庭进行考察访问；企业进行异地投资时进行实地考察。策划专家余明阳与调查专家温德诚创造的“余—温调查法”实际就是实地观察法的具体运用。

1）余—温垃圾调查法。此法首次应用于“乐百氏”饮料的市场占有率调查。他们让调查员从被调查城市中选择东、西、南、北、中五个抽样点，从垃圾箱中各收集五麻袋饮料瓶，然后分别统计各种饮料瓶的数量，由此推断出它们的市场占有率。

2）余—温阳台调查法。这是为调查“雅戈尔”衬衫市场占有率而首创使用的。在调查中，让调查员到居民家的阳台观察晒出来的衬衣品牌。晒出来的衣服是最有代表性的。如此，通过阳台观察，得出了权威、可信的调查结果，为“雅戈尔”重新确定市场定位策略，开拓新的业绩，起到了积极的作用。

（4）网络反馈法

现代社会，经济已步入全球贸易的时代，公司的产品及其形象往往传播于世界，在这样广袤的区域，组织人员进行访谈调查或观察调查往往是不可能的。但现代的市场竞争又必须要求人们掌握世界各地的信息。如此，可运用网络反馈法来调查、传输各种信息资料，即在各地建立办事处、信息站、分公司、连锁店，通过电脑联网或先进的通信设备来随时反馈信息，获取信息调查资料。当然，对大量的中小型企业及社会组织来说，依靠自己的力量建立信息网络是不现实的，但信息的社会化和职业化弥补了不足。通过咨询，任何组织和个人都可以间接地运用网络反馈法获得所需要的信息。

（5）商务侦探法

商务侦探法即通过一些特殊的人员，以侦探的方法，获得商业信息，也有人称其为“经济间谍法”。但其本质仍为一种信息调查法。

（6）文献研究法

文献研究法又叫资料分析法、引证分析法，是一种收集、分析、整理现成文献资料的调查研究方法。目的是积累整理资料，以便使用时能迅速查出有关资料，分析事实与观点，及时发现问题，为公共关系活动服务。运用这种方法要抓好文献资料的收集，如购买、预订基本的和相关的工具书和报刊资料；要建立好文献分类检索系统，如公关资料可按背景材料、传播情况、法律政策、公众意见、剪报、竞争者情况、人物传记、政府关系等分类建立检索系统；要做好细致而烦琐的资料保存工作。在采用纵向和横向分析的方法检索出有关资料，进行详细分析后，就可以提出报告建议，为决策者提供参考、咨询。此法也是公关调研中运用比较普遍的一种方法，能节省大量的人力、物力、财力。

案例：一张照片后面的巨额利润

7.1.3 调查问卷的设计

问卷设计指的是围绕调查目标有系统、有步骤地来提问，进而拟定出能满足调查预定目标所要求的，以设问方式表述问题的表格的过程。问卷设计是开展公关调研活动经常遇到的一项科学性和艺术性很强的工作，从事这一工作需要具有较高的专业知识水平和较丰富的工作经验。设计出一个好的问卷意味着调查测验工作已成功了一半，对此，公关人员应认真慎重行事。

1. 问卷的结构和形式

问卷是用来测量受试者的工具，受试者是否喜欢问卷，对测试结果的影响是很大的。在问卷设计中，研究人员应从结构和形式上考虑。

（1）问卷的结构

在公关调研中，应根据具体情况和需要选择使用。例如，在问题还不十分肯定时需先进行探索性研究时，应以无结构问卷或开放式问卷为宜。在问题已较清楚，只是仍不太了解因果关系时，则应以封闭式的结构问卷为好。有时根据需要也可以采用混合形的问卷。问卷的基本结构是按以下的顺序排列而成的。

1）问卷的标题。问卷标题的拟定虽不复杂，但它是被调查者最早接触的内容，能给被测者留下第一印象，其重要性不可忽视。标题的拟定要能准确地反映调查的目标和内容。

2）说明信。这是由一段文字组成的，写给调查对象的一封短信，一般应包括以下内容：称谓；说明此次调研的目的和重要性；介绍解释答卷的程序和具体方法；保证被试者的隐私或其他秘密不被泄露；预先感谢被试者的合作。

3）对被试者的基本客观背景资料的调查。

4）进行基本事实和基本态度的调查。

（2）问卷的形式

问卷的形式所要讨论的是一份问卷的长度，用什么形式来表现试题及如何来表现选择答案等问题。

1）问卷的长度。问卷的长度一般应控制在30～40分钟的回答时间里较为理想。问卷过短，常常无法把要问的事情问清楚。而问卷过长则可能会引起受试者的反感。因此，问卷一般还是以短为好。

2）表现形式。开放式问题的表现形式一般只包括问题和供答题所需的空间。在这里主要介绍选择题的主要表现形式。

① 两项选择，即是非题。例如，你的性别：男、女。

② 多项选择。例如，在你的家庭设备里已具有：沙发、黑白电视机、彩色电视机、电冰箱、洗衣机。

③ 对比选择。例如，在下列各种牌子的彩色电视机中你最喜欢哪一种？

④ 排序选择。例如，请你按照自己的喜好，将下列各种牌号的啤酒编上顺序号码。

2. 问卷提问的内容

较为完整的问卷的提问所涉及的内容一般包括两大类问题：一是事实问题，二是态度问题。

（1）事实问题

事实问题指的是曾经发生过的、现存的和将要发生的事件。它又可分为静态的事实问题和动态的事实问题。

静态指的是有关被访人的年龄、性别、职业、宗教、收入状况等方面。在公关调研中，有关动态的事实问题一般包括两大类：①被访人对某些事物的了解程度方面的事实资料，如测试被访人对某组织的标志、全称、商标的辨识水平；②被访人针对某些事物而采取行动的事实资料。例如，“您使用过××品牌的商品吗？”

（2）态度问题

态度问题指的是有关意见、信仰、情感、动机等方面的问题。例如，可通过以下各调查结果的分析，来了解对现有工作环境评价的态度趋向。

1）你认为企业对您的工作是否重视？

A. 很重视　　B. 尚重视　　C. 一般

D. 有点忽视　　E. 很不重视

2）如果有机会重新选择，你是否还选择做目前的工作？

A. 会　　B. 无所谓　　C. 不会

3）你是否经常想要离开本企业？

A. 常常想　　B. 偶尔　　C. 从未想过

3. 拟定问题应注意的原则

调查问卷示例

应如何拟定问题是设计问卷中最为关键的问题。如果拟定的问题不当，则调查的结果就会产生偏差。因此，在设计调查问卷时应遵守以下原则。

1）提出的问题应能满足调研目标的需要。问卷中所拟定的每一类题目都应该是研究目的所必需的，不可随意出题目。例如，调查人们对工资的态度，就不用提问“你愿意增加工资吗”。

2）拟定问题应避免影响受测者回答问题的情绪。例如，询问美国人是否喜欢狗，评判同事、个人收入、未婚女子的年龄等问题。

3）提出的问题不可含有暗示的作用。例如，在举办足球大赛时，询问是否观看足球赛，会暗示人们进行肯定回答。

4）提出的问题不要超出受试者的知识和理解水平。例如，向一位职工提问："您是否支持目前的金融、物价体制改革？"这里的"金融""物价体制"对大部分人来说是把握不准确的、不太清楚的专业词汇。

5）提问在语言上应尽可能少用假设句或猜测句，语言表述要清楚。例如，提问"你最近从电视上收看过本公司的广告吗？"其中"最近"时间范围含糊不清，应改为"这个月"等特指时间段。

7.1.4 撰写调查报告

在公关实务中，公关调查是公关策划和公关实施的基础，有了及时、全面、真实的公关调查，才会为公关策划和公关实施提供有效的依据。反映公关调查结果的文体形式一般有统计图表、调查报告、民意问卷、图片、公众来信等，在这些形式中，调查报告是主要的一种形式。公关调查报告是调查者根据公共关系调查活动所获得的信息资料和据此而形成的分析结论所撰写的一种文体，公共关系调查报告有基本文体格式、写作内容方面的要求，但在具体的写作过程中还应针对具体情况，灵活安排其写作结构。

1. 调查报告与公关调查报告

调查报告，就是对某项工作、某种情况、某一事情、某个问题或某一方面的经验进行调查研究后所写的书面报告。它的作用在于披露事实真相、揭示客观规律、总结经验、树立典型、检查工作中某项政策的实施情况，推动下一步的工作。公关主体向内外公众调查本组织的形象、声誉、产品质量及某项措施实施情况、存在问题而写的书面报告，就称为公关调查报告。公关调查报告不同于其他调查报告的地方是，就公众对本组织形象的评价进行统计分析，用数据和文字的形式显示出公众的整体意见，或者就某一具体公关活动的条件与环境进行实际考察而形成的书面报告，它一般供组织内部看，特殊情况下才公诸于全社会。

公关调查报告的主要作用是，使组织了解自己在公众中的形象地位，加强公关策划的目的性；及时地为组织提供决策依据，并能有效地预测和检验公关决策的正确性；使组织通过与内外公众进行双向沟通，及时把握公众的舆论导向，了解民意并对其迅速做出反应，适时地做出公关决策；提高组织公关活动的成功率；有助于创造组织最佳社会环境和发展的氛围，使本组织与社会同步发展；有助于树立组织自身在公众中的良好形象。

2. 公关调查报告的格式

根据内容和撰写目的不同，行文有一定的灵活性，但总的来说，结构上具有一定的格式，一般由标题、前言、正文和结语四部分组成。

（1）标题

标题是公关调查报告的眼睛，要力求写得恰切精练、鲜明醒目。标题一般可由正题和副题组成。正题揭示主题，副题指明调查的地点或内容。这样可以一语点明事情实质，揭示出全文内容，激起读者的阅读欲望，收到“立片言以居要，显一篇之警策”之效。

（2）前言

前言一般介绍调查的原因、对象和全文要点，它统摄全文，先给读者一个总的印象。前言要写得简短、精练。例如，以下前言是这样写的：

提高广大科技人员的素质，不仅是建设社会主义精神文明的重要内容，而且是全面深化改革、发展社会主义商品经济的迫切需要。为了摸清我市科技人员素质的现状以及存在问题，结合我市实际，制定出一套行之有效的实施办法，调动我市广大科技人员的积极性，充分发挥主力军作用，发展我市生产力，振兴开封经济，最近，我局按照市委和市政府的部署，对河南大学等 13 个事业单位科技人员的素质情况进行了调查。（开封市科技干部局《关于开封市科技人员素质现状的调查报告》）

这段前言说清了调查的原因、目的、对象等问题，简明利落，为正文做了很好的铺垫。

（3）正文

正文是公关调查报告的主体，需要安排丰富的典型事例。为确保层次清楚，必须按一定的顺序来写。常用的顺序有逻辑顺序和时间顺序两种。最好将提炼好的小观点，用简洁鲜明的小标题概括出来。

（4）结语

结语是公关调查报告的结尾，是深化主题、强化信息的不可缺少的部分。好的结语会增强调查报告对读者的感染和启示，使读者回味深思。一般来说，结语多是总结全文、提出规律性的问题，或者对发展远景做出展望，鼓励人们探索并前进。例如，《关于学生思想状况的调查报告》的结语是这样写的：

我们培养的师范学生是未来的人民教师，毕业后不是一张文凭，而是一份沉甸甸的责任。他们的政治素质直接关系到党和社会主义祖国的前途。我们认为这次调查结果会引起学校领导和老师们的沉思和关注，也希望各单位在校党委领导下，多方位、多层次对学生进行正面的思想教育。

这个结语写得比较精当。在概括全文的基础上，着重强调了思想教育的重要性。

7.2 公共关系策划

公共关系理论的奠基者爱德华·伯纳斯曾说："我们是经过审慎的考虑后才使用策划这个词的。在我们的社会里，有着无以计数的利益集团和传播媒介。要解决协调、信息传播和说服等问题，只有通过策划这种途径才能取得有效的成果。"通过调查与情报分析，确定公共关系问题之后，必须设计解决问题和利用机会的方法。这就要求我们在制定战略决策的基础上，进一步研究与确定行动计划。它包括将调查获得的情报运用于组织的政策和计划的制定过程中，确定直接涉及和影响组织各种利益的公众对象、公关战略、程序和目标。这一步骤即是公关策划的过程，是公关运作的升华，是公关程序的核心，也是公关成败的关键。西方管理学者认为，策划是与决策紧密相连的，在本质上是一种运用脑力的理性行为。公共关系活动的中心内容（有效的沟通）应该建立在一个完善的计划基础上，因此计划是公共关系活动成功的关键。制订公关计划的过程就是公共关系策划。

7.2.1 公共关系策划的含义及其原则

公共关系策划具有战略性、策略性和创造性，既是一门科学，也是一门艺术。目前在我国学术界，对于公共关系策划的概念运用得比较普遍，但对其含义的理解各不相同。

1. 公共关系策划的含义

（1）"程序"说

"程序"说是一种广义的理解，即把公共关系策划理解为公共关系活动"四步工作法"中的第二步。"四步工作法"包括公关调查、公关策划、公关计划实施、公关效果评估四步。公共关系策划就包括其第二步的全部内容，包括公共关系目标、计划、策略等方方面面，也就是在公共关系调查分析的基础上，做好公共关系活动实施前的一切准备工作，公共关系策划过程的完成也就是实施前的一切准备工作的完成。

（2）"谋略"说

"谋略"说即把公共关系策划仅仅理解为谋略或策略，理解为一种简单的设计。按照这种观点，公共关系策划就不应把具体的实施计划包括在内。

（3）"计划"说

"计划"说即把公共关系策划理解为计划，理解为依据一定的目标建立起来并可用来进行具体操作的方案步骤。《中国公共关系大辞典》把策划定义为"人们为了达成某种特定的目标，借助一定的科学方法和艺术，为决策、计划而构思、设计、制作策划方案的过程"。换言之，策划是决策前的准备工作，它为决策进行创意和设计，为决策提供依据，进行运筹。

一般我们从"程序"的角度来理解公关策划，因而把"公共关系策划"定义为以分析预测为基础，根据组织形象的现状和目标要求，确定公共关系活动的战略与策略，并制订出最佳计划方案的过程。

这个定义包括以下五层含义：第一，公共关系策划工作是公共关系人员的工作，是由公共关系人员来完成的；第二，公共关系策划是为组织目标服务的；第三，公共关系策划是建立在公共关系调查基础上的，既非凭空产生，也不能囊括所有的公共关系活动；第四，公共关系策划可以分成公共关系战略策划和专题公共关系活动策划两个层次；第五，公共关系策划包括谋略、计划和设计三方面的工作。

2. 公共关系策划的原则

公共关系策划原则是指导我们进行公共关系策划的思想基础和行为规范，是在公共关系工作实践中总结出来的实际经验。我们在公共关系工作中要坚持这些原则，把公共关系工作做得更好。主要的公共关系策划原则有以下几个。

（1）明确目标原则

公共关系策划的目标必须是具体的，不会使人产生误解，也不会让人抓不着要领。例如，“把本厂的一级品率从80%提高到90%”的目标，就比“提高产品合格率”要好得多。有了明确的公共关系目标，公共关系工作才能做到“有的放矢”，才利于更好地协调各方面关系，以保证在公共关系工作中能以最少的人力、物力、财力投入，获得最佳的效果。

（2）实事求是原则

公共关系策划要以事实为依据，根据组织的实际情况和现有的资源，设计出符合公众真实需要和自身利益的最佳公共关系形象。既不能脱离实际情况，有不着边际的设想；也不能编造事实，欺骗公众。例如，某公司失去了一笔生意，负责商谈该宗生意的经理因此备受上级的指责。他为了挽回自己的面子，召开了一个澄清会。面对同行和生意伙伴，该经理宣布公司因近来业务繁忙，有些生意不得不暂时“割爱”。他如此强调这一点，表面上是向未能合作的商家道歉，实际上是在为自己的“大意失荆州”辩护，这种虚假的公共关系信息传播会被公众识破。这一事例从反面说明了公共关系信息传播必须是真实可信的。只有这样，才能取得公众的信任，才能树立社会组织的良好形象。

（3）合理可行原则

公共关系工作要尽量选择合理的方式，要充分考虑到各种有利和不利因素，尽量设计出周全的方案。实施方案要有可操作性，要适合组织的实际情况，适合公众对象的心理需要。例如，金利来公司的创始人曾宪梓先生在创业之初，也曾为产品的销售问题大伤脑筋。这时，父亲节快到了，曾宪梓在报纸广告栏刊登了一则广告：“向父亲致意，送金利来领带。”第二天，销售金利来领带的百货公司顾客盈门。金利来领带以其质量上乘、价格低廉的优势，销量猛增。合理可行的公关宣传，树立了金利来领带的良好形象，为企业带来了巨大的效益。

（4）创新发展原则

创新是公共关系策划的灵魂。没有创新，没有独特的内容和方法，公共关系活动就会缺乏吸引力，就会降低组织形象，也不能取得好的效果。例如，1990年5月，上海施乐复印机有限公司生产了第一万台复印机。这是该公司成长历史上的一个里程碑。这具有新闻性的“第一万台复印机”送给谁？公司公关部敏锐地将目光瞄准了当时举世瞩目的热点——上海浦东开发办公室。为此，公司公关部策划了两次公关活动：第一次是在公司内部庆祝“第一万台”的诞生，通过新闻媒介，重点宣传公司的经营成就，并透露捐赠活动的意义。第二次是在上海宾馆举行赠送仪式，并利用这一机会，特邀一些经销单位和用户光临，借此再次沟通公司和公众的联系，同时借助电视台、电台、报纸的专题报道，在社会上引起很大反响，公司给公众留下了美好的印象。因此，新颖的创意，能使公共关系活动收到事半功倍的效果。

7.2.2 公共关系策划的程序

根据公共关系工作的需要，在公共关系调查之后，在充分收集公共关系信息，包括政府决策信息、市场信息、立法信息、流通渠道信息、新闻媒介信息、产品形象信息、竞争对手信息、消费者信息、企业组织形象信息的基础上，分析组织的实际情况，进行公共关系策划。其程序如下。

1. 确立目标

公共关系目标是公共关系人员经过努力所能达到的目的，以及衡量这一目的是否达到的具体指标。组织的公关目标可分为四类：传播信息、联络感情、改变态度、引起行为。

（1）传播信息

传播信息是最基本的公关目标，不少组织在一段时期内，特别是在组织初创时期，其开展的公关工作都是将传播信息作为自己的目标。

（2）联络感情

情感投资既是组织的公关活动的长期目标，也是可在短时期内达到的目标。因此，一方面要“细水长流”，努力建立起公众对组织较牢固的情感基础；另一方面要制定近期的工作目标，以便在短期内达到联络组织与公众感情的具体效果。

（3）改变态度

在一定时期内，开展公关活动是为了使公众对组织的整体形象或形象的某些方面的认识和态度发生转变，这是公关活动的主要目标。公众态度需要如何转变，应以调查研究所得到的公众态度资料为依据。

（4）引起行为

公关活动的最终目的是在取得公众理解、信任和支持的基础上，促使公众产生某种组织所期望的行为，如促使顾客多购买本企业的产品，支持政府的新政策。需要促使公众产生何种行为，要以调查得到的公众行为资料为依据。

2. 提炼主题

公共关系活动的主题是对公共关系活动内容的高度概括。它提纲挈领，对整个公共关系活动起着指导作用。主题设计是否精彩恰当，对公共关系活动的成效影响很大。公关活动中的每篇讲演稿、每张宣传画、每本小册子、每条电视广播和报刊广告都要体现这个主题。

主题可以是一个口号，也可以是一句陈述或表白，必须起到统率、联结整个公关活动的作用。例如，美国通用汽车公司为了发展在中国的汽车市场，利用2003年中国国际汽车展的机会，通过一系列宣传活动，完整展示了通用汽车中国大家庭领衔业界的企业形象，传递了通用汽车“驱动未来”的参展主题。日本精工计时公司为使精工走向世界，利用在东京举办奥运会的机会，进行了以“让全世界的人都了解：精工计时是全世界第一流技术和产品”为目标的公共关系活动，活动的主题是“世界计时——精工表”。

公共关系活动的主题看上去非常简单，但设计起来并不容易。设计出一个好的活动主题，必须做到以下几点。

1）公共关系活动的主题必须与公共关系目标相一致，并能充分体现目标。

2）表述公共关系活动主题的信息要独特新颖，表述上也要有新意，词句能打动人心，具有强烈的号召力。

3）公共关系活动主题设计要适应公众心理需要，主题形式要富有激情并使人感到亲切。

4）公共关系活动主题设计要简明扼要、易于记忆。

3. 确定目标公众

确定与组织有关的公众即确定目标公众。在某一特定时期，公关活动的对象是具体的公众，公众的情况和组织直接相关。例如，在企业推出新产品时，产品的可能购买者就是该时期内公关活动的公众对象。公关活动的公众对象是广泛的，而某一项公关活动的对象是具体的。缺乏明确对象的公共关系活动既要浪费大量人力、物力和财力，又不可能达到理想的效果。因此，公关活动一定要根据各种公众对象与组织的密切程度确定目标公众。只有这样，公关活动才能有的放矢、突出重点，才可以较顺利地达到这一时期的特定公共关系工作目标。我们要选择与本组织的理念和发展利益相同或相近的公众作为目标公众，因为他们对组织的支持和信赖程度直接关系到组织的生存和发展，因而应首先考虑他们的利益和要求。这就需要进行必要的公众分析研究。

4. 做出经费预算

通过公共关系活动的经费预算，可以预先知道活动中所需要的人力、物力、财力的投入情况，避免出现财政困难，以保证活动的顺利进行。公共关系活动的经费预算，应根据组织的具体情况、公共关系活动的目标和要求而定。

（1）经费开支

一般来讲，组织公共关系活动所需经费开支包括以下两方面。

1）行政开支。①劳务报酬，主要指专职、兼职的公共关系人员的工资、奖金和各种补贴；②管理费，指为维护公共关系部门的日常工作而支付的费用，如房租、水电费、电话费、交通费、维修费、办公费等；③器材费，根据公共关系活动运用的传播技术和传播手段而定。一般包括制作各项印刷品、纪念品、摄影设备和材料、美工器材、电视录像设备、展览设备和用品等方面的费用。

2）项目开支。在组织公共关系活动时，如召开记者招待会、座谈会，举办展览会、组织赞助和参观等活动时，都需要很多费用，包括公共关系广告费、咨询费、调研费、赞助费、场地费、接待费、重大庆典费等，对这些费用的预算要有较大的弹性。

（2）经费预算

对公共关系活动经费进行预算主要采用以下方法。

1）按销售量抽成法，即按本组织过去（或将来）的总体销售量或纯销售量，拨出一定百分比款项作为公共关系活动经费。

2）目标作业法，即按目标和工作计划详细列出完成公共关系任务所需各项活动经费，以最后核定金额作为预算的极限。

5. *形成方案*

形成方案是公关策划中的关键环节，它使公关策划由确定目标与公众、设计主题、预算经费等策划准备阶段进入实际策划阶段，即计划编制阶段。它是以上几个阶段的具体化。公共关系策划方案在制定之后，要论证方案的可行性和合理性。方案论证包括的内容有目标是否明确合理，方案的限制因素有哪些，限制程度如何，方案实施时可能发生的潜在问题、障碍有哪些，有哪些防止和补救的办法，对预期结果的综合效益评价，判断该计划是否可以付诸实施。进行方案论证后，必须形成全面的报告，报告内容包括综合介绍、公关活动的计划书和方案论证报告。然后，提交有关领导审核批准。当然，一项公关活动的策划内容由于公关活动的灵活性与实际情况的差异，有时也会根据情况做局部调整，并非完全按部就班地进行。公共关系策划是设计最佳公共关系方案的过程。

公共关系策划大赛案例：马可波罗

7.3 公共关系实施

公共关系实施就是在公共关系方案被确立之后，将其设计的工作内容付诸实施的活动过程。从一项公共关系方案的制定到预期目标完成之间，有一段很长的距离需要靠公共关系实施来完成，其间需要付出大量艰苦的劳动。公共关系实施是四步工作法中的第三个环节，也是最为复杂、最有分量的一个实质性环节，在实施过程中如果公关人员操作失误，即使再巧妙的公关方案也无法补救。如果说公共关系方案的制订主要是思考过程，那么实施则是一种扎扎实实的行动过程。

7.3.1 选择合适的传播媒体

从一定意义上说，公共关系活动过程就是策划与实施传播的过程，这就涉及选择传播媒体的问题，只有选择能够为目标公众接受的传播媒体来传递信息，才能使传播活动取得良好的效果。

1. 选择传播媒体的依据

（1）根据目标公众选择

不同公共关系活动项目所面对的目标公众不尽相同，所选择的传播媒体也会有所不同。例如，矫正型公共关系活动面对的是社会多数公众的误解，一般选用大众媒体进行传播的效果明显。因为大众媒体传播范围广、速度快、覆盖面大，容易起到澄清事实、恢复组织形象的作用。维系型公共关系活动是加强对公众的感情投资、密切组织与公众的联系，一般以口语、书面语、形体语言等为媒体。这些媒体在人际交往中容易传递感情、亲切、自然、易为公众所接受。

（2）根据活动内容选择

实施计划中公共关系活动的内容也不是完全相同的，有些内容要求视听兼备、声图并茂，选择电视、网络媒体比较适宜；有些活动内容较复杂，公众要经过深入思考才能接受，选择报纸、图书、杂志较为适宜。总之，要根据活动内容的不同来选择理想的传播媒体。

（3）根据实际需要选择

在公共关系活动实施中，要根据公共关系人员自身的特点，选择最有利发挥他们优势的媒体进行传播。例如，有些人员的口头表达能力较强，就可以运用演讲的形式宣传组织的形象；有些人员的文字表达能力较强，就可多采用撰写广播稿、新闻稿的途径宣传组织的形象。另外，选择传播媒体还要考虑经费预算。

2. 确定传播方式

（1）人际传播

人际传播是人与人之间直接进行的或借助于通信媒体（如书信、图片、电话、电报、网络等）间接进行的信息交流。人际传播是公共关系活动中使用较为广泛的一种传播方式，其特点是不通过大众传播媒体，传播对象有很强的针对性，一般数量少且集中，能迅速及时地得到信息反馈，相互之间容易调整适应，同时感情色彩浓，易于交往沟通，但传播范围受到空间和时间的限制，有时容易产生信息失真，出现传播的障碍。

（2）大众传播

大众传播主要是运用印刷品和电子媒体进行的大规模信息传递和交流的活动。它由职业传播者利用各种大众传播媒体，通过语言、文字、图片、图像等声音视觉形象，广泛、迅速和连续地传播有关信息，以期在社会各阶层的公众中唤起传播者的预期意念，并使其接受。大众传播的受众面相当广泛，一般是非特定的传播对象，其特点是传播速度快、覆盖面广，能够迅速提高组织的知名度和美誉度，形成强有力的社会舆论。大众传播信息比较容易保存，如报纸、杂志可装订成册。电视、电影可录像归档。广播可录音保存，但所需的费用较多，制作时间较长。

（3）组织传播

组织传播主要指组织与环境的双向传播及组织与外部公众的双向传播，它是一种由组织进行的信息沟通与传播。外部环境包括组织住地的环境、国内环境及国外环境。公共关系传播就是一种组织传播，其对象是组织的公众，包括消费者、用户、社区居民、政府部门、新闻媒体、社会团体、社会名流等各种目标公众。组织传播的内容有企业信息、产品服务信息、科技信息、市场信息、销售信息、公关信息等，组织传播也可运用人际传播和大众传播的手段，大众传播是其主要手段，这三种传播方式各有特点，它们互相支持、互相渗透、互为补充，在公共关系传播实务中为取得优势互补的效果，一般采取综合运用的传播策略。在具体的公共关系实施工作中，究竟选用哪种媒体开展公共关系传播，这在公共关系方案中要加以考虑。媒体运用是公共关系实施的一个重要战术问题，得当与否直接关系到公共关系传播的效果，实施公共关系活动应根据实际的需要与可能来选择合适的传播手段，力求达到事半功倍的效果。总之，选择传播媒体要从实际出发，应需选择，量力而行，务必讲求实效。

7.3.2 公共关系实施的障碍

影响公共关系实施的因素多且杂，能够称为“障碍”的负面影响因素主要有三种，即方案本身存在的目标障碍、实施过程的沟通障碍及突发事件的干扰。在实施过程中，公共关系人员要想获得预期的实施效果，仅凭自己的工作热情和干劲是不够的，还需善于研究、了解、识别和排除工作障碍。下面就公共关系实施过程中常见的三种障碍及其排除办法进行简要的介绍。

1. 目标障碍

目标障碍就是指在公共关系活动中，由于方案本身所规定的公共关系目标不明确、不正确或不合理而对实施工作造成的障碍。因为公共关系实施工作是依托于公共关系计划方案来开展的，如果计划及其目标本身有问题，在计划实施过程中就必定会表现出来。在这种情况下，尽管公共关系实施人员已经尽心尽职，由目标不当造成的实施障碍也难以避免。避免发生目标障碍的根本途径是事先的防范，在开展公共关系策划、制定公共关系目标时，要慎重从事，采取有效措施保证公共关系目标的正确合理和明确具体，可从以下四个方面逐一检查公共关系目标的准确性、可行性与先进性。

1）目标是否有定性定量的描述，是否可以计量。

2）目标是否切合实际并可以达到。

3）目标是否指向所期望的结果，并具有一定的先进性。

4）目标是否规定了完成的期限。

如果在这四个方面发现疏漏，实施人员应主动与目标制定者取得联系，并磋商修订事宜。正确合理、明确具体的目标是实施工作的行动依据，是公共关系人员树立信心、赢得成功的重要保证，也是对活动实施进行控制、监督和评估的基本标准。

2. 沟通障碍

公共关系实施离不开公关信息的传播与沟通，实施过程中的传播沟通，常常会因为在信息描述、工具运用、方式选择、渠道传播等方面存在问题而使传播沟通工作受阻，使公共关系信息交流不能得心应手，在实施工作中常见的沟通障碍主要有以下几种。

（1）文化障碍

文化障碍主要指由于文化背景、语言习惯、风俗习惯等差别所造成的沟通障碍。例如，一位英国男青年为了取悦他的中国女友，特意买了一束白菊花送给她，可是女友的父亲很不高兴，把这位青年轰出家门。英国男青年大为不解，他认为白色象征纯洁无瑕，送白菊花完全是好意。然而在中国，白菊花是用来吊唁死者的。所以，在实施公关计划时要注意排除文化障碍，一次成功的公共关系活动也意味着两种不同文化的相互交流和相互接纳。

（2）观念障碍

观念是由人们的知识和经验积淀而成的，是人们用于指导自己行动的观点和理念。观念既是信息沟通的内容之一，同时又会对沟通产生影响。不同观念之间的沟通阻力不同，开放观念促进沟通，而封闭观念则会阻碍沟通。

（3）心理障碍

心理障碍是指人的动机、认知、情感、态度、个性等心理因素对沟通造成的障碍。在人际沟通交流中，如果发生误解、厌恶、冷漠、骄傲、固执、封闭、欺骗等，会形成重大的沟通障碍。在沟通过程中，公共关系人员要注意识别心理障碍的具体表现及其成因，有针对性地做好疏导工作，及时排除障碍。

（4）组织障碍

合理的组织机构及其运行机制有利于内外信息沟通，反之则会阻碍沟通。沟通过程中的组织障碍主要表现在：层次过多造成信息失真或速度缓慢；机构臃肿造成沟通渠道增加和速度变慢；职责不明、条块分割造成沟通梗阻或通道混乱；沟通目的和信息技术手段不协调造成信息不足或信息泛滥。

除了上述几种外，沟通障碍还有政治障碍、经济障碍、技术障碍、道德障碍和自然障碍等。

3. 突发事件的干扰

公共关系最大的实施障碍是重大突发事件的干扰。就其性质来说，突发事件主要有以下两类。

1）人为的突发事件，如公众投诉、媒体曝光、舆论批评等所形成的公共关系危机。

2）天为的灾难危机，如地震、水灾、火灾等。

应对突发事件一般采取防守型公关，这时应保持头脑冷静，防止感情用事，认真剖析原因，正确选择对策。第一，应尽快弄清事情的真相，实事求是地发布消息。第二，及时发布公众关心的信息。第三，发布信息时尽量形成统一的文字。第四，为了防止外界误传，要统一口径，慎重发表言论。第五，一旦事故出现，应有专人联络新闻界，抓情报工作，尽快平息混乱。

7.3.3 公共关系活动时机的选择

时机对公共关系活动来说非常重要。善于把握时机往往可取得事半功倍的效果。不识时机者则坐失良机，甚至导致失败。因此，明智的公共关系人员总是善于创造时机、利用时机、审时度势。几种较佳的公共关系活动时机有以下几个。

1. 组织创办开业之际

组织创办开业时，还未能与社会各界建立广泛的联系，不能为社会所认识、为同行所接纳，社会知名度几乎为零，更谈不上声誉，这就需要借创办或开业之际进行自我介绍、宣传来扩大影响。此时组织要开展公共关系工作，与社会各界建立广泛联系，接触组织的各类公众，通过举行一定规模的开业庆典，邀请各方人士参加，最好能通过新闻机构向社会做相应的报道。组织还可以印制一些介绍材料、开业纪念品，以及举办舞会和酒会等，借助大众传播媒体做广告，使组织及其产品服务在公众心目中留下印象，提高组织的知名度。

例如，美国芝加哥体育中心酒店在这方面做得就比较出色。这家酒店的管理决策人员和公共关系人员在酒店刚刚动工时，就及时向新闻媒体宣传酒店的设计规划，以后每隔两个月就有计划、有目标地向企业寄信，或介绍酒店的施工情况，或邀请企业参加酒店举办的联欢活动，或征求意见，或邀请客户免费欢度周末，或邀请客户观看有名的球赛录像等，通过多方面的反复宣传，酒店在公众心目中逐渐树立起良好的形象。因此酒店一开业就已经拥有一大批顾客了。该酒店又利用开业之机大力展开公关活动，很快就打开了销路。

2. 新产品或新服务推出之时

消费者对产品与服务往往有自己的购买与使用习惯，当新的产品服务出现时公众倾向于采取观望的态度，这时企业应抓住时机，及时启动公共关系部门联系各种传播媒体，向公众进行产品推介工作，引发公众的广泛注意，以消除观望戒备心理，强化公众的新奇感和好奇心，鼓励他们进行新的尝试，从而接受和购买产品。在这里除了借助大众传播媒体做广告外，还可开展新产品展销、新上市优惠折扣、示范操作、发放介绍产品的小册子或传单、召开座谈会等公共关系促销活动。这样通过各种各样的公共关系活动，扩大新产品的影响力和知名度，使企业新的产品与服务在琳琅满目的同类商品中占有一席之地。

例如，某家庭用品生产企业推出了一系列新式的家庭用品，如多功能烤箱、高效洗衣粉、纸碗纸盘、空气清新剂等。但这些产品上市后并没有引起人们的注意，销售情况很不理想，于是这家企业决定采用公共关系的传播沟通手段为新产品的销售营造良好的气氛。该企业经过调查后了解到，这些产品的主要购买者是普通的家庭主妇，而且家庭主妇中存在着意见领袖，即在每个家庭主妇群体中总有一两个被大家公认的最有影响力的家庭主妇"头领"。于是决定把意见领袖作为企业公关传播的重点对象。经过公共关系人员的精心策划，企业决定出资赞助当地电视台举办一次全市"最佳主妇"评选的电视节目。经过几轮评选后，初选出 40 多名候选人，经确认都是本市家庭主妇的意见领袖，继而在每晚 1 小时的电视节目中进一步发展成千上万家庭主妇参与的评选，这使该企业既集中沟通了意见领袖，又与为数众多的家庭主妇建立了沟通渠道，公共关系工作初见成效。

这时企业并不急于向这些候选人推销产品，也不在节目中插入广告，而是巧妙地请出若干专家考查这些候选人关于正确挑选、使用、保养家庭用品方面的知识，并拿出在市面上销售的若干产品让她们挑选。在专家介绍了正确的挑选标准后，70%的候选人选中了这家企业生产的产品，这一活动通过电视广为传播，不但让本市的家庭主妇喜闻乐见，而且引起了其他公众的密切注意和热烈议论。于是这家企业的销售额迅速上升了。

3. 组织发展快但声誉尚未树起之时

倘若组织经营管理有方，发展很快，而组织的声誉又跟不上其发展时，这正是开展公共关系的时机。明智的领导应借机开展公共关系宣传，以迅速扩大组织影响，提高社会知名度。

例如，有一家小型企业由于开发了质量高、价格适宜的新产品，市场销售旺盛、利润成倍增长、用户订单接踵而来。但该企业不为广大公众所知，此时就应借助大众传播媒介进行广告形象宣传，最好能向媒体机构提供介绍企业发展情况的新闻稿，或者邀请记者前来采访，以提高企业的知名度、树立企业的品牌形象，使企业在激烈竞争中站稳脚跟。企业的声誉提高了，又会增强企业产品的竞争力。随着企业市场份额的提高，企业在市场竞争中将拥有更多的主动权。

4. 组织更名或合并之际

组织经过一定时期的努力，在社会上已经树立起声誉，在公众心目中已占有一席之地，此时最好不要轻易去更改组织名称。因为更改组织名称会使公众产生猜疑、动摇投资信心、涣散协作关系，如果因某种原因确需改变组织名称或者与其他组织合并时，就要恰当地运用公共关系，使组织声誉的损失降到最低限度。例如，第一次世界大战后，日本的"安国银行"改名为"富士银行"时，为了使自己的声誉不受影响，富士银行拨出了 1000 万日元的巨额预算进行维持信誉的公共关系活动。

5. 出现失误或遭受误解之际

组织在运营过程中，可能会出现差错而造成形象受损，或者由于信息阻塞和误传引起公众误解，或者由于被故意中伤诽谤，引起公众关系恶化，此时组织就要及时开展维护组织形象的公共关系活动，表明态度，澄清真相，争取公众的了解、谅解、信任与支持，以维护组织的声誉。

例如，美国的康宁玻璃制造公司于1974年生产了一种电热咖啡壶，由于壶把存在质量问题，陆续有顾客要求退换。到了1976年情况变得更严重了，生产的产品几乎有一半产品是次品，于是公司决定将这种型号的咖啡壶全部收回。但是类似的咖啡壶早在10年前就生产了，壶上又没有明显标记，该公司为了使顾客容易识别各种类型的咖啡壶，特意请专家编写识别说明书，并进行说明书试看的随机抽样调查，直到看过这份说明书的顾客有90%以上的人都能识别以后才正式完稿。然后他们又通过报纸、杂志、广播、电视等传播媒体，运用各种新闻稿的形式将信息传出去，接连几个月的连续报道使1.8亿公众通过各种渠道得到了这个信息。最后他们又邀请顾客代表、有关专家和厂方代表一起在ABC（美国国家广播公司）电台进行了一次大讨论。同时他们仍然坚持在各销售点边销售边开展不良品的回收调换工作。结果该公司虽然因回收调换付出了很大的经济代价，但提高了自己的声誉，公众对该公司花费大量钱财和精力去更正产品缺点、补偿顾客损失的做法深为感动，公众一致认为一个如此认真对待自己的过失，有高度责任感的企业是完全可以信赖的。就这样该公司抓住产品质量出现差错的时机，开展公共关系工作，赢得了公众的信任。

6. 遇到突发性危机事件之际

“天有不测风云，人有旦夕祸福。”组织也常常会遇到突发性危机事件，在这种情况下如何运用公共关系的思路与办法来应付危机，就成为组织不失时机地进行有效的危机管理的重心所在。从公共关系的角度看，组织应反应迅速、当机立断地对危机事件做出处理，并及时向公众说明事件真相和组织正在做出的努力。另外，组织应抓住时机，结合这次突发性危机的教训与经验，利用各种传播媒体向社会宣传自己的观点，以诚恳、真实的态度取得公众的谅解。通过这些努力，公众会以比较客观公正的眼光来看待组织，从而为组织形象的树立或维护打下坚实的群众基础。

7.3.4 选择时机应注意的问题

在选择公关计划实施时机时应注意以下三点。

1. 要避开或利用重大节日

凡是同重大节日没有联系的活动都应该避开节日，以免被节日活动冲淡了公共关系活动的色彩。凡同重大节日有直接或间接的联系的公共关系活动则可以考虑利用节日为自己烘托气氛，扩大活动影响的辐射范围。例如，龙年国际旅游年的开幕典礼选在春节前后进行则收到良好的效果。

2. 要注意避开或利用国内外重大事件

凡是需要广为告知的公共关系活动都应避开国内外的重大事件，避免与重大事件冲突。凡是需要广为告知但又希望减少影响的活动可选择发生重大事件的时候，如公布物价的上涨，此时公众的注意力被重大事件所吸引，这样可减少活动的影响和舆论的压力。

3. 不要同时进行两项没有关联的公共关系活动

总之，选择时机也是实施公共关系活动的一种重要技能，它不能按一种固定不变的模式去硬套，而应具体问题具体分析，从具体的公共关系现实出发。正确地选择时机，及时地把握和巧妙地运用时机，从而顺利实现预期的公共关系实施效果。

7.4 公共关系评估

公共关系工作从前期调查、确定目标、制订方案到付诸实施，便完成了阶段性的工作。在阶段性工作结束之后，应对公共关系工作进行评估。公共关系评估构成了公共关系工作程序中的重要环节，也是开展后续公共关系工作的必要前提。

7.4.1 公共关系评估的内涵和意义

1. 公共关系评估的内涵

公共关系评估，就是社会组织采用各种形式和各种方法，对阶段性公共关系活动进行调查研究、分析评价，总结成功的经验、分析所取得的成绩，寻找工作中的失误或不足，发现新的问题，以便不断调整社会组织的公关目标、公关决策和公关行为，使社会组织的公共关系工作走上健康的可持续发展的轨道。

2. 公共关系评估的意义

（1）反馈信息，调整策略

评估的过程也是信息反馈的过程，通过对计划实施过程的评估，组织可以发现公关活动的缺陷与不足，为进一步改善公共关系活动提供依据。

（2）分析形象，提供咨询

通过公共关系效果的检测与评估，分析和评价组织形象的状况，提出报告，为领导层的管理决策提供参考依据。

（3）肯定成绩，增强信心

通过测评和反馈，将已经取得的公关活动成效反馈给内部员工，增强全体员工的公关意识，提高公关人员的工作信心。

（4）总结经验，提高水平

总结成功的经验，分析失败的教训，不仅是提高公关活动质量与水平的重要步骤，而且有利于提高公关人员的业务素质和专业技能水平。

（5）向上负责，寻求支持

公共关系评估的另一个重要功能就是通过评估总结，使组织决策层看到公共关系活动的作用和效果，认识到公关与组织的经济效益、社会效益之间的关系，从而获得对公关活动的进一步支持。

7.4.2 公共关系评估的程序

无论评估的社会组织公关活动规模如何，公共关系活动实施效果评估的基本程序都应该得到保证，具体程序如下。

1. 设立统一的评估目标

如果评估目标不统一，则会在调查中收集无用的资料，影响评估的效率与效果。而且目标的具体化则使公共关系计划的实施过程更加明确化、准确化，将有关问题以评估重点或提问要点的形式形成书面材料，而且还有利于保证评估工作的正确方向。

2. 取得组织决策层的认可

对评估的方法、程序等方面予以充分的考虑和周密的筹划，以及评估工作的具体实施，需要组织全体人员的共同努力、参与和协作。所有这些都需要取得组织领导层的认可和支持。

3. 选择适当的评估标准

没有评估标准，就无法进行评估。评估目标说明了组织公共关系活动的期望效果，而评估标准是评估目标的具体体现和评估工作的尺度。所以，应根据评估目标来选择或确定适当的评估标准，以保证评估过程的客观公正。

4. 确定采集信息的最佳途径

最佳途径是在全面考虑了评估目标和评估标准，以及评估预算等因素之后确定的采集评估信息的具体方式和方法。调查并非总是了解公共关系活动影响的最佳途径，有时组织活动记录或小范围的实验，也能提供大量而有效的信息。方法的选择取决于评估的目的、提问的方式及评估的标准。

5. 向组织最高管理层汇报评估结果

在评估分析的基础上，提出计划实施中存在的问题，并分析原因，写出书面报告，及时如实地向有关部门反映，以便下次决策参考，搞好公共关系工作。

6. 充分使用评估结果

评估的最终目的就是在公共关系工作中应用它。评估结果将对下一步的公共关系工作起到定向性的作用，公共关系评估结果可以经过抽象化分析，得出对指导公共关系活动有普遍意义的思想、方法与原则，这些对社会也有一定的利用价值，并进一步丰富公共关系专业知识。

7.4.3 公共关系评估的方法

公共关系评估的方法有许多种，每一种方法都各具特色。在实施公共关系评估时，要根据所确定的评估的对象、目标、时间要求等选定与之相适应的评估方法。按照测评参与者的身份划分测评方法，常用的方法有以下几种。

1. 自我评定法

自我评定法，就是公共关系活动主体通过自己的亲身感受和体验而对公共关系活动给予的评估，也可以称为“自我感觉”。当某一项公共关系活动结束后，社会组织应组织参与本次活动的有关人员进行自我评估。总结工作做得如何，是否达到了预期的效果，自己所扮演的“公关”角色是否得体，还存在哪些不足，这些不足造成了哪些损失。因为公关人员是公共关系活动的直接组织者和参与者，他们处于公共关系活动的第一线，对整个活动的过程最了解，体验也最深刻。正是由于这个原因，决定了当事人对评估结果的理解更具独特性，这也是其他评估所不能替代的。而且通过公共关系机构和公关人员的自我评定，利于公关人员直接总结经验教训。当然，不可否认，这种评估往往带有公共关系人员的主观色彩，容易出现“自我感觉良好”和“报喜不报忧”的现象，与实际情况有差距。这就要求社会组织和公关人员在自我评估时要坚持实事求是原则，从客观实际出发，力求做到全面、公正、合理。

2. 专家评估法

专家评估法，就是聘请具有丰富的公关经验和较高公关理论水平的专家，对本组织的公共关系活动进行评估。因为一方面他们是有比较丰富公关经验的“旁观者”，能够越过组织环境的局限，使评估工作有比较强的客观性；另一方面，又由于他们有各种特长，能够解决社会组织由于知识和专业限制不能做出正确评估的问题，更能够比较客观地找出存在的问题和差距。因此，聘请有关方面的专家，采取咨询、座谈、评估等方法，对社会组织的公共关系活动做出各自的评价。然后将专家的意见进行综合整理，能够从中得出比较科学的评估意见。专家评估的方式很多，如可以直接聘请专家对本组织公共关系进行评估，也可以采取专家咨询法、同行评论法，还可以召开座谈会听取意见或者非正式地进行私下谈话等。

3. 公众测评法

自我评估和专家评估很难真正代表公众的意愿，从某种意义上讲，公众的评价才是最现实的评价，公众的舆论才是最重要的舆论。特别是对公共关系公众而言，忽略了公众的舆论和评价，那么自我评估和专家评估也就失去了应有的意义和价值。在实践中，某项工作经过社会组织自己的评估，甚至通过了上级部门的检查验收，获得了有关专家及有关方面的肯定和好评，然而公众对此并不认可，反而会产生反感情绪。这说明公众的评价与组织自己的评价、专家的评价并不一致。公共关系是沟通公众的活动，不能不考虑公众的评价和意见。采集公众的意见，请公众为公共关系活动“打分”，通常采用的方法有舆论调查法、民意测验法、意见征询法等。

1）舆论调查法，主要是通过舆论调查的方式，了解公共关系活动对公众的认知、态度、观念所产生的可度量的效果。

2）民意测验法，也叫民意调查法，是 20 世纪初由美国公关专家盖洛普博士创立的。当时主要运用于收集总统选举的社会舆论，以后逐步运用于政治、经济及社会问题的调查。民意调查主要运用问卷调查的形式，采用普查或抽样调查等方法对公众进行调查。通过汇集整理调查结果，可以比较客观地评估出公共关系活动实施的情况。

3）意见征询法，是通过与公众代表对话，征询广大公众的意见和观点、建议。意见征询法一般有公众代表座谈会和公众询问法两种形式。前者可以制度化，重点是力争做到与会代表的代表性；后者可以以口头、电话等方式，就设计好的问题随机地向被提问者提问，然后将采集到的被询问公众的意见汇集、整理、分析，形成综合意见。

4. 其他评估方法

除了上述按照测评参与者的身份来划分测评方法之外，还可以按照评估目的、内容、手段、具体做法等来区分评估方法。那么除了上述三种评估方法之外，还可以列出许多评估方法。上述按评估参与者身份分列的评估方法中，具体的测评办法从其他角度分析也可独立地看作一种评估方法。因此说，从不同的角度、不同的切入点，使用不同的标准分析，评估方法还可以分列出许多种。在此不再一一列出，只重点介绍目标对照法和形象比较法。

1）目标对照法，就是社会组织在某一项公共关系活动实施以后，将测量到的结果与原定的目标进行对照，以此来衡量和评估公共关系活动的成果。采用这种方法时，社会组织应在制订计划时就要考虑到评估效果的测评，在确立公共关系活动目标时，最好能把目标具体化，用可以度量的方式明确规定下来，形成一个参考系。有了参考系，才能通过对比、衡量的方法，评估公共关系计划和计划实施的好、坏、优、劣。

2）形象比较法，即社会组织选定若干个竞争对手，进行形象比较调查。调查者一般不暴露出自己的组织身份。回答者要对若干个对象（包括本组织）的知名度、美誉度、产品价格、产品质量、售后服务、经营特点等若干个项目进行比较评价，由此可以比较客观地了解到社会组织在同行中的形象地位。采用什么方法进行公共关系的评估，要依据评估的目标、条件、内容、时间要求、预算经费等具体情况而定。可以针对这一项评估，使用这一种方法，针对另一项评估，使用另一种方法；也可以几种方法综合运用。必须因时制宜、因地制宜地灵活运用评估方法，更鼓励与时俱进地创新评估方法。

7.4.4 公共关系评估的内容

公共关系评估是一个连续不断的活动，一旦进入公共关系的工作过程，评估活动就开始了。因此，从理论上讲，公共关系评估的内容应该包括公共关系活动的方方面面。但在具体操作中，评估的内容可以根据要求有所侧重。一般来讲，其评估的内容有以下几个方面。

1. 公共关系活动过程的评估

公共关系活动过程的评估即对整个公共关系活动全过程进行评估。公共关系活动的整个过程是否合理，原定的公共关系目标是否达到，是否取得了良好的效果，通过公共关系活动的实施，社会组织与公众的关系哪些方面有了改善，哪些方面有了加强，还有哪些方面存在问题和不足，又出现了哪些新的问题、新的情况。当然，对公共关系活动过程的评估也可以分环节、分步骤进行，如公共关系调查过程的评估、公共关系计划制订过程的评估、公共关系计划实施过程的评估等。

2. 专项公共关系活动的评估

专项公共关系活动的评估，是指对各种公共关系活动效果的评估。其主要内容大体上可以归纳为以下四个方面。

（1）日常公共关系活动效果评估

社会组织的公共关系活动最主要的是日常公共关系活动，这是塑造组织形象的常规公关，因此对日常公共关系活动效果的评估是十分重要的。日常公共关系活动效果评估，主要是评估社会组织全体员工公共关系意识及其公关行为表现，组织机构设置及运转状况，社会组织内部公共关系部门建构及其与其他部门的关系和自身运转情况，组织各部门间协调状况，组织与内部员工间的协调状况，组织外部公共关系网络建设情况，日常信息传播与沟通状况，组织的知名度、美誉度状况等。

（2）专题公共关系活动效果评估

公共关系活动是由一个一个环节、一个一个专题活动构成的。公共关系评估可以针对公共关系活动过程的某一环节、某一专题进行评估，以便准确掌握公共关系活动的重要环节、某一专题活动的开展情况、实施效果及其经验教训，利于改进这些环节和专题活动的工作。专题公共关系活动一般有非常明确而且比较集中的主题，目标也比较具体，因此专题公共关系评估比较有针对性。专题公共关系评估内容主要包括：专题公共关系活动计划是否科学、适宜；专题公共关系活动目标是否与社会组织公共关系总目标及组织发展战略相一致；专题公共关系活动的目标实现的程度；专题公共关系活动实施的实际效果，对公众产生了什么样的影响，影响的程度如何；专题公共关系活动预算及执行情况；专题公共关系活动实施过程中出现的主观方面与客观方面的问题，以及公关人员、公众对此的看法和改进意见、建议等。

（3）年度公共关系活动效果评估

年度公共关系活动效果评估，是指对每年度内日常公共关系活动和专题公共关系活动的评估。评估内容主要包括年度公共关系目标实现情况，年度公共关系策划方案的科学性及其实施状况，年度日常公共关系效果，年度专题公共关系活动的类别、数量、效果，年度公共关系活动的成绩、不足，年度公共关系活动经费预决算情况，年度公共关系活动中主观方面、客观方面出现的情况，以及公关人员、公众的改进意见或建议等。

（4）长期公共关系活动效果评估

一般说来，大型社会组织的公共关系活动是长期的公关。每一个公共关系活动周期（与组织发展计划相一致，如五年计划、四年计划、三年计划等），对公共关系活动进行总体性的评估，有利于下一个周期公共关系活动的健康开展。长期公共关系评估侧重于公共关系活动效果的综合评估，注重总结公共关系战略得失问题。

3. 传播沟通基本情况的评估

公共关系活动就是传播沟通，而传播沟通的渠道很多，方式方法也不少。对传播沟通基本情况的评估，就是通过评估分析公共关系活动所选择的传播沟通的渠道是否畅通，方式是否恰当，方法是否有效。如果对传播沟通基本情况的评估是良好的，那么在进行下一轮的公共关系活动中可以继续采用。如果对传播沟通基本情况的评估是较差的，说明在选择传播沟通的渠道方面有失误，方式方法有问题，那么在进行下一轮的公共关系活动时就可以吸取教训，采用另外的传播沟通渠道或活动方式和方法。如果有些方面是良好的，有些方面是有差距或存在问题的，就要有针对性地发扬、完善好的做法，修正错误的或效果不尽如人意的做法。

传播沟通评估的主要内容有信息制作、信息曝光度、传播沟通效果等方面的评估。信息制作评估，即对公共关系人员信息制作能力、信息制作选定的表现形式及表现手法、传播信息的量与质等方面的评估。信息曝光度评估，即对信息传播的范围、数量、影响，也就是信息传播的量、质及传达到受众的程度等方面的评估。传播沟通效果评估，即对传播沟通的实际作用进行评估，包括公众对传播的信息的了解程度、对社会组织的印象、公众接受传播信息后的反应和行为效果、公众的期望水平、传播沟通方案的目标实现情况等方面的评估。

4. 公众关系状态的评估

社会组织的公众包括内部公众和外部公众。评估公众关系状态也应从这两个方面入手，考察、评估内部公众关系状态和外部公众关系状态。

内部公众关系状态评估，主要评估内容包括社会组织的有关方针、政策、发展战略和发展思路、长期目标与短期目标等在传播沟通中被组织成员接受或理解的程度，员工的士气、团队精神及组织的凝聚力，各项工作关系协调处理状况，影响员工关系的主要因素，传播信息、沟通渠道的失当或不足，传播策略、目标的欠缺，员工对传播沟通的要求、意见或建议等。

外部公众关系状态评估，是公共关系实施评估的主要内容。评估内容主要有：消费者关系评估，包括消费者态度及行为的改变程度，与消费者的协调等；媒体关系评估；社区公众关系评估；政府公众关系评估，如了解信息上达政府的数量和程度，政府对组织的支持情况，与政府的沟通效果等。

5. 公共关系活动效益的评估

良好的公共关系活动必然会转化为社会效益和经济效益。可以用一定的量化指标评估公共关系活动的社会效益和经济效益。通过公共关系活动，可以将社会组织在公众的心目中知名度、美誉度的提高看作公共关系活动的社会效益。通过公共关系活动使社会组织的产品销量与去年同期相比明显增长情况，如果没有其他外界因素的作用，这种增长可以看作公共关系活动的经济效益。

6. 公共关系机构和工作人员业绩的评估

公共关系活动是由社会组织的公共关系工作人员具体操作实施的。因此，对公共关系部门各分支机构和从事公关工作的人员的工作情况、业绩效果进行评估是十分有必要的。评估的目的是表彰先进，在管理工作中推行激励办法。也可以更好地总结经验，巩固成绩，找出不足，以利于在下一轮的公共关系活动中取得更好的业绩效果。

案例分析

案例1

有一家宾馆新设了一个公共关系部，开办伊始该部就配备了办公室、公关人员、现代化的通信设备，但该部长发现无事可做。后来，这位部长请来了一位公共关系顾问，向他请教。于是这位顾问一连问了以下几个问题：“本地共有多少宾馆？总铺位有多少？”“旅游旺季时，本地外国游客每月有多少，我国港澳游客有多少？国内的外地游客有多少？”

“贵宾馆的知名度如何？在过去的三年中，用于宣传上的经费共多少？”

“去年的一年中因服务不周到引起房客不满的事件有多少，服务不周到的症结何在？”

对这样极其普通而又极为重要的问题，这位公共关系部部长无法回答。于是公共关系顾问说道：“先搞清这些问题，再开始公共关系工作。”

问题：

1）你是如何理解公关顾问的话“先搞清这些问题，再开始公共关系工作”的。

2）公共关系顾问所提的五个问题体现了公共关系调查的哪些内容？

案例 2

1. 项目背景

2001年，联想制定了三年发展目标“高科技的联想，服务的联想，国际化的联想”。联想国际化的必备条件之一是拥有一个全球通行的品牌标识，但联想沿用18年的英文标识“legend”已在多个国家被抢先注册。同时，经过18年的快速积累，联想已经成为一家在IT领域多元化发展的大型企业，“联想”品牌在中国消费者中的知名率已达90%。但在面对“你认为联想的品牌代表什么”这样的问题时，不同消费者给出的答案不尽相同。基于以上背景，联想决定推出全球品牌新标识，并对联想品牌架构进行全面的梳理和系统的推广。

2. 项目调查

联想作为中国IT业的旗舰，在品牌至上的时代，换标行为的成败关乎企业的生死存亡。如何在最短的时间内，以最有效的方式将联想换标的信息和意义准确地传递给最广泛的公众，吸引社会各界对联想品牌的持续关注，成为集团面临的一大挑战。

2002年5月，联想成立了以杨元庆为组长的品牌切换小组，通过对包括联想老员工、原副总裁在内的数千联想员工的访谈，征询联想人自己对联想品牌精神的理解。联想委托国际品牌管理顾问公司针对品牌议题进行了长达两年的深入调研，共走访了2800名消费者、700多位企业客户，并在海外5个国家进行了6场访谈。他们成立了专门的品牌研究小组，反复研究了历史上其他厂商更换品牌标识的案例及联想的品牌历史。他们委托专业调查公司，抽样调查和跟踪访问500名消费者，研究了他们在品牌更换标识后对此品牌的重新认知过程和主要认知途径。

3. 项目策划

公关目标是，使受众充分理解联想此举的意义，并避免传播中可能的各种舆论风险；向公众准确诠释联想品牌的特性和内涵，在业界树立联想鲜明的品牌形象；形成“换标事件”持久的影响力，以渐进的方式使联想的品牌精神深入人心，以期产生持久的经济效益和社会效益。

4. 目标受众

鉴于目前联想主要的运作和营业收入仍集中于国内市场，因此国内消费者、联想的经销商、代理商、投资者、媒体和有关政府机构是主要的诉求对象。

5. 策略

标识：以lenovo替代原有的英文标识“legend”。其中，“le”取自“legend”，承继“传奇”之意；“novo”代表创新。整个名称的寓意为“创新的联想”。特性：诚信、创新有活力、优质专业服务、容易。

6. 项目执行

集团将联想换标识的发布活动设计成一个联想品牌管理的“系统工程”，分为以下四个阶段进行。

1）2003 年 4 月 28 日，在北京借助网络媒体发布新标识。平面、网络、影视媒体三管齐下，深入传播引起社会各界广泛关注。同时，安排在同一天发布首批带有“lenovo”标识的产品——多款自主研发的联想手机精品。

2）从 2003 年 7 月 31 日开始，借联想 2003 年科技巡展之机，在巡展所到之处深入传播和集中展示联想的品牌内涵，诉求联想“创新科技，畅想未来”的理念。

3）2003 年 10 月 15 日，利用神舟五号火箭成功发射的契机，同步在全国展开以“只要你想”为主题的系列推广活动，诉求“人类用想法改变世界”的创新理念。

4）2003 年 10 月 18 日，启动品牌沟通日活动，安排联想高层与各大媒体进行面对面的互动式沟通，进一步传达“lenovo”的内涵，并宣传联想新的品牌战略。

7. 项目评估

为期半年的联想新标识的推广活动收到了显著的成效，联想品牌在公众当中的曝光度较 2002 年同期增加了 20%左右，并使 2003 年真正成为联想的“品牌年”。

1）平面媒体报道：1000 多篇。

2）影视报道：20 多个城市的电视传播。

3）消费者调查：新标识了解度占 83%，新标识认同度占 91%，未来购买意向占 62%。

问题：通过阅读以上案例，分析联想在“更换新标识”公共关系活动中，每个步骤的核心内容是什么。你从中受到什么启发？

本章小结

公共关系的“四步工作法”包括公共关系调查、公共关系策划、公共关系实施和公共关系评估四个步骤。本章具体分析了公共关系调查的程序、方法、内容、应遵循的原则及公关调查报告的撰写；分析了公共关系策划的程序、原则；介绍了公共关系实施的过程、障碍、时机的选择；并介绍了公共关系评估的意义、方法和内容。

练习与思考

在线同步测试
及参考答案

一、单选题

1. 企业产品有几个或几十个定点大用户时，企业要了解用户对产品的意见，可以组织（　　）。

A. 普遍调查　　B. 典型调查

C. 重点调查　　D. 个案调查

2．把本厂的一级品率从80%提高到90%体现了公共关系策划的（　　）原则。

A．创新发展原则　　B．实事求是原则

C．合理可行原则　　D．明确目标原则

3．聘请具有丰富的公关经验和较高公关理论水平的专家，对本组织的公共关系活动进行评估的方法是（　　）。

A．自我评定法　B．专家评估法　C．公众测评法　D．意见征询法

二、多选题

1．一般的公共关系调查包括（　　）。

A．组织形象调查　　B．社会环境调查

C．公共关系活动效果调查　　D．专项调查

2．公关调研方法的分类主要有（　　）。

A．基于调研对象范围的分类　　B．基于事实的分类

C．基于实践的分类　　D．基于资料搜集方式的分类

3．公共关系策划的程序包括（　　）。

A．确立目标　　B．提炼主题

C．确定目标公众　　D．做出经费预算

E．形成方案

4．公关实施中确定的传播方式有（　　）。

A．人际传播　B．大众传播　C．组织传播　D．媒体传播

三、简答题

1．公共关系调查的内容有哪些？

2．如何设计调查问卷？

3．影响公共关系实施的因素有哪些？

4．简述新闻策划的时机。

四、技能训练

本校×××班×××同学不幸患上白血病，该同学家境十分困难，目前医疗费缺口较大。现在学生会主席会议决定，在全校开展募捐活动，为×××同学筹集医疗费用。你作为学校学生会的干部，如何策划这次公益活动，并拟写一份活动策划书。

第8章

公共关系宣传

公共关系既是一种客观存在的状态，又是一种交往活动，更是一种宣传活动。宣传是连接公共关系主体和对象的桥梁，公共关系工作的核心就是通过各种传播手段，沟通组织与公众之间的信息，在社会公众中树立起组织的良好形象和声誉，进而引发公众产生组织所期望的预期行为。因此，本章重点介绍如何巧妙地、有效地宣传组织的公共关系信息，这也是公共关系必须重视并加以研究的基本内容之一。

知识目标

- ✧ 了解新闻发布会、公关广告及其功能和公关广告的制作要求。
- ✧ 理解组织形象的含义和功能，理解各种新闻传播媒介的特点，理解公关广告的主要类型。
- ✧ 掌握组织形象的构成和导入程序，掌握新闻事件的策划。

能力目标

- ✧ 能用组织形象的理念设计简单的组织形象。
- ✧ 能够策划简单的新闻事件。

情感目标

- ✧ 培养学生的自我形象意识，重视自我形象。
- ✧ 培养学生正确的宣传意识，具备现代传播观念。

职业资格考核要点

新闻传播媒介　新闻事件　新闻发布会　公关广告　CIS的含义　CIS的构成　CIS导入程序

8.1 公共关系新闻宣传

新闻传播媒介以其报道的信息具有广泛的社会意义和重大的社会价值而受到广大受众的普遍关注。新闻传播媒介还有较完善的传播系统和较宽广的覆盖面。此外，新闻传播媒介报道的信息公正、客观，容易赢得公众的信任。因此，新闻传播媒介是公共关系传播工作的重要工具之一，公共关系传播人员应掌握运用新闻传播媒介的理论和技术。

8.1.1 公共关系中运用的新闻传播媒介

新闻传播媒介主要指报纸、杂志、广播和电视四大媒介。在现代社会，这四大传播媒介是日益发展和完善的组织系统，拥有庞大的工作人员队伍、先进的技术装备和技术手段，发现、选择和传播着巨大的信息量，已经成为社会传播业的主体力量，也是影响社会舆论和社会发展的巨大力量。

新闻传播媒介有以下四个特点。

1. 传播的信息多

新闻传播媒介能够将社会中每一件它们认为有意义的事件发掘整理出来，加以传播。电台可以全天24小时播音，电视台也能播送十几个小时的信息，报纸每天以众多的版面输出信息，杂志则以更多的文章传送信息。

2. 影响的范围大

所有的新闻传播媒介都有巨大的覆盖面和众多的受众。一份报纸的读者人数可达几十万、几百万，电台和电视台的受众可达数亿人。这种影响面可超出地区界限和国界，产生世界范围内的影响，这是其他任何传播媒介都望尘莫及的。

3. 信息传送及时

新闻传播媒介可以将所欲传播的信息在数小时或数分钟内传向全世界。

4. 影响力巨大

新闻传播媒介传播的信息一般是站在第三者立场上加以报道和评论的，因此常给人留下公正、客观的印象，容易得到受众信任。同时由于它的性质和地位，总是从众多的信息中挑选出最具广泛的社会意义和重大的社会价值的信息来传播。因此，它还给受众留下一个印象，即它报道的信息都是重要的，即具有“赋予信息以社会承认和社会价值”的功能。这样，使受众容易注意和重视它所传播的信息。它也因此而成为最具影响力的传播媒介。

新闻传播媒介的这四个特点，使它成为公共关系传播工作中需要妥善加以运用的重要工具，因为公共关系传播工作如能借助新闻传播媒介，可以大大提高自己的传播效果。

第一，可以在更大范围内提高自己的知名度。

第二，可以更迅速地将信息传送到受众手中。

第三，可以借助新闻传播媒介赋予所传播信息以重要的地位，使公众注意和重视组织的有关信息，而不至于在众多的信息中将其忽略。

第四，可以减少传播费用，甚至达到免费宣传的效果。

第五，也是最重要的一点，新闻传播媒介传播的组织的有关信息更易赢得公众信任。组织自己传送的信息常有“王婆卖瓜，自卖自夸”之嫌。即使信息公正、客观，公众也会怀疑组织具有“隐蔽动机”。而借助新闻传播媒介，以消息报道方式传播，则是第三者的公正报道，因此更容易让公众信服。

基于上述五点，公共关系工作尤其强调公共关系人员在传播中要善于运用新闻传播媒介，来进行公共关系传播。新闻传播媒介既是公共关系传播工作应学会运用的传播工具和传播途径，又是公共关系工作的重要公众。它之所以成为公共关系工作的重要公众，不仅在于公共关系传播工作可以通过它增加自己的传播效果，或者只有搞好与它的关系，才能充分发挥新闻传播媒介的“工具”作用，还在于它本身的传播影响到组织的美誉度。新闻传播媒介的地位、性质和作用，决定了它对组织的褒贬足以影响到组织生存和发展。因此，公共关系人员必须做好新闻传播媒介的工作。

各种新闻传播媒介的特点

8.1.2 策划新闻事件

公共关系要扩大组织的影响，提高组织的知名度和美誉度，就要大力开展传播活动。广告传播必须支付大笔费用，往往受到经济条件的限制。若能免费占有报纸的新闻版面和电视、广播的新闻节目时间，则是最理想的方式。但是，一篇没有新闻价值的稿件是不可能被采用的，因此，公关人员必须掌握策划新闻事件的技能。

1. 策划新闻事件的含义

策划新闻事件，又称制造公关事件，它是指公共关系从业人员在真实的、不损害公众利益的前提下，有计划地策划、组织、举办具有新闻价值的活动、事件，制造新闻热点，吸引新闻界和公众的注意和兴趣，争取被报道的机会，并使本组织成为新闻报道中的主角，以达到提高知名度、扩大社会影响的目的。策划新闻事件是一种人为的新闻事件，与自然发生的新闻事件相对应。策划新闻必须是真实的，不能凭空捏造。公共关系从业人员在此

过程中担任了双重角色：既是组织内部真实事件发生的参与者，又是该事件让公众知晓的报告人。在某种意义上，公共关系策划的过程就是策划出新闻事件的过程，也就是“制造新闻”。这里的“制造新闻”至少应该包含着三层含义：①组织主动地开展具有新闻价值的公共关系活动；②组织对某个专题活动进行包装，赋予它以新闻价值；③组织在被动的情况下，展开媒介公关，将原来不利于自己的“新闻”变为有利于自己的“新闻”。

组织可以通过各种形式制造公关新闻，如利用成立周年纪念日、厂庆邀请名人剪彩，举办公众感兴趣的有奖竞猜，与新闻机构联合发起和举办有意义的社会活动等。这种策划新闻比一般新闻更富有戏剧性，更能迎合新闻界及公众的兴趣，在公共关系宣传中具有特殊的意义，是一种极其有效的新闻宣传方法。制造的新闻是专门“演”给新闻媒介看的，能够引起媒介的广泛注意，吸引媒介主动地关注和报道所策划的事件。它不仅是一种主动型的公共关系活动，更主要的是它是吸引媒介进行主动宣传的方法，更有利于组织公共关系的发展。

在公共关系史上这样的例子很多。例如，日本精工集团策划的用飞机投手表事件：1972年，澳大利亚的一个广场上聚集了很多人，突然有人看到空中的飞机上落下许多光亮的东西，落到地面以后发现是手表，于是人们哄抢一空。人们惊讶地发现从高空掉下的手表走时竟然一切正常。精工集团的这一举动立即引起了各媒体的报道，从而扩大了“精工”的知名度和美誉度。

2. 策划新闻事件的方法

组织在其日常的工作中有时会发生具有新闻价值的事件，如组织的重大致庆活动和为社会公众举办的各种文化性、体育性、公益性、慈善性的社会活动和社会赞助，以及组织在新产品、新技术、新业务、新设备等方面取得的成就和意义等，然而这些事件并不是每天都在发生，为了争取更多的新闻传播机会，公关人员要善于主动策划新闻事件，创造新闻价值。在新闻宣传时，既要善于利用自然发生的各种重要题材，更要巧妙地、有计划地制造新闻事件。但是，在制造新闻时必须注意以下几种方法。

（1）正确选择社会公众的兴趣点

兴趣点即“热门话题”，公众在不同的时期重视的事物不同，选择公众普遍关注的热点制造新闻，效果最理想。假如有几个热点同时存在，应从中选择最热门的话题，去谋划新闻事件。例如，奥运会召开前后一段时间内，是经营业务与体育有关的企业制造新闻的最佳时机，如果围绕奥运这一主题开展一系列活动，传播效果会更理想。广东运动饮料公司于 1984 年 7 月生产出健力宝饮料，1984 年 9 月为参加奥运会的中国体育代表团提供专用饮料，在这届奥运会上，中国运动员取得了 15 块金牌，当各国记者采访运动员时，发现运动员常喝一种饮料，他们认为这是运动员取胜的法宝，自然也成为他们的目标。健力宝随着“中国人取胜的奥秘：中国魔水”等报道标题而名声大振，在中国人的心目中具有功不可没的地位，为企业树立起一个好的形象。但是，组织很难在一段时间内，找到与公众关注话题密切相关的内容，这就需要公关人员做一个有心人，善于在生活中发现有意义的话题。

（2）要做到新、奇、准、好

在激烈的组织形象竞争中，要成功地制造新闻，公共关系人员必须别出心裁，使公共关系活动具备新、奇、准、好的条件，才具有新闻价值。例如，香港一家生产万能胶的公司为了推销其产品，特意制造了一枚价值 5 万元的金币并将其粘在公司门口，上面写着：“此金币价值 5 万元，谁取下归谁。”一时吸引了众多顾客来试，可惜都无法取下，此举惊动了各大小媒介，一时间众口称赞万能胶的功效。

（3）善于进行舆论准备

在活动正式开始之前，通过媒介对活动的宗旨、形式、意义及主办单位的情况等进行宣传介绍，以使公众有心理准备，并对活动产生期待。例如，法国白兰地公司通过向美国前总统艾森豪威尔赠送两瓶有 67 年酿造史的白兰地作为其 67 岁寿辰的贺礼，制造了有关白兰地酒的新闻。在赠送仪式举行的前一个月，各种媒介开始传播赠酒的消息和关于白兰地的传说与趣闻，使之成为华盛顿市民的热门话题，以至到总统寿辰那天，竟出现了万人空巷的现象，人们都集中在白宫门前等待送酒仪式的举行。白兰地从此向美国市场发起了“猛烈进攻”。

（4）利用名人效应

要有意识地同某些权威人士或社会名流联系，因为名人本身就是舆论领袖，具有一定的舆论导向作用，他们的行踪往往是新闻媒介追踪的对象，如能邀请名人参加公关活动，自然有助于扩大影响。例如，北京的长城饭店成功地请来美国总统里根，将访华的答谢宴会设在了长城饭店，就是一次非常成功的公关策划。在宴会期间，饭店向各国新闻记者提供了优惠的采访条件，但前提是报道中必须提到这里是中国的长城饭店。于是随里根访问的 500 多名美国记者，便为长城饭店做了一次免费的宣传，把长城饭店的形象推到了全世界的面前。名人答应企业的邀请，关键不是报酬问题，而是组织与名人的关系和事件本身的新闻价值问题。因此，公关人员平时就应与各方名人及其左右保持良好的关系，在邀请名人时，尽量通过名人的朋友、秘书将活动的目的、意义、安排及其他事项及时告诉他们。

（5）利用传统节日或纪念日

制造有关组织的新闻，每年的传统节日、纪念日都是新闻报道的重点。例如，每年的“三八”妇女节都会报道妇女；每年的“六一”儿童节的新闻专栏都会报道儿童；每年的“八一”的新闻版面必报道军人等，故公关人员应联系传统节日开展公关活动，来制造新闻。例如，美国拉蔡食品公司在中国农历新年来临之际，用幻灯片介绍了各种用拉蔡食品为材料烹调的美食，以“全家齐动手，共享天伦之乐”的主题推出。于是，拉蔡食品公司在这个春节期间获得了新闻媒介的注意，其推出的新食谱受到居民的欢迎。

（6）策划新闻要自然得体

策划新闻比一般的新闻更具有戏剧性，它是在“演”新闻事件，公关人员既是导演又是演员，但整个策划事件不能给公众留下“看戏”的感觉，否则会使公众产生反感，损害组织的形象，要让公众感到所看到的戏就是真实的事实，要有顺理成章的感觉。也就是组织与新闻事件之间存在着内在联系，绝不能牵强附会。例如，20 世纪 80 年代初，日本的索尼公司推出了“步行者”立体声放音机。为了宣传这种新产品，他们没有按常规举行记者招待会，而是请记者到东京代代木公园采访。公司事先雇佣一批模特，让他们在公园里一边溜旱冰、散步，一边听音乐，突出了新产品能使人们边欣赏音乐边进行体育锻炼的效果，自然生动，产生了极好的促销效果。

8.1.3 新闻发布会（记者招待会）

新闻发布会（记者招待会）是政府、企业、社会团体和个人把各新闻机构的记者邀集在一起，宣布某一消息，并让记者就此进行提问，然后由发言人回答的一种特殊会议。以新闻发布会发布消息，其形式比较正规、隆重，而且规格较高。在新闻发布会上，记者可以根据自己感兴趣的问题进行提问，能更好地发掘消息。新闻发布会与报纸、广播电台、电视台等新闻发布方式相比，无论是在深度还是在广度上都更为优越。但是，新闻发布会比其他新闻发布方式占用记者和组织者的时间更多，所耗成本较高，对发言人和主持人的要求较高，即具备敏捷和反应迅速的能力。

1. 新闻发布会的准备工作

（1）分析确定举行新闻发布会的必要性

根据新闻发布会的特点，在新闻发布会举行前必须对所发布的消息是否重要、是否具有广泛传播的新闻价值，以及新闻发布的紧迫性和最佳时机，进行研究和分析。只有在确认召开新闻发布会的必要性和可能性后，才能决定举行新闻发布会。企业具有举行新闻发布会价值的事件一般有：出现紧急事件，如厂房起火或爆炸；产品出现重大质量事故；对社会产生重大影响的新技术、新产品的开发和投产；企业对社会做出的重大益事；企业开张或倒闭、企业的合并或转产；企业的重大庆祝日等。

（2）选择新闻发布会的地点

在地点的选择上，主要是考虑为记者创造各种方便采访的条件，如录像、拍摄用的辅助灯光，视听的辅助工具如幻灯、电影的播放设备等。同时要考虑交通是否方便和环境是否安静。会场所用桌椅要尽量适于记者记录用。对选定的会址，会前要进行实地观察，不要到时因场地原因，临时改换地方或时间而造成记者的不满和财力、人力的浪费。

（3）选定主持人和发言人

由于记者的职业特点和习惯，他们大都会提出尖锐深刻甚至很棘手的问题。这就要求主持人和发言人思维敏捷，反应快，有较高的文化修养和专业水平，口齿也要伶俐，否则难以胜任。会议的主持人一般应由有较高专业技巧的人担任，会议的发言人则应是企业的高级领导。因为企业领导清楚地掌握企业整体情况及方针、政策和计划等问题，并且由企业领导回答问题具有权威性，如果企业领导不能担任，则应由具有相当身份的人担任，或由企业固定的发言人担任。

（4）准备发言和报道提纲

先要确定新闻发布会的主题，即将宣布的内容。是就一桩事件进行解释，还是公布一条信息？要成立专门的发言起草小组，全面收集有关资料、情报，写出准确、生动的发言稿供发言人参考。还可以写出报道提纲，发给与会记者作为采访报道的参考。

（5）准备宣传辅助材料

宣传辅助材料要围绕主题进行准备，尽量做到全面、详细、具体和形象。既要有口头的、文字的内容，又要有实物、照片或模型等。这些材料的准备要根据会议的主题和内容的具体要求而定，在会议举行现场摆放或分发，以增强发言人的讲话效果。例如，会议的主题是介绍某种新产品，会议主持人就要对该产品进行介绍，为了增强记者的感性认识可发放产品研制过程或介绍产品功能的文字材料，拿出实物或播放录像等；如果展示的产品是食用性的或日常用品，还可以让记者品尝、试用，以使其报道更准确、生动。

（6）组织记者参观

新闻发布会前后，可组织记者进行配合发布会主题的活动，为记者创造实地采访、摄影、录像等机会，以增强记者对会议主题的感性认识。为做好这项工作，就必须在新闻发布会前安排好将要参观的地方，并派专人接待、介绍情况等。

（7）确定会议时间和邀请范围

要选择好新闻发布会举行的时机，应尽量避开节假日和有重大社会活动的日期，以免使记者不能参加会议。日期选定后，应提前三四天把请柬送到记者手中，以便于记者在会前做充足的准备。请柬最好派专人递送，避免邮递延误，并可当面解答记者提出的疑问（诸如地点、交通等问题）。发出请柬后，在临近会期时还应该用电话与记者联系，落实记者出席情况。邀请记者的范围要依据会议所涉及问题的范围而定，如果事件发生的范围及影响只限于某一小县城，就应请县报、广播站（电台）的记者到会；若是全省范围的就应邀请省里的各新闻机构的记者参加。邀请记者的范围要广泛，考虑相当的覆盖面，各方新闻机构都要照顾到。不仅要有报纸杂志的记者，还要有电台、电视台的记者。不仅要有文字记者，还应有摄影记者。特别要注意的是，对记者要做到一视同仁，不能厚此薄彼。

（8）安排小型宴请

在财力和时间许可的前提下，如有必要可以在招待会或参观活动结束后，邀请记者吃午餐或晚餐。这是一个相互沟通的机会，可以利用这种场合融洽与新闻界的关系，同时还可以在这种轻松愉快的气氛中，使记者在发布会上提出的未能解决的问题得到更为满意的解答。

（9）编制费用预算

根据所要举行的新闻发布会的规格和规模编制出可行的经费预算。在开会前必须先进行预算，避免浪费。新闻发布会的费用开支一般包括下列项目：印刷费、邮费、租用会场费、租用录音、录像器材费、会场布置费、茶点费、餐费、相片费、嘉宾簿（留言、签到）

费、礼品费、送稿交通费、文书用品费、嘉宾住宿费、交通费、电话费等。

（10）其他有关事项

会议程序要详细而紧凑，要事先安排好由谁发言、带领参观等，以免到时出现冷场或混乱局面。要事先准备大量的可供记者参考或采用的资料和照片。并且要设计好桌上的名牌排列秩序，分清主次，避免出现纷乱和不愉快。准备好别在与会者胸前的襟花或襟牌，以增加与会者的荣誉感。要注意安排好嘉宾，使其坐在比较突出的位置，并且借以扩大自己的影响。对本单位内部人员要严格编排，分工得当，以免扰乱会场秩序。要适当地安排一名或数名摄影记者，专门拍摄会场情景，以备将来宣传和纪念之用。

2. 新闻发布会的注意事项

1）会议主持人要以庄重的言谈和感染力发挥主持和组织作用，活跃会议气氛，引导记者踊跃提问。当记者的提问偏离主题时，要善于巧妙地将话题引向主题。会议出现紧张气氛时，要及时调节缓和，不要随意延长预定的会议时间。

2）对于不愿发表和透露的内容，应婉转地向记者解释，记者一般会尊重组织者意见，否则反而会使记者追根究底，造成尴尬局面，甚至会使记者发表对企业不利的报道。

3）切勿随便拒绝记者的提问，也不要以各种动作、表情和语言对记者表示不满。即使记者的提问带有很强的偏见或挑衅性，也不可发怒，而应表现出有涵养，以平静的话语和确凿的事理予以纠正。

4）遇到无法回答的问题时，不能简单地说“不清楚”“不知道”“我不能告诉你”“这是秘密”等，而应采取灵活而又通情达理的办法给予回答，切忌因此引起记者的不满和反感。

5）所发布的消息必须是准确无误的，若发现错误应及时更正。

3. 新闻发布会后工作

1）尽快整理出会议的记录材料，对会议的组织、布置、主持和回答问题等方面的工作进行总结，从中汲取经验教训，并将总结材料归档备查。

2）大量搜集与会记者在报刊上发表的稿件，进行分析、归类，检查是否有由于自己的失误所造成的谬误，如有，应设法弥补。

3）对照签到簿，了解是否每位到会记者都发了稿件，在以后召开新闻发布会时作为确定邀请记者范围的参考。

4）了解部分与会者反应，是否在提供条件上欠缺，找出不足之处，以便于以后改进。

5）对于不利于企业的报道，应做出良好的应变策略。若报道不正确或歪曲事实，应立即采取行动，说明真相，向新闻机构提出更正要求；若报道属实，但不利于本企业，这种情况多是企业内部错误造成的，对此应通过有关新闻媒介表示虚心接受并致歉意，以挽回企业声誉。

8.2 公共关系广告

广告，即广而告之。它是为了特定的目的，通过一定的媒介公开而广泛地向公众传递信息的大众传播方式。这种传播方式在我国古代就出现了，如叫卖、酒旗、幌子、货郎鼓，以及政府颁布的告示、公启等。随着社会的不断发展，广告也在迅速地发展。本节将探讨公关广告的几个有关问题。

8.2.1 公共关系广告的含义及其作用

1. 公共关系广告的含义

亲情公益广告：茶旅

公关广告是社会组织开展公关实务活动所做的广告。它指为获得公众对本组织的理解、支持与合作的公共关系广告，如公益广告、庆典广告、招聘广告，以及政府、政党或社会团体的公告、启事等。

2. 公共关系广告的作用

（1）经济效益间接而久远

一般商业性广告的经济效益较为明显，它对产品和服务的推销有着直接的作用。它虽然不能使消费者在看过这种广告之后立即产生消费动机，但是它透过客观事实和友好的姿态，使消费者对该社会组织及其产品和服务产生注意和兴趣，并且可以避免商业广告“王婆卖瓜、自卖自夸”给消费者带来的不信任心理，使这种广告能更加深入人心。因此，如果社会组织以长期发展为目标，公共关系广告是一种最有用的手段，它最能确实、有效地扩大市场渗透范围。

（2）提高组织声誉

公共关系广告通过强调组织为社会和公众服务的宗旨和决心说明组织的不懈努力和对社会的贡献，宣传产品和服务的科学知识，不仅能促进其扩大社会影响，引起公众的注意和重视，而且能提高其声誉，赢得公众的赞许和好感。例如，中央电视台所做的广告：“水是生命的泉源，请珍惜用水！” 这条广告看似寻常，却体现了广告主体对人类负责的高度责任感，赢得了广大公众的支持与合作；“正确对待高考，正确对待人生！”一句亲切的提醒，让广告主体的一番爱心像暖流一样流向公众的心田，尤其是流向高考落榜考生的心田。

（3）改进职工关系，提高职工士气

公共关系广告对社会组织经营方针、经营状况、职工政策的公告，可以使社会和职工更加了解社会组织，对组织内部的管理、利益分配措施更加理解和支持，从而使职工关系更加协调、融洽。

（4）使组织社会地位提高

人们的一般心理认为，经济实力不雄厚的社会组织是无资金刊登广告的，刊登商业性广告的社会组织经济实力又不如刊登公共关系广告的社会组织资金雄厚。因此，公共关系广告若能给投资者留下较深印象，这就有利于社会组织争取更多的投资。

（5）消除误会，促进谅解

通过公共关系广告说明社会组织的政策、经营状况和实际能力，能消除公众对组织的不当期望，消除心理隔阂。问候、致礼的公共关系广告可以消除积怨，而致歉广告通过赔礼道歉，说明事实真相，讲清善后措施则可避免因事故和失误造成的不良影响继续扩大，甚至可给更多的公众留下诚实、诚恳的印象，恢复信任，赢得谅解。例如，广州花城汽水厂在《成都晚报》上刊登致歉广告，说明“凌空牌”易拉罐高橙饮料的“胖听”和“炸听”系酵母菌污染所致，愿意赔偿消费者的一切损失，并郑重道歉，表示今后一定要把好质量关。这一广告为其挽回不良影响、提高信誉奠定了基础。

正是由于公共关系广告的上述特殊作用，广告专家预测：未来的广告世界中，公共关系要素将逐渐增加，商业痕迹将逐渐淡化，原来仅仅引起顾客消费欲望的直接商业性广告，将转换成建立顾客消费的预备基础的公共关系广告。

8.2.2 公共关系广告的类型

可以从公共关系广告的不同内容来确定其类型，主要有以下几个。

1. 组织广告

组织广告是传播组织自身各种信息的广告。作为一个经济组织，组织的广告就是指企业广告，其重点是宣传企业的自然状况，介绍企业的经营方针，解释生产经营目的和消除误解。其目的是让更多的社会公众了解企业，树立良好的企业形象。

2. 响应广告

响应广告是指组织或企业为响应社会或其他企事业单位的号召，支持公益事业的发展，以求社会各界公众的理解与支持而进行的广告。它又可划分为两种形式：其一是对政府的某项政策、措施或者当前社会活动中的某项重大事件以组织或企业的名义表示响应；其二是对某个新开张或有重大庆典活动的组织或企业，以同行的身份刊登广告以示祝贺。响应广告强调的是企业与社会生活各个方面的关联性和公共性。例如，国家于1989年决定将每年的9月20日定为“全国爱牙日”，而每年这一天，许多牙膏厂和医院都派人进行宣传，并打出公关广告“××××提醒您注意：保护好自己的牙齿”。

3. 倡议广告

倡议广告是组织或企业以自身的名义率先发起某种社会活动，或提倡某种有意义的新观念的广告。一般来说，创意广告要有明确的主题和目标，以表明组织或企业对社会活动的关心、支持。倡议广告包括自庆广告、祝贺广告、赞助广告、悬赏广告等。

1）自庆广告，即通过自我庆祝向公众展示组织的历史与发展情况，给公众留下深刻印象。

2）祝贺广告，即在重大节日或进行某种活动时向公众问好、致意，以其对公众的关心来赢得公众的好感。

3）赞助广告，通过赞助某项活动来引起公众的关注和好感。例如，“爱是 love，爱是 amour，爱是 rak，爱是爱心，爱是 love，爱是人类最美的语言，爱是‘正大’无私的奉献”。这首几乎人人会哼的歌，就是“正大集团”的形象的赞助广告，它通过“正大综艺”节目，使“正大集团”深入人心。

4）悬赏广告，通过巨额悬赏征集广告用语、商标、对联、建设性意见等引起公众注意，提升组织形象。例如，某家公司为了宣传其产品保险柜的功能，登出一则悬赏广告：“10 万美元寻找主人！本公司展厅保险柜里存放有 10 万美元，在不弄响报警器的前提下，各路豪杰可以采用任何手段拿出享用。”广告刊登出来后，各种行业人员都无法打开该保险柜。各大报纸又连续几天为此进行免费报道，影响很大。

4. 形象广告

形象广告是塑造企业的形象，以建立某种观念为目的的广告。这类广告的宣传目的是要建立或改变企业或产品在社会公众心目中的原有地位，建立或改变一种消费意识、树立一种新的消费观念。而这种新消费观念的树立，可以使社会公众倾心于某个企业或某项产品。

组织形象广告是为塑造组织形象而做的广告，包括观念广告、实力广告、信誉广告。

1）观念广告。即以宣传组织观念为主，以此来树立组织形象。观念广告宣传组织所追求的目标、所实施的策略、所遵循的思想、所抱定的宗旨，通过这些，让公众理解自己，从而使其产生好感。

2）实力广告。即用朴素的语言把本组织的地位、生产、能力、产品质量、技术水平等情况如实地汇报给读者，以引起读者的信赖。

3）信誉广告。即向公众发出呼唤，做出保证，成为组织信誉的象征。它通过简洁、明确、富有个性的标语口号，强化视听，给公众留下深刻印象。例如，近百年来，美国可口可乐公司一直以“只有可口可乐才是真正的可乐”作为公共关系的主导口号。

下面比较两则广告文本，我们可以看到产品广告和形象广告之间的区别。

第一则广告：电视屏幕上先展示一只酒瓶，然后一位明星手托酒杯，开始介绍这种酒的好处，如历史悠久、味道香醇、健身活血等。最后多人一起举杯畅饮，其中一位转回头对着观众说：“你也来尝一尝吧。”

第二则广告：在电视屏幕上首先出现的是一派柔和华美的色彩、一只装潢豪华的酒瓶。

然后出现一位容貌美丽的少女。接下去，一位英俊的男士打开酒瓶，另一幅镜头上少女猛地一回头，男士向酒杯中倒酒，酒在杯中不断地打旋。另一幅镜头上少女正在急速跑下一个旋转式的楼梯；男士将装满酒的酒杯举起，对着独光一照，色彩光华灿烂，另一幅镜头上少女正走上一幢大厦前的高高台阶；最后，男士将酒杯送到嘴边，一饮而尽，另一幅镜头上少女和男士两人热烈地拥抱。电视屏幕上再次出现那只豪华的酒瓶，第一次出现画外音“魅力凝聚，谁可抗拒”。

可以看出，产品广告用直接介绍方式向消费者展示一种产品的种种优点，再请出明星或漂亮女郎进行劝说，催促消费者赶快行动。形象广告几乎不作自我介绍，而是透过一系列的画面或情节，向消费者暗示拥有或使用某种产品将使人具有的风度和形象，或者是同消费者交流感情，以此来赢得消费者的喜爱。显然，这种方式发挥的作用层次更高、发挥作用的时间更长，这正是公共关系广告一般采用形象广告战略的原因。

8.2.3 公共关系广告的制作要求

由于公共关系广告的目的不同于一般商业广告的目的，这就使得它的制作要求和战略与一般商业广告稍有不同。要想较好地实现公共关系广告的目的，就必须注意广告制作过程中的一般要求。

1. 应遵守国家的有关法令和广告管理条例

公共关系广告是建树组织形象的广告，而形象中最重要的一点就是奉公守法，这是取信于民的根本。国家的法律、法令也是加强广告管理、使所有的广告有章可循、有法可依的重要手段。公共关系人员应主动配合，做好这方面的工作。因此，在制作公共关系广告时，应了解并严格遵守有关的法律、法令。

随着中国对外开放的发展和深入，在华外商的广告越来越多，有些外商的产品广告、公共关系广告，无意地浸入有损中国国家尊严和有伤中华民族情感的“创意”或者“内容”，对此，我们绝不能熟视无睹，要揭露、抵制这些不良信息，以净化广告市场和氛围。

2. 应实事求是，对公众负责

制作公共关系广告，尤其是在介绍本单位本企业产品、设备、服务理念等基本情况时，不可随意拔高、自吹自擂，这是公共关系广告最基本的要求。“公共关系之父”艾维·李认为，“讲真话”是公共关系的一条重要原则。社会组织要想获得并保持良好的声誉，就应该把真相告诉公众，杜绝虚假和夸大的言辞。要给公众一个真实可信的感觉。因此，在做公共关系广告时特别要避免华而不实的广告词，如“誉满全球”“领导时代新潮流”等。这些广告词容易使人产生逆反心理，引起公众的反感。相反，认真负责、实事求是的

为“恐惧斗室”广告，耐克向中国消费者公开道歉

广告词容易得到公众的好感，取得公众的信任。例如，有一家手表商店并不吹嘘自己的手表如何美观、耐用，却在商店门口的广告牌上详细介绍了手表的缺点及使用时的注意事项，以诚服人，反而使公众觉得这家商店诚实可信。

3. 应尊重并符合公众的心理要求

公共关系广告欲达到最佳效果，就必须了解公众的注意特点、兴趣热点，感知和理解的水平、态度及情感的趋向，了解公众的动机和愿望。在了解的基础上，使广告尽可能符合公众的心理要求，这样才能使广告具有强烈的吸引力和感染力，才能使公众对广告印象深刻。尊重公众的心理要求，还包括尊重公众的文化心理和习惯。例如，日本索尼公司在泰国推销录音机，广告中的佛祖释迦牟尼也被录音机中的美妙音乐所打动，全身随音乐而摆动。结果在佛教之邦的泰国引起轩然大波，不仅使公众十分愤怒，连泰国当局也提出抗议。最后索尼公司以致歉而告终。又如，某些过分夸张的、华而不实的广告词，也易引起公众心理上的抵触和反感，这也是应注意的。

4. 应保持公共关系广告主题的连续性

组织形象远非一朝一夕所能建树起来的，这就需要公共关系广告能围绕主体形象进行持续不断的宣传，形成一贯风格和一致形象，使组织的名称、形象、信念、宗旨和口号融为一体，给公众以稳定、一致的印象。例如，可口可乐公司针对公众寻求幸福和温情的心理，在一段时间里持续不断地围绕这个主题做广告。第一阶段是用活泼动人的小调唱出“常令你欢喜，常令你感到愉快”；第二阶段是借一首名曲的调子唱出“世界目前所需要的就是爱，甜蜜的爱”；第三阶段用文字“倍添情趣”表示。

5. 广告文字应简练易记，广告内容应不断创新

广告欲给公众以深刻持久的印象，必须使文字尽量精练简洁、朗朗上口，从而使公众过目不忘，并能广为传诵。同时，还应使广告的内容、角度、手法不断推陈出新，避免给公众以呆板、陈旧、模仿他人的印象，应通过不断创新，既使公众喜闻乐见，又使公众感到组织总是具有新的灵感、新的成就、新的活力。例如，上海鹤鸣鞋帽店一反“一本万利”的主题，制作了“九本一利，薄利多销”的广告主题。又如，新中国成立前上海的梁新记兄弟牙刷公司的广告标题是“双十牌，一毛不拔，明目洁齿，巧笑倩兮”。还有丰田车的广告语“车到山前必有路，有路必有丰田车”，由于构思别出心裁给公众留下深刻持久的印象。

广告片为何出“错”

6. 公共关系广告应突出自己与一般商业广告的区别，避免过多的商业化痕迹

自私、自大、虚假、功利性过分明显的广告，常常会引起公众的反感和疑虑，使效果适得其反。而成功的广告则常常从公众的立场和利益着眼，这样才能给组织带来长远的利益。

8.3 组织形象识别系统——CIS

20 世纪 70 年代，国际上盛行一种组织形象管理方法，即 CIS（corporate identity system，组织识别系统）战略。从公共关系的角度看，它意味着组织的一种整体形象管理。日本企业在 70 年代初期接受了 CIS，马自达、索尼、第一劝业银行、三井银行等先后实施了 CIS 改造。我国由于长期受封闭的计划经济体制束缚，企业界缺乏“市场经济”的概念，一直没有创造形象识别的 CIS 意识。直到 20 世纪 80 年代末期，广东一家乡镇企业通过导入 CIS，使得营业额增加了 200 多倍，掀起了中国的 CI 热。马自达汽车的 CIS 见图 8-1。

图 8-1　马自达汽车的 CIS

8.3.1　CIS 的含义

进行企业识别，塑造企业形象，是一个系统工程，它需要企业全方位地开展工作。因而 CIS 是指统一而独特的企业理念、以企业理念为指导的行为活动及视觉设计所构成的展现企业形象的系统。企业通过这一系统的运用，即通过对企业经营理念的界定，并将这一理念贯彻于各种行为活动、视觉设计之中，将使社会公众对企业认知、认同，以便树立良好的企业形象。

8.3.2　CIS 的主要功能

CIS 产生于现代市场经济，成熟于国际化的竞争环境。当初它只是通过视觉传播差别化设计，让更多的社会公众了解和认识企业，从而达到目的的一种手段。由于竞争的发展，这种差别化设计逐渐扩展渗透到企业各个领域，成为一种新的经营方法，即企业形象战略。国内外无数事实证明，导入 CIS 战略的企业在日益激烈的竞争中都取得了辉煌的战绩。CIS 被誉为当今社会最时髦的竞争战略，之所以这样说，是因为它有如下功能。

1. 识别功能

企业识别系统的开发和导入，能够促使企业产品与其他同类产品区别开。目前各企业的产品品质、性能、外观、促销手段等都趋于雷同，唯有导入 CIS，树立起良好的企业形象，从而提高企业产品的非品质的竞争力，才能在市场竞争中脱颖而出，独树一帜，取得独一无二的市场定位。也有利于在消费者心目中取得认同，建立起品牌形象和忠诚度。例如，美国的 IBM（International Business Machines Corporation，国际商用机器公司）根据计算机产业需要完善的售后服务，以及“服务”在经济中日益重要的情况，明确提出“IBM 意味着服务”的经营理念，强调为顾客、社会提供优质服务的重要性。IBM 则根据社会进步速度加快的现实，提出了“进步乃是我们最重要的产品”的理念，以此向世人宣告，IBM的产品将服务于人类的进步事业，与人类的进步共命运。这种经营理念具有一种崇高、美好的价值内涵，容易取得社会的认同。

2. 传播功能

CIS的导入和开发，能够保证信息传播的同一性和一致性，并使传播更经济有效。CIS使得企业有可遵循的统一的设计形式，应用在设计项目上，一方面可以收到统一的视觉识别效果；另一方面可以节约制作成本，减少设计上的浪费。尤其企业编制标准手册之后，可使设计规格化、操作程序化，并能保证一定的设计水准。同时，CIS 可以加强信息传播的频率和强度，产生倍增的传播效果。

3. 管理功能

完整综合的CI设计，不仅能改善企业形象，还可起到提高员工士气、增强企业凝聚力的作用。在开发和导入CIS的过程中，企业应制定CIS手册，作为企业内部法规让企业全体员工认真学习并共同遵守执行。这样，才能保证企业识别的统一性和权威性。通过对法规的学习和实施，总结和提升了企业的历史、信仰、所有权、技术、人员素质和战略规划，从而确定企业与众不同的身份，保证企业朝着正确的发展方向进行有效的管理，以此来增强企业的实力，提高企业的经济效益和社会效益。

4. 文化教育功能

CIS具有很强的文化功能，因为导入CIS的企业能够逐步建立起卓越而先进的企业文化和共享价值观。如果企业具有卓越、先进的价值观，员工就会体会到工作的价值。在企业通过CIS设计形成了良好的企业形象的情况下，员工更会因属于企业的一分子而倍感自豪，从而更加主动地认知企业的价值观，并将其内化为个体价值观的一部分，这样，企业的生活方式就成了员工生活方式的一个重要组成部分。一个拥有强大的精神文化和共享价值观的企业对其员工的影响是极其深远的。同时，CIS 的导入还可以为企业吸收最新的理论、科学、技术、人才等，从而使企业在运转有序、协调统一的基础上加速发展。

5. 应变功能

在快速变化的市场环境中，企业要随机应变。企业导入CIS能促使企业商标具有足够的应变能力，同一商标可以随市场变化和产品更新应用于各种不同的产品，从而提高企业的应变能力。

8.3.3 CIS的构成

一般认为，企业形象识别系统的基本构成要素主要有三个部分：一是企业理念识别

（mind identity，MI）；二是企业行为识别（behavior identity，BI）；三是企业视觉识别（visual identity，VI），见图 8-2。有人把 VI、MI 和 BI 分别比喻为商务组织识别系统的“叶”“根”“枝”。组织识别系统的三个要素只有相互联系、互为支持才能充分展示商务组织的形象和风采，这也是公共关系策划的真正魅力所在。

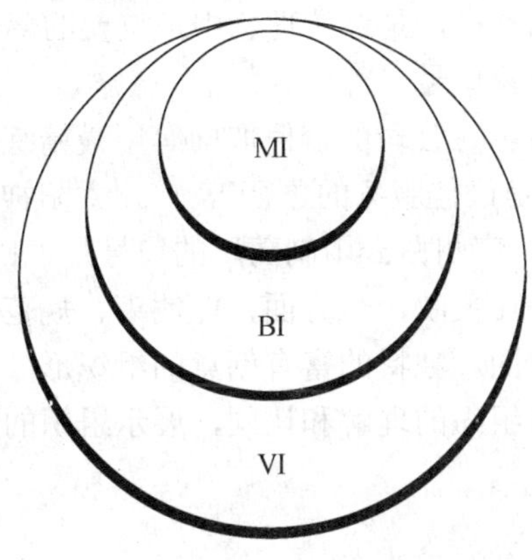

图 8-2　CIS 的构成

1．MI

MI 是商务组织独特的文化和价值观，包括组织的经营思想、组织精神、组织文化、组织价值观和组织目标等内容。它一般以经营宗旨、经营方针、精神标语或者座右铭表现出来。MI 系统开发的途径如下。

（1）培育个性化的商务组织精神

商务组织精神是组织的精神支柱，是组织在长期的生产经营活动中形成的，并经过全体员工认同和信守的理想目标、价值准则、意志品质和风格风尚。因此，商务组织精神不仅是一种有个性的精神，还是一种团体精神，反映了商务组织的凝聚力和活力的强度，它一旦植于职工心中，就会形成共识和觉悟而产生极大的作用。

商务组织精神一般通过简明具体的文字命名，如大庆精神（厂名命名法）、长征精神（长征牌自行车——商标命名法）、铁人精神（人名命名法）、一团火精神（北京百货大楼——形象比喻命名法）等。

（2）确立具有特性的经营理念

经营理念是商务组织经营价值观强化为一种信念的结果，是商务组织精神的集中体现、商务组织形象的指南。经营价值观就是商务组织员工普遍认可的、从组织文化中衍生出来的信仰和理想，它决定商务组织全体员工共同的行为取向，是一种带永久性的追求信念，不会随外界环境变化而改变。美国 IBM 的前任董事长兼总经理说：“我坚定地认为：任何组织要生存和取得成功，必须确定一套健全的信念，

部分企业的经营理念

作为该商务组织的一切政策和行动出发点；公司成功的唯一重要的因素是严守这一信念；商务组织在其生命过程中，为了适应不断变化的世界，必须改变自己的一切，但不能改变自己的信念。”

经营理念的内容主要包括经营宗旨、经营方针、社会责任感和商务组织价值观。其中，价值观是人们据以衡量事物的标准，是经营理念中最重要的部分。

（3）设计具有感召力的形象口号

将商务组织精神、服务特色、公司的价值取向等用最精练的语言表达或者描述出来。例如，IBM 的口号是“IBM 是最佳服务的象征”，广州太阳神集团的口号是“当太阳升起的时候，我们的爱天长地久”，广州白云山制药厂的口号是“白云山，爱心满人间”。

形象口号是组织精神的外在反映，一方面，能约束、规范商务组织的经营，并转化为全体员工的精神动力；另一方面，独特的富有创意的组织形象口号，能有效地吸引公众对商务组织的关注，加深公众对组织的理解和认同，展示组织的风采，是宣传组织形象的有效手段。

2. BI

BI是指组织理念统帅下企业组织及全体员工的言行和各项活动所表现出一个组织与其他组织的区别。BI 是动态识别形式，有别于企业名称、标志等静态识别形式。从 BI 实施的对象来看，它包括内部活动识别和外部活动识别。内部活动识别主要有干部教育、员工教育（服务态度、应对技巧、接待礼仪及工作精神等）、工作环境、职工福利和研究发展项目等；外部活动识别主要有市场调查与预测、产品开发推广、公共关系、促销活动、流通对策、商务代理及公益文化活动等。通过对内对外活动的统一和企业行为的规范，企业的经营思想和理念才能动态地得以再现和表征。如果说 MI 是商务组织的“想法”，BI 则是商务组织的“做法”。

行为识别系统开发的途径如下。

（1）实行科学的管理

科学管理的特征是通过将商务组织的各项工作标准化、专门化和简单化，达到生产效率最大化的目的。具体做法如下。

1）制定科学的管理目标系统，并将总目标层层分解为具体的细目标。

2）按照目标的要求，设计精简的、职责权限相对应的、适合商务组织特点的高效的组织机构。

3）确定各机构中的具体工作岗位和职责，规定每个工作岗位的工作原则、任务标准、工作程序和绩效。

4）将员工的职务提升、收入和奖励与其工作绩效挂钩。

5）将程序化的控制与员工的自我管理相结合，充分发挥员工的工作主动性和积极性。

（2）制定严格的行为规范并付诸实施

商务组织的行为规范，是全体员工必须遵守的行为准则，体现为生产操作规程和各种规章制度，主要有以下四大类。

1）各种业务操作规程或规范，如岗位操作规范、质量管理规范等。

2）基本制度，如商务组织领导制度、选举制度等。

3）工作制度，如生产管理制度、财务管理制度等。

4）岗位责任制度。

（3）加强对员工的教育和培训

对员工的教育和培训，是商务组织培育人才、选拔人才、统一思想、加强管理和形成强有力的商务组织凝聚力的重要手段。BI 中缺少这一内容，就没有员工的统一认识，实行 CI 就缺乏起码的基础。因此，应该把科学合理的、有目的、有特色的员工教育和培训作为商务组织的长期战略，才能为商务组织成功的 CI 提供取之不尽、用之不竭的人才源泉。

优秀 BI 策划之企业风俗

（4）注重对外行为的整体优化

在这里，任何一个部门行为的失误或者与其他部门配合不当，都可能影响到商务组织对外行为的整体优化而导致 BI 的失败。因此，BI 不仅要求各部门完成自己的工作任务，而且要求各部门都从塑造商务组织形象的整体利益出发，团结协作，共同完成商务组织行为的整体优化。

（5）搞好商务组织行为的对外传播策划，树立良好的 BI 形象

商务组织行为的对外传播途径主要有市场营销传播（包括市场调查、广告宣传、销售促进、协调中间商关系及回馈社会的公益活动等）和公共关系活动。

3. VI

VI 是指企业由于独特的名称、标志、标准字、标准色等视觉要素而区别于其他企业。VI 的表达必须借助某种物质载体，如厂房、店铺、广告牌、产品外观及其包装等。根据人体工程学的研究，人们获取信息的最主要途径是视觉，约占 80%，因此，VI 是整个企业形象识别系统中最形象直观、最具有冲击力的部分。商务组织 VI 的设计包括以下几个方面。

（1）商务组织名称

商务组织名称是借用文字来表现的识别要素，是商务组织的第一人称。商务组织名称对组织非常重要，一个美好而独特的名称可以提升商务组织的形象。商务组织名称应视具体情况而定，对于老商务组织来说，组织、品牌名称早已确定，而且已具有一定的形象效用，则无须调整。对于新商务组织、新产品来说，确定一个好名称是极其重要的。

（2）商务组织标志

商务组织标志是商务组织用特定而明确的造型、图案、文字、色彩来表示组织理念、

经营内容、产品性质等因素，使公众从中体验到组织的整体优秀性和鲜明个性。

(3) 商务组织标准字

VI 设计中对商务组织所用的标准字包括中文、英文或其他语种。它的种类繁多，运用广泛，几乎涵盖了视觉识别系统中各种应用设计要素，出现的频率也几乎与图形符号相当，其重要性并不亚于图形标志符号。由于文字具有明确的说明性，可直接传达商务组织名称，补充说明图形标志内涵，因而具有强化商务组织形象的作用。

(4) 商务组织标准色

标准色是商务组织经过设计选定的代表组织形象的特殊颜色。标准字可以是某一特定的色彩或一组色彩系统，一般不超过三种颜色。标准色可广泛应用于标志、广告、包装、展品陈列及营业信封、名片等应用设计项目上，是商务组织视觉识别最重要的基本设计要素。例如，麦当劳的 M 形黄金拱门：麦当劳以红色为主色调，配以黄色的“M”形设计，显得醒目，同时，这两种较为鲜明的颜色给人的感觉较为温暖、清新，容易引起食欲。而富士胶卷采用绿色作为标准色，使人联想到生机盎然的大自然、森林、绿树等，给人带来积极的心理感受。

MI、BI、VI 三者相互作用、相互促进，共同整合成为企业识别的系统结构。这个结构告诉我们：企业经营理念方针的完善和坚定，是企业识别系统基本的精神所在，也是整个企业识别系统生成运作的原动力。通过这股内在的动力，影响企业内部的活力与制度、组织的管理与教育，并延及对社会的公益活动、消费者的参与行为的规划，最后经由组织化、系统化、统一化的视觉识别计划传达企业经营的信息，塑造企业独特的形象，达到企业识别的目的。

8.3.4 CIS 导入程序

CIS 导入是一个复杂的过程，一般分为提案准备阶段、调研宣传阶段、设计开发阶段、实施管理阶段。

1. 提案准备阶段

提案准备阶段包括以下几个。

(1) CIS 动机确立

CIS 动机的确立即明确为什么要进行 CIS 导入工作。一次认真的 CIS 设计工作，要花费大量的时间和精力，设计完成以后又要使用一段较长的时间，因此必须慎重对待。一般而言，企业导入 CIS 的动机大致有如下原因。

1）企业经营业务的扩大化与多元化。

2）企业原有形象陈旧化。

3）开发国际市场的需要。

4）更换最高决策者而引起经营方针的改变。

5）企业间发生了兼并或改组。

6）企业经营不善而需重振士气。

7）周年纪念。

8）缺少统一的标志。

9）知名度较低。

（2）CIS 导入日程安排

CIS 导入是一项长期、复杂的系统工程。大型企业的 CIS 导入一般需要 1～2 年的时间，中小企业可以酌情减少。为了使 CIS 导入工作高效有序地进行，在工作开始之前应制定一份详细的作业时间表，规定在哪一段时间完成哪一项任务。

（3）预算编制

CIS 设计是一项回报潜力很大的投资，企业应当对其高度重视。国际、国内有许多企业因导入了 CIS 经济效益成倍增长。它的设计费用包括调研与计划费用、视觉形象的开发费用、实施与传播费用、各项机动费用。

（4）提案报告书编写

准备阶段的最后一项工作就是草拟提案报告书，详细说明 CIS 导入的动机、目的、基本方针、时间安排、计划与费用等。

2．调研宣传阶段

调研宣传阶段的工作包括企业内部的宣传调查和企业形象的外部调查两部分。

（1）企业内部的宣传调查

CIS 导入是一项关系到全企业职工利益的重大事件，需要全员参与，因此企业内部的调查活动也就是宣传动员的过程。吸引全体员工参加，人人献计献策，这样既可以集中全体员工的智慧，也可为以后的实施管理阶段做好铺垫。

内部调查的内容包括企业运营状况的分析与评估，如企业的规模、范围、经营效益等；员工对企业形象的意见，如企业的工资福利情况、管理人员的水平、对未来的信心等。这些资料都是将来概括企业理念的基本素材。

（2）企业形象的外部调查

CIS 设计人员除需要了解组织内部员工的意见和看法以外，更需要了解组织以外的公众的意见和看法。因此，在调查阶段还必须进行深入、细致的外部公众调查。表 8-1～表 8-3 是企业形象调查的设计范例，A、B、C、D、E 分别代表着本企业和同行业或同地区的竞争对手。

表 8-1　认知度调查

询问项目 \ 公司名称	A	B	C	D	E
你所熟悉的公司有哪几家					
你不熟悉的公司有哪几家					

表 8-2　信赖与好感的调查

询问项目＼公司名称	A	B	C	D	E
你有信赖感的公司是哪一家					
你最喜欢的公司是哪一家					
将来有发展前景的公司是哪一家					
如果购买股票，你买哪一家的					

表 8-3　企业标志的好感调查

询问项目＼公司名称	A	B	C	D	E
你喜欢哪一家的企业标志					
简洁而具有现代感的标志是哪一家的					
最能给人以亲和感的标志是哪一家的					
最引人注目的标志是哪一家的					
呆板的标志是哪一家的					

由于企业的性质不同，因此其调查的项目及调查表所列的关键词语也不同，应根据实际需要决定。调查结束以后，实事求是地写出调查报告。

3. 设计开发阶段

提案和调研阶段结束以后，就可以进入 CIS 的设计开发阶段，设计开发包括 MI、BI 和 VI 三个部分。

4. 实施管理阶段

企业 CIS 系统设计完成以后，CIS 的导入过程远远没有结束，而且进入了更为重要的推广、落实阶段。如果没有相应的推广落实，那么 CIS 只是纸上谈兵，花费精力做的设计方案也将付诸东流。企业 CIS 的实施管理阶段大致包括以下内容。

（1）相应的领导机构的建立

CI 设计开发阶段结束以后，原有的 CI 委员会就应当进行改组为 CI 管理委员会。CI 的推广和落实属于企业的日常管理工作，主要涉及总经理办公室、公关部、市场营销部的工作，原则上应主要由这些部门的工作人员组成管理委员会。

（2）CI 系统的发布

企业 CI 系统的导入是企业的一个重大事件，必须慎重地选择时机，举行隆重的发布仪式，以便在企业内部产生重大的影响，在社会上产生强烈的反响。因此，最好在企业的重要庆典、社会的重大节日、企业经营的转折关头等时机发布 CI。

（3）企业理念的学习与认同

一次CI导入的过程，也就是全体员工对组织宗旨的一次学习、理解、认同的过程。只有使企业理念真正落实到全体员工的意识里，才能很好地发挥它的功效。

（4）行为识别的执行

组织全体员工认真学习企业的行为规范手册，这是落实企业理念的具体行动。只有全体员工将企业的价值变成自己的一言一行，企业才能以一种崭新的面貌出现在社会的面前。

（5）CIS效果的评估

在企业CIS导入一段时间以后，应当对CIS的效果进行认真的评估，以便总结经验，发现问题，寻找进一步解决问题的方法。CIS效果的评估可以分为内部测试和外部测试，具体方法包括民意测验、当面访问、公众座谈、统计分析等。当然，CIS的最终结果表现在企业经济效益的增长上。

案例分析

案例1

某年，高某就任上海某知名酒店公共关系部经理时，酒店还不出名。当时，她得知日本某著名影星将偕她的新婚丈夫到北京、上海访问。她马上意识到这是酒店开展公共关系活动借以提高知名度的机会。于是，她立即采取了一系列措施，争取到了接待客人的机会。然后又直接给尚在北京的该影星打电话请她来上海时下榻自己的酒店。对方应允后，高某立刻带领工作人员进行策划和准备。

晚上，客户到达酒店，等待他们的是一个洋溢着浓烈的喜庆气氛的“迎亲”场面。在鞭炮声中，他们被40多位中外记者及酒店上百名员工簇拥进一个中国传统式的“洞房”——正墙上大红“喜”字熠熠生辉，两旁的对联上写着“闹洞房”。仪式中，新婚夫妇还品尝了象征“甜甜蜜蜜”“早生贵子”的哈密瓜、桂圆、红枣等，在异国他乡度过了一个难忘的欢乐之夜。

当晚，在场的记者纷纷报道了这则饶有情趣的新闻，该酒店也随着这些报道一夜之间扬名海内外，特别是在中国公众和日本公众中留下了深刻而美好的印象。

1988年2月，高某调到上海某宾馆。针对企业急需提高知名度的实际情况，她又策划推出题为“美国食品周”的公共关系专题活动。“食品周”期间，中外宾客同当地市民一起品尝了火鸡、小羊肉、开胃菜、小甜饼等美国风味小吃，还参观了同时展出的好莱坞西部片中老式吉普车、汽油灯、马鞍等。虽然当时正值酷暑，但情趣盎然的异国情调吸引着公众流连忘返。一时间“美国食品周”成了大众传媒报道的热点新闻，与此同时，该宾馆也成了上海公众津津乐道的热门话题。

问题：在策划新闻事件中有哪些方法和技巧？

案例 2

麦当劳公司是世界上最大的快餐集团，它的成功主要归功于明确的企业理念“Q.S.C+V”及有效贯彻企业理念的企业行为活动。Q(quality)、S(service)、C(cleanness)、V(value)分别代表提供品质上乘、服务周到、环境清洁、物有所值的产品和服务。

Q 代表质量。麦当劳制定了一套严格的质量标准，食品达到了标准化，做到了无论国内国外，所有分店的食品质量和配料都一样。同时，麦当劳还规定了各种操作规程和细节。麦当劳的经营方针是坚持不销售味道差的食品。置放时限一到，就马上舍弃不卖，洁式油炸薯条制作后超过 7 分钟即舍弃不卖。正是由于它如此重视品质管理，绝对不卖超过时限的食品，使顾客能安心享用，从而建立了极高的信誉。这种严格的品质管理制度实施于世界各地的麦当劳连锁店。

S 代表服务。麦当劳的服务，包括店铺位置、营业时间的设定都尽力为顾客考虑。例如，为了满足美国大批出门的乘客有休息和吃饭的场所，麦当劳在高速公路两旁和郊区开设了许多分店，并在距离店铺不远的地方装上通话器，上面标着醒目的食品名称和价格，使外出游玩和办事的乘客经过时，只需要打开车门，向通话器报上所需的食品，车开到店侧小窗口，就能一手付钱一手拿货，并可马上驱车赶路。对员工的服务态度，麦当劳规定必须提供微笑服务。“微笑”是麦当劳的特色，所有的店员都微笑着和顾客交谈、做事，让顾客感到亲切。另外，在美国，麦当劳连锁店和住宅区毗邻时，就会设置小型的游园地，方便孩子和家人在此休息，使公众感受到很大的关怀。作为连锁店，麦当劳制定了严格的控制管理制度，使顾客能安心地光临麦当劳连锁店。

C 代表清洁。麦当劳对员工的行为规范中明文规定：男士必须每天刮胡子，修指甲，随时保持口腔清洁，经常洗澡，工作人员不留长发，女士要带发网，餐馆内不许出售香烟和报纸，器具全部都是不锈钢的，顾客一走便要清理桌面，凡是丢落在客人脚下的纸片应马上拾起来。所有员工必须遵守“与其靠墙休息，不如起身打扫”的规定。员工随时清扫，做到窗明、地洁、桌面净。所有的连锁店都一视同仁，麦当劳集团派出监察员巡视各连锁店，巡视完毕后，再把审查结果向总公司汇报。如果审查结果不良，则该店的店长考核成绩就会受到影响。

V 代表价值。麦当劳的企业理念有一段时间只采用 Q.S.C 三字，后来才加上 V。加上 V 的目的是传达麦当劳“为顾客提供更有价值的高品质物品”的经营理念。因为现代社会逐渐形成高品质化的需求水准，而且消费者的喜好也趋于多样化。如果企业只提供一种模式的商品，消费者很快就失去了新鲜感。虽然麦当劳被认为是食品界第一大企业，但仍应适应环境和需求的变化，否则就无法继续生存，所以麦当劳开始强调 V，意即要附加新价值。

麦当劳导入BI，使其行动统一性达到了惊人的程度。无论顾客走进哪一家分店，他都能得到大小相同的份额，吃到口味相同的食品，看到一样的餐饮服饰，享受到一样的服务。麦当劳公司何以能达到这个程度呢？麦当劳公司动员全体专业人员制定出一本程序手册，把最细致的动作都描述出来。例如，用闪光灯向厨师显示翻转汉堡的准确时间；用特制的刀来决定每个袋子中所要装的油炸食品的精确数量。将惯例化用在人事管理方面。对管理者、助理管理者、小组长和店员有严格的规定职责，都要遵守非常详细的规则。麦当劳甚至在芝加哥郊区办了一所学校以培训管理人员。忠实地推行Q.S.V+C的企业理念，而且将其渗透到整个集团内部，推展到具体的行动，这就是麦当劳 CI 的成功之处。

问题：

1）麦当劳集团规定员工“与其靠墙休息，不如起身打扫”，结合当前国内餐饮行业谈谈你对此话的理解。

2）为什么麦当劳能够依靠这种平淡无奇的经营理念在世界范围内“红得像火、黄得像金”呢？

本章小结

本章主要介绍了公共关系新闻宣传、公共关系广告、CIS三种主要的公共关系宣传方式，阐述了公共关系宣传的方式及方法、途径，以达到有效地运用各种方式塑造和树立组织的良好形象的目的。

练习与思考

在线同步测试及参考答案

一、单选题

1.（　　）是一种最普及的大众传播媒介。

A．报纸　　B．广播

C．杂志　　D．电视

2. 我国香港一家生产万能胶的公司制造了一枚价值5万元的金币并将其粘在公司大门口，写道：“此金币价值5万元，谁取下归谁。”一时吸引了很多人来尝试取下金币。这个案例体现了策划新闻事件的（　　）方法。

A．兴趣点　　B．新、奇、准、好

C．善于进行舆论准备　　　　　　　　D．名人效应

3．（　　）是整个企业形象识别系统中最形象直观、最具有冲击力的部分。

A．CIS　　　B．BI　　　C．VI　　　D．MI

二、多选题

1．从公关广告的不同内容来确定其类型，主要有（　　）。

A．组织广告　　B．响应广告　　C．倡议广告　　D．形象广告

2．企业形象识别系统的基本构成要素有（　　）。

A．企业理念识别　　　　　　B．企业行为识别

C．企业视觉识别　　　　　　D．企业文化识别

3．组织形象广告是为塑造组织形象而做的广告，包括（　　）。

A．观念广告　　B．实力广告　　C．视觉广告　　D．信誉广告

4．CIS 导入是一个复杂的过程，一般分为（　　）。

A．提案准备阶段　　　　　　B．调研宣传阶段

C．设计开发阶段　　　　　　D．实施管理阶段

三、简答题

1．解释 CIS 的含义。

2．策划新闻事件有哪些方法和技巧？

3．CIS 的构成要素有哪些？

4．CIS 导入包括几个主要阶段？

四、技能训练

2016 年 5 月的第二周是职业教育活动周，某一中专学校利用这个有利时机举办各种活动，包括各专业的技能竞赛展示、社团进社区服务、走向街头为居民提供维修服务等，并向社会公众开放校园，邀请相关人士来校参观指导。这一活动引起了某一报纸媒体的注意并派出记者专程到校采访。假如你是学校记者站的一名实习记者，以此事件为契机，策划一个新闻事件。

参考文献

陈萍．2004．最新礼仪规范．北京：线装书局．

段建国，李莉．2001．旅游接待礼仪．北京：中国人民大学出版社．

郭芬芬．2001．公共关系教程．上海：上海财经大学出版社．

何浩然．2006．中外礼仪．大连：东北财经大学出版社．

金正昆．2005．国际礼仪．北京：北京大学出版社．

金正昆．2005．商务礼仪实用教程．北京：中国人民大学出版社．

金正昆．2005．社交礼仪．北京：北京大学出版社．

金正昆．2005．涉外礼仪教程．北京：中国人民大学出版社．

李道平．2000．公共关系学．北京：经济科学出版社．

李惠中．2002．跟我学礼仪．北京：中国商业出版社．

李柳缤．2006．商务礼仪．北京：中国商业出版社．

李兴国．2004．公共关系学．北京：中国人民大学出版社．

李占才．2005．公共关系学概论．上海：上海交通大学出版社．

廖为建．1993．公共关系学简明教程（修订本）．广州：中山大学出版社．

林晓娴．2001．规范礼仪必读．北京：中国商业出版社．

刘军．2006．公共关系学．北京：机械工业出版社．

吕维霞，刘彦波．2003．现代商务礼仪．北京：对外经济贸易大学出版社．

单振运，苏勤．1995．现代公关实务．南京：江苏人民出版社．

王伟伟．2005．礼仪形象学．北京：人民出版社．

魏翠芬，王连廷．2007．公共关系原理与实务．北京：清华大学出版社，北京交通大学出版社．

吴勤堂．2004．公共关系学．武汉：武汉大学出版社．

谢玉华．2004．公共关系教程．长沙：湖南大学出版社．

杨眉．2000．现代商务礼仪．大连：东北财经大学出版社．

于立新．2003．国际商务礼仪实训．北京：对外经济贸易大学出版社．

周安华，苗晋平．2004．公共关系：理论、实务与技巧．北京：中国人民大学出版社．